COVER

Ein Kristall trägt die Vielfalt der Seelenfrequenzen, die auch Frequenzen des Lichtes und der Liebe sind, in sich. Er wird belebt durch Licht und Schatten, kann oben wie unten, innen wie aussen, aufnehmen und widerspiegeln.

Ein SEELENKRISTALL ist immer perfekt, bietet jedoch tausend Möglichkeiten und Erfahrungen, das Menschsein und seine Verbindung zum Ganzen/Göttlichen zu erfahren.

Ich widme dieses Buch dem Höchsten in uns,
dem Höheren Selbst, das uns das
ALL-EINS-SEIN
bewusst macht.

Befreit – Vereint

Facetten der Liebe

Beziehung – Sexualität – Spiritualität

Sofia Velin

Befreit - Vereint

Neuauflage Oktober 2016

Kristallfoto und Idee © Sofia Velin
Umschlaggestaltung
http://bookdresses-coverdesign.com

Herstellung und Verlag:
BoD – Books on Demand, Norderstedt
ISBN 978-3-7347-5988-8

Bibliografische Information der Deutschen Nationalbibliothek:
Die Deutsche Nationalbibliothek verzeichnet diese Publikation in
der Deutschen Nationalbibliografie; detaillierte bibliografische Daten sind im Internet über http://dnb.dnb.de abrufbar.

MIX
Papier aus verantwortungsvollen Quellen
Paper from responsible sources
FSC® C105338

Inhaltsverzeichnis

Liebe Leserin, lieber Leser,

Warum dieses Buch in Deine Hände gekommen ist, mag unterschiedliche Gründe haben. Einiges im Buch könnte auch als Zufall interpretiert werden. – Ich glaube nicht an Zufälle.

Es kann durchaus sein, dass Du Dich in der einen oder anderen Facette wiedererkennst, verstanden fühlst oder eine neue Sichtweise annehmen kannst. Wenn Dich meine Offenheit im Laufe des Lesens erstaunt, dann möchte ich Dir sagen, dass es auch Mut brauchte, solches zu veröffentlichen.

Du wirst feststellen, dass ich bei gewissen Erlebnissen von der Vergangenheit in die Gegenwart hüpfe. Das ist so von mir gewollt, denn ich möchte Dich ganz im Moment erleben lassen, wie es mir ergangen ist.

Dass ich Dich mit dem DU anspreche, bedeutet, dass ich Dir sehr Persönliches anvertrauen werde und ich danke Dir dafür, dass Du Dich auf mein Buch einlässt.

Ich durfte erfahren, dass Menschen um mich herum, weil ich mich so offen mitgeteilt und gezeigt habe, verschiedene Impulse bekamen. Einige wagten freier, mutiger oder selbstbewusster aufzutreten, wenn es um gelebte Spiritualität oder Sexualität ging. Für mich fühlt es sich an, als hätte ich mehrere Leben in einem gelebt, als würde ich mich auch immer wieder in unterschiedlichen Dimensionen und Realitäten bewegen, die ich Dir gerne näherbringen möchte. Wir können uns dort wieder begegnen. Ich habe sehr viele Konzepte über Bord geworfen und es nicht bereut. Immer wieder brauchte es auch Mut, zu mir, meinem Denken und Handeln zu stehen. Es schien Wiederholungen zu geben, weil Veränderungen manchmal Zeit benötigen oder weil etwas sich vertiefen konnte und ich erkannte, dass etwas in dieser Wiederholung zu meinem Lebensplan gehörte.

Ich kann eines sagen: »Ich habe meiner inneren Stimme immer schneller Gehör geschenkt und ein Leben gelebt, das heute ohne Bedauern ist. Es erfüllt mich mit Stolz, dass ich beim letzten Atemzug nicht denken werde: Hätte ich doch nur ...«

Von Auf- und Ausbrechen, vom
ICH zum DU
in ein WIR.

Davon handelt mein Buch.

Alle Namen der Personen sind geändert und einige Orte umbenannt oder verfremdet. Dies dient vor allem dem Schutz meiner Lieben und Liebsten. Ich bin erreichbar für Lesungen oder Lebensberatung per Mail unter der Adresse: Sofia@facettenderliebe.ch.
Sofia Velin auf Facebook.
    Ich wünsche mir, dass meine Offenheit, die mich mit meinen Zweifeln, meinem Glück und meinen Erfahrungen zeigt, Dir etwas geben kann. Im zweiten Buch nehme ich Dich mit auf spirituelle Reisen. Themen und Begegnungen aus diesem Buch finden eine interessante Fortsetzung. Es kam teilweise zu einer überraschenden Vollendung. Für Fotos und mehr Informationen lade ich Dich ein, meine Homepage

http://www.facettenderliebe.ch

zu besuchen.

Mögest Du dem Ruf Deiner Seele folgen! Das wünscht Dir von Herzen.

Sofia Velin

IST DAS LEBEN EIN WORKSHOP?

TEIL 1 – RELATIONSHIPS

»I am here to make a difference«, und er ergänzte, »to make a difference in the world.«

Das war Harrys Credo: »*Ich bin hier um einen Unterschied zu machen – in dieser Welt.*«

Mit den Jahren nahm dieses Credo in mir immer mehr Gestalt an, beginnend in meinem Leben und dadurch auch mit Auswirkung auf andere Menschen. Ja, dieser Workshop hat mein Leben grundlegend verändert und Harry hat einiges aus mir herausgeholt. Nein, er war kein Guru, wollte nie einer sein und verhielt sich oft so, dass er die Menschen – in Liebe – bis zum Äussersten forderte oder vor den Kopf stiess.

Er ist Amerikaner. Natürlich ist nicht alles, was von dort kommt zu unserem Besten. Trotzdem schwappt fast alles, Jahre später, nach Europa. Harry war ganz offensichtlich einer, der es wagte, unkonventionell zu sein – in seinem Denken, seinem Tun, seinen Absichten. Und das hat er nach Europa gebracht.

Amerika, dieses für Neuerungen bekannte Land, hat es auch möglich gemacht, dass ich heute an meinem Mac sitze und innerhalb von Sekunden mit dem Rest der Welt verbunden bin. Mit Dir liebe Leserin/lieber Leser, mit Euch über Facebook nur einen Klick entfernt, dank Google sofort überall. Auch real habe ich Amerika, das Land der unbegrenzten Möglichkeiten, mehrfach bereist; später das Land meiner Seele (Indien), das Land meiner Mutter (Ägypten), das Land der Göttinnenkraft (Afrika) besucht und andere mehr. Meine jetzige Heimat, die Schweiz, ist mir lieb und befindet sich im Zentrum von Europa. Scheinbar unbedeutend klein, haben wir doch einen Pulsschlag, der stetig in alle Richtungen und Länder wirkt. Umgekehrt werden dann auch wir wieder genährt von deren Energiefluss und Impulsen.

Manches Mal musst Du fremdgehen, um zu Dir zu finden.

Manches Mal muss etwas in Dir sterben, damit Du neu geboren wirst.

Manchmal musst Du genau das tun, was Du Dir vorher nie zugetraut hättest, um über Dich selbst hinauszuwachsen.

Erst wenn wir die eigene Grösse erkannt haben, merken wir, welche Fähigkeiten in uns verborgen sind. Das wird uns wahre Demut und Bescheidenheit lehren, die uns zu innewohnender Weisheit führt. Einer Weisheit, zu deren Entdeckung ich mich früh aufgemacht hatte. Es ist kein angelerntes Wissen, es ist ein in den Tiefen schlummerndes Potenzial. Tatsächlich hatte ich mich bis zum Alter von fünfunddreissig Jahren stark am Aussen orientiert. Ich lebte erzwungenermassen, um endlose Diskussionen zu vermeiden, möglichst angepasst. Doch im Inneren loderte das Feuer einer Rebellin – ein Zwiespalt, in dem ich mich immer wieder befand. Mutig und doch scheu, selbstsicher und dann doch wieder zweifelnd. Erst jetzt begann ich zu erkennen, dass *in Beziehung sein* heisst, eine gute Beziehung zu sich selbst zu haben. Erst wenn ich mit mir selbst eine reife Beziehung aufgebaut habe, werde ich fähig, auch mit anderen Menschen wirklich in Beziehung zu sein. Um entdecken zu können, wer ich selbst bin, musste ich mich von Erziehungsmustern, die mir bis dahin auch gedient hatten, genauso lösen, wie von den Lebensvorstellungen meiner Eltern, die sie mir zu vermitteln versuchten und denen der Gesellschaft. Bewusst wurde mir dies in meinem ersten Workshop der sinnigerweise *Relationship Workshop* hiess und jeweils am Donnerstagabend begann und bis Sonntagabend andauerte.

Ich lade Dich ein, mit auf diese Reise zu kommen, zu mir ins Jetzt, ins Wir.

Donnerstag/Erster Abend:
Wir sind neunundzwanzig Teilnehmer, der Workshopleiter mit seiner Partnerin und ungefähr sechs bis zehn Teammitglieder, die das Ganze begleiten, davon zwei Übersetzer.

Ich fühle intuitiv, dass ich am richtigen Ort bin. Zum Glück wusste ich nicht genau, was mich erwartete, bestimmt hätte ich gezögert, mich anzumelden. Bereits am ersten Abend beginnen die Herausforderungen. Es geht um erwünschte und unerwünschte Verhaltensweisen während dieser Tage. Von einem Teammitglied werden uns strenge Regeln vorgelesen, die wir während des ganzen Workshops zu befolgen haben. Was herrscht hier vor? Ein Schulsystem? Militär? Kontrolle? Ziemlich doofe Verhaltensregeln für Erwachsene, so erscheint es vielen von uns. Es erinnert an ein recht autoritäres System, und mich an meine Zeit in der Handelsschule – damals war ich sechzehn, zur Zeit des Workshops nun vierunddreissig jährig. Die Gruppe besteht aus wenigen jungen Männern und Frauen um die zwanzig, aus einem grösseren Mittelfeld in den Dreissigern, die älteste Teilnehmerin hat die Siebzig überschritten.

Die Regeln die uns vorgetragen werden lauten:
»Bevor ihr etwas sagt, Hand hochstrecken und warten, bis ihr aufgerufen werdet! Zum Sprechen immer aufstehen! Redet niemandem dazwischen! Der Raum wird nur in den Pausen verlassen, ansonsten um Erlaubnis bitten! Wir verlangen absolute Pünktlichkeit! Untersagt ist Essen oder Trinken im Schulungsraum, ebenso das Kauen von Kaugummi während der Schulung.«

Das ist noch nicht alles. Wir müssen uns dazu verpflichten, die vollen dreieinhalb Tage dabei zu bleiben, egal was passiert. Letzteres ruft bei einigen Teilnehmern Widerstände hervor. Ich habe weder mit diesen Regeln noch mit der

Verpflichtung ein Problem. Für die Zeit des Workshops würde ich das schon einhalten können. Nach einer ersten Pause, während welcher Unsicherheiten missmutiger Teilnehmer noch geklärt werden, können wir also starten. Nun sind wir Teilnehmer gefordert uns zu äussern. Jeder muss nach vorne gehen, sich vor die Gruppe stellen. Erstens: Den Namen nennen. Zweitens: Mitteilen, wer uns auf den Kurs aufmerksam gemacht hat. Drittens: In Worte fassen, was für Erwartungen wir an die kommenden Tage haben. Es ist im Grunde ganz einfach und doch ist das für viele schon eine weitere Hemmschwelle, die es zu überwinden gilt. Harry, der Amerikaner, zeigt uns, dass er unsere Ängste kennt. Also schreibt er die drei Fragen auf einen Flipchart, damit wir uns daran orientieren können, falls wir vergessen, wozu wir vorne stehen. Er erklärt: »Nachweislich und statistisch bewiesen, ist die grösste Angst der Menschen diejenige vor Hunden und die zweitgrösste, sich vor eine Gruppe hinzustellen und zu reden.«

Erst viele Jahre später sollte ich herausfinden, dass die allergrösste Angst diejenige vor der eigenen Grösse ist.

Natürlich habe ich Herzklopfen und Angst. Es bleibt mir nicht erspart, denn es geht der Reihe nach. Meine Stimme ist wohl ziemlich zittrig, als ich da vorne stehe und spreche. Da ich mein Los mit allen Anwesenden teile, fällt es mir etwas leichter.

Fünf Leute sind inzwischen vor die Gruppe getreten, als Harry die Sitzenden mit lauter Stimme aufschreckt: »Merkt ihr, wie geteilt eure Aufmerksamkeit ist? Wie stark richtet ihr die Aufmerksamkeit auf diejenige Person, die vorne steht? Wie sehr seid ihr damit beschäftigt darüber nachzudenken, was ihr dann sagt, wenn es so weit ist?«

So trifft er während des gesamten Workshops immer wieder ins Schwarze. Natürlich hat er Erfahrung. Und er nutzt seine intuitive Fähigkeit, aus dem Moment heraus zu entscheiden, was zu sagen oder zu tun ist. Das verlangt von seinen Mitarbeitern eine enorme Wachheit und ist gleichzeitig auch eine gute Lebensschulung.

Ich wünschte mir eine bessere Beziehung. Das ist mein Ziel. Dabei denke ich natürlich an meine Partnerschaft. An diesem Wochenende wird ganz klar thematisiert, dass wir selbst den Ausgangspunkt für jede gute Beziehung bilden. Es gelingt Harry, es uns zu vermitteln, ohne uns für unser bisheriges Verhalten Schuldgefühle zu machen. Der erste Abend wird lang, insbesondere weil die Teilnehmer, die nicht in Zürich wohnen, bei jemandem aus der Gruppe unterkommen sollen und das ist ungefähr die Hälfte der Leute. Gerne nehme ich jemanden mit nach Hause, andere tun sich da sehr schwer und es heisst klar: »Niemand geht hier raus, bevor nicht alle ein Bett für die Nacht haben. Keiner muss ins Hotel.« So überwinden sich einige, eine fremde Person nach Hause einzuladen, sonst hätte das Ganze noch ewig gedauert.

Freitag:
Heute sind wir einander schon weniger fremd. Wir teilen ja dasselbe Los und haben ähnliche Wünsche. Einige von uns haben sich inzwischen auch privat näher kennengelernt, das verbindet. Wir sind umgeben von einem Team, das den Workshop begleitet, das uns jedoch nicht näher vorgestellt wird. Mindestens vier von ihnen sind ständig im Raum anwesend und sitzen an der Wand hinter uns. In den Pausen sind sie dafür zuständig, den Kursraum wieder vorzubereiten und allgemein die Energie zu gehalten. Als Teilnehmer fühlen wir uns beobachtet und wir halten diese Leute natürlich für etwas Besonderes, sonst wären sie wohl kaum Mitarbeiter geworden.

Später, als ich selbst ein Teil des Teams geworden bin, lerne ich, dass wir durch unsere Präsenz hinten im Saal für und mit den Workshopleitern diesen Raum energetisch im Gleichgewicht halten. Von den Mitarbeitern wird volle Aufmerksamkeit gefordert und es gilt im Schulungsraum,

Disziplin zu üben – selbst wenn bei den Teilnehmern Prozesse ausgelöst werden, auch wenn das Geschehen uns Mitarbeiter berührt. Auch das Team erhält Unterstützung – von den Kollegen oder erfahreneren Teammitgliedern. Sofern es notwendig ist, auch von Harry und Sue in deren Pausen. Unsere Hauptaufgabe besteht darin, zum Gelingen des Workshops beizutragen. Gleichzeitig profitieren auch die Teammitglieder sehr von dem, was sie in den Workshops hören, erleben und mitfühlen, sie waren ja selbst auch Teilnehmer gewesen, bevor sie dem Team beitraten.

Es gibt auch für das Team klar festgelegte Strukturen und zugeteilte Arbeiten. Während jeder Pause müssen mittels einer Schnur alle Stühle wieder genau ausgerichtet werden. Die Blumen müssen immer frisch sein, der obligate Mate Tee in speziellen Tassen für die Workshopleiter muss bereitstehen, ebenfalls die Formation der fünf Lutschpastillen auf dem Tellerchen ist vorgeschrieben, immer harmonisch angeordnet, zwei oben, zwei unten, eines in der Mitte. Auch im Pausenraum soll vorbildliche Ordnung herrschen. Das Team dient nicht nur als praktische, sondern auch als energetische Stütze des Workshops. Solche klaren Strukturen inklusive der Regeln werden benötigt, damit die Teilnehmer sich relativ ungehemmt im Workshop austoben können. Das Team hat gemäss einem Plan, festgelegte Anwesenheitszeiten, eine klare Aufgabenteilung und am Ende jedes Abends gibt es ein gemeinsames Brainstorming.

Doch erst einmal bin ich Teilnehmerin und sehr neugierig auf das, was alles auf uns zukommen wird. Es beginnt mit einer unterhaltsamen Einführung, bei welcher wir viel lachen, obwohl wir uns dem ernsthaften Thema in Beziehung sein widmen. Wir erfahren, dass Menschen die Tendenz haben, die Nasenspitze so nahe an ein Problem zu halten, dass sie das Gesamte aus den Augen verlieren. Harry zeichnet das Problem als grossen Punkt an den Flipchart und klebt mit den Armen rudernd seine Nasenspitze auf den Punkt. Oder er schlurft mit hängenden Schultern weg, um aufzuzeigen, wie viel Energie uns das Problem kostet, wenn es auf unseren Schultern lastet. Ein wahrlich genialer Anschauungsunterricht wird uns geboten. So ist er manchmal Clown, perfekter Schauspieler und Lehrer zugleich. Es geht um die Frage: Habe ich das Problem oder hat das Problem mich? – Hast Du ein Problem mit mir – oder hast Du es nicht eher mit Dir selbst?

Als Sue, die Workshopleiterin, ihren Part übernimmt, bekommt das Ganze eine ganz andere, feinere Note. Zum ersten Mal in meinem Leben erlebe ich eine geführte Meditation.

Zu Beginn der Meditation führt sie uns durch den Körper, wo wir einzelne Körperteile anspannen und entspannen sollen. Eine Übung, die ich im Anschluss tausendfach wiederholt habe und die später, als erstes auf meiner selbstproduzierten CD zu hören ist. Danach sollen wir uns an einem Ort sehen, an welchem wir uns sehr, sehr wohl fühlen. Ich sehe mich sofort auf einer Wiese sitzend, umgeben von saftigem Grün, hinter mir eine schöne Waldlichtung und schaue in die Weite. Der Himmel ist von einem strahlenden Blau und am Horizont leuchtet golden die Sonne, die mich wärmt. Ich fühle Freiheit pur, in mir und um mich herum. Ich geniesse diese angenehme und warme Welt, die in ein sanftes Licht getaucht ist. – Nun sollen wir uns an Begegnungen im Alltag erinnern, zuerst als Kind in der Schule, dann mit Freunden, dann in der Berufswelt. Es wird für mich immer qualvoller. Unliebsame Episoden tauchen auf, von Gruppenkämpfen, der Unfähigkeit zu genügen, Lehrern, die kein Verständnis haben, Freunden, die sich abwenden. Plötzlich fühle ich mich, als wäre ich eingekerkert. Ich bekomme fast keine Luft mehr. Mein Hals fühlt sich eingeschnürt an und ich glaube, zu ersticken. Unerwartet und fremd scheint es mir und sehr beängstigend. Ich beginne verzweifelt, nach Luft zu japsen. Sofort kommt ein Teammitglied, um mich zu unterstützen.

»Atme langsam und tief ein und aus. Alles ist gut. Tief durchatmen, entspannen.« Die Hände des Teammitglieds auf meinen Schultern beruhigen mich. Am Schluss der Meditation sollen wir uns von den Bildern lösen und wieder ins Hier und Jetzt kommen, uns auf dem Stuhl sitzend und wieder im Raum wahrnehmen. Sue kommt ebenfalls zu mir, nachdem ich die Augen geöffnet habe.

»Du hast gut gearbeitet«, sagt sie.

»Was bedeutet das, was ist mit mir passiert?«

»Lass es einfach mal wirken.«

Es wird möglichst wenig psychologisiert oder erklärt, stattdessen werden Erfahrungen geteilt. Ich kann nicht viel beitragen; höre den anderen zu, erstaunt darüber, dass sie durchwegs so viel Positives erlebt haben. Mein Erlebnis ist bis auf den Einstieg nur Stress gewesen.

Später verstand ich, dass ich zum ersten Mal die Freiheit und Weite wahrgenommen hatte, in welcher unsere Seele zu Hause ist. Diese wurde mir aber sofort durch meine Gedanken und Bilder wieder genommen. Ich hatte eine ungewohnte Ausdehnung erlebt für die mein physischer Körper und meine momentane mentale Struktur einfach zu eng gewesen waren. Die Rückkehr in diesen Körper, ich kann wohl auch sagen, in dieses Leben, war schrecklich.

Wir lernen: Das Wichtigste sind die Fragen.

Dann folgt die Aufforderung: »*Geh mit jeder Frage tiefer und bleib nicht bei einer Antwort hängen.*«

Ich bin erschöpft, doch nach dem Nachtessen dauert der Workshop noch lange, bis tief in die Nacht.

Sehr bewegt und nach einer kurzen und fast schlaflosen Nacht habe ich ein wenig Bammel, was denn noch alles auf mich zukommen wird.

Ich spürte jetzt, dass ich mir selbst im Leben sehr wenig eigenen Raum gegeben hatte. Und wenn ich ihn mir zugestanden hatte, dann hatte ich mich selbst gleich wieder beschnitten. Mein Raum, den ich mir in der Meditation erschaffen hatte, war menschenleer gewesen. Diesen Raum konnte ich in mir fühlen, wenn ich daran dachte und mir war nicht bewusst gewesen, wie wenig ich mir davon zugestand. Bislang war ich wohl nie wirklich frei gewesen. Ich hatte versucht mich in gewissen Bereichen freizustrampeln, doch es war mit Anstrengung und vielen Zweifeln verbunden gewesen und mit einem autoritären Vater und ähnlich gelagertem Partner sehr schwierig für mich.

Meine Neugeburt erfolgte mit 40 Jahren, doch jetzt war ich noch in einer Art Geburtskanal, der ziemlich eng war.

Samstag:

Nach einer kurzen Begrüssung und Einführung folgt eine weitere Meditation, die länger und noch viel eindrücklicher werden wird. Durch die intensive und lange Präsenzzeit des Vortages sind wir schon ziemlich »weichgekocht« und empfindsamer. Wieder beginnen wir mit der Einstimmungsübung und dann geht es darum, dass wir uns in unserer Vorstellung ein Zimmer einrichten, das wir als ideal empfinden. Oh wie herrlich! Das mag ich und erschaffe mir einen Raum, der fast rund ist, mit grossen Fenstern, und wenn ich hinausschaue, entdecke ich erstaunlicherweise die Weite des Universums und viele Sterne. Ich bade den Raum in zartes Lindgrün, sitze auf einem bequemen, weichen Sofa umgeben von vielen schönen Kissen. Nun werden wir aufgefordert, einen Elternteil einzuladen, danach den anderen. Ich zögere. In diesem geschützten Raum, in dem alles erlaubt ist, wo wir alles sagen können, ohne bestraft zu werden und wo wir auf Verständnis hoffen dürfen, sollen wir mit beiden ein Gespräch führen. Ich nehme allen Mut zusammen und lade zuerst meinen Vater ein, dem ich ziemlich viel zu sagen habe. Es geht auch darum, aktiv und laut während dieser Meditation zu sprechen.

»Vater, Du hast nie Geduld mit mir gehabt, Du hast mir einiges zugetraut und mich doch immer wieder kritisiert. Vor allem habe ich das Gefühl, dass Du mir nie, nie richtig zugehört hast.«

Ich beginne zu weinen und spreche weiter und weiter. Es ist eine Art Trance und doch bin ich bei vollem Bewusstsein. Worte zu äussern und auch die Gefühle sprechen zu lassen, das ist für niemanden einfach. Alles, was hochkommt auszudrücken, braucht Mut. Mit der Zeit wird es immer lauter, immer intensiver im Saal. Es wird viel geweint und geschrien. Das Team unterstützt einzelne Teilnehmer mit Berührung, Ermunterung und Beruhigung. Sue ruft uns auf, dranzubleiben, ermuntert uns immer wieder. Ich rede mir alles von der Seele und habe das erste Mal das Gefühl, dass mein Vater mir auch richtig zugehört hat. Je länger es dauert, desto mehr Energie kommt in Fluss, das spüre ich. Meiner Mutter habe ich nicht so viel zu sagen. Sie muss sich jedoch anhören, dass ich mich von ihr nie verstanden fühle und sie mich sehr oft nervt. Als auch sie wieder aus dem Raum gegangen ist, fühle ich mich befreit. Es ist mir, als hätte ich viel losgelassen. Langsam beruhigt sich das Ganze und ausser ein paar Schluchzern wird es still, bis Sue wieder das Wort ergreift.

Drei Sätze vom Ende der Meditation klingen noch lange in mir nach:

»Keiner hat ihnen beigebracht, Eltern zu sein. Verzeih ihnen für das, was sie getan haben und verzeihe Dir selbst, über sie gerichtet zu haben. – Das, was geschehen ist, geschah, weil gerade Du in diesem Moment dort warst. Es hätte auch ein anderes Kind sein können.«

Den letzten Satz verstehe ich nicht wirklich, er wirkt trotzdem sehr berührend und beruhigend. Ich versöhne mich auch mit mir selbst und versöhne mich mit meinen eigenen mütterlichen Anteil.

Tiefe Liebe und auch Dankbarkeit beginnen mich zu durchströmen. Es wird sehr friedlich in mir und gleichzeitig bin ich nun vollends erschöpft. Trotzdem – bis zum Ende fühlt sich alles rund und gut an. Welch ein Geschenk!

Es ist sehr berührend zu sehen, wie alle Gesichter sich verändert haben. Viele von uns sind erschüttert oder erschöpft, andere glücklich. Es wird uns bewusst gemacht, dass egal ob die Eltern noch leben oder nicht, auf vielen Ebenen Heilung stattgefunden hat und dass es nun an uns liegt, dies in den Alltag hineinzutragen. Nach einer Pause folgen weitere Übungen, die an die Nieren gehen. Es geht immer tiefer, immer mehr wird auch der kindlich bedürftige Anteil in uns angesprochen und auch genährt.

Während einer Partnerübung müssen wir einander eine Viertelstunde lang ständig dieselbe Frage stellen: »Wer bist du?« – »Wer bist du?«

Kaum erfolgt eine Antwort, sofort wieder die Frage: »Wer bist du?«

Anfänglich scheint diese Frage sehr leicht zu beantworten, doch sie bohrt sich immer tiefer in dich hinein. Harry und das Team gehen durch die Reihen und insistieren ebenfalls, wenn jemand nicht mehr weiter macht.

»Wer bist du?«

Es wird zur Qual. Doch Schicht um Schicht wird abgetragen bis ich gar keine andere Antwort mehr weiss als zu erkennen: »ICH BIN. – *Ich bin mehr als mein Name und mehr als eine Sekretärin, mehr als eine Tochter, Schwester, ich bin mehr als das, was andere in mir sehen, auch mehr als ich in mir sehen kann. Ja, ich bin viel mehr, was jedoch noch nicht fassbar ist.* ICH BIN!«

Danach erklärt uns Harry den Unterschied zwischen Sein und Schein, zwischen den Rollen, die wir übernehmen, die wir spielen, die wir glauben, spielen zu müssen und dem, was echt ist. Wir sind jetzt auf der Suche nach der ungeschminkten Seite von uns.

Wie bin ich also in meine Rollen hineingerutscht?

1 FRÜHE PRÄGUNG

DIE ELTERN

Dass meine Mutter eine wirklich grosse Liebe meines Vaters war, daran zweifelte ich nie. Was sonst als Liebe hätte einen Mann dazu bewegen können, eine Frau zu heiraten, die in den Augen der Gesellschaft und seiner Familie so unpassend zu sein schien. Sie war Ausländerin und Jüdin, litt an Lungentuberkulose, konnte vielleicht nie Kinder bekommen und lebte zudem in Ägypten. Er heiratete sie, trotz aller Warnungen und Widerstände seines Umfeldes. Das spricht für eine wahrhaft grosse Liebe und es war für beide ein Wagnis. Als die Ärzte aus gesundheitlichen Gründen empfahlen, auf Kinder zu verzichten, akzeptierte mein Vater dies problemlos. Alles spricht für einen starken Willen und viel Zuversicht, mit welchen beide den Schritt in die Ehe wagten. Dass ich als nochmaliger *Unfall* dann doch zur Welt kommen durfte, war der Entschlossenheit meiner Mutter zu verdanken. Mein Vater konnte sich nicht vorstellen, das Leben seiner geliebten Frau wegen eines Kindes zu riskieren und tat sich sehr schwer mit ihrer Entscheidung. Nach der Erfahrung des ersten Schwangerschaftsabbruchs wollte sie auf keinen Fall einen zweiten durchmachen.

Mama erzählte mir später, wie sie diese Abtreibung erlebt hatte: »Die Krankenschwester muss mich verachtet haben, so lieblos wie sie mich gewaschen und behandelt hat. Der Arzt war ein Schlachter. Er hat mir die Ausschabung ohne Narkose gemacht! Du kannst Dir nicht vorstellen, wie schmerzhaft das war, weil es sehr grob und wenig einfühlsam gemacht wurde. Ich fühlte mich wie eine Verbrecherin und schwor mir, dass ich nie wieder so etwas erleben möchte.«

Heute weiss ich, dass zu jener Zeit die meisten Abtreibungen ohne Betäubung durchgeführt wurden. Mama beschloss also, bei einer allfällig nächsten Schwangerschaft, eher daran zu sterben als nochmals einen solchen Höllenritt durch einen Abtreibungsprozess zu erleben. So wurde ich, je länger die Schwangerschaft andauerte und ohne Probleme verlief, zu einem Wunschkind. Meine Ankunft auf dieser Welt wurde also einerseits von grossen Ängsten und Ungewissheit, andererseits von der Hoffnung auf einen glücklichen Ausgang begleitet. Energien, die mich geprägt haben. In einer spontanen Rückführung, während einer Energiebehandlung mit einem einfühlsamen Therapeuten, erlebte ich überraschenderweise und in allen Einzelheiten, wie ich als Mutters erstes Kind abgetrieben wurde und wie ich als Embryo in einem Abfalleimer landete. Das fühlte sich nur in den ersten Sekunden dramatisch an und dann erkannte ich augenblicklich: *»In diesem Eimer ist nur der kleinste Teil von mir. Und ich bin ja wieder da! Also ist meine Seele um so vieles grösser als das Würmchen, das da weggemacht und entsorgt wurde.«*

Ich möchte betonen, dass ich nicht für Abtreibungen bin, ich bin jedoch auch nicht konsequent dagegen, weil es verschiedenste Aspekte des Menschseins gibt.

Es gibt Seelen, die sehr früh den Weg in den Embryo finden, also bereits beim Zeugungsakt *präsent* sind. Es gibt Energieformationen, die warten darauf, bis die passende Frequenz da ist, um sich einzuklinken. Tatsache ist, dass sie durch das energetische Resonanzgesetz angezogen werden, was aber immer noch unterschiedlichste Prägungen mit sich bringen wird. Eine Seele ist in der Regel neutralen Geschlechtes. So kann sich zum Beispiel das Geschlecht noch während der Schwangerschaft verändern. Einflüsse während der Schwangerschaft prägen, wie wir wissen, einen Teil des werdenden Lebens mit. Es gibt Seelenanteile, die erst kurz vor der Geburt *einsteigen*. In meiner Generation war der Weg lang um die Grösse des Seelenpotenzials anzuerkennen und damit zu verschmelzen. Für die neuen Kinder ist es viel näher, nur sind sie sich dessen nicht bewusst, weil es für sie normal ist. Für jeden gilt es also immer noch, nach und nach noch mehr Seelenaspekte zu erkennen und zu integrieren, die auf unsere Göttlichkeit hinweisen. Seelenaspekte sind immer auch gebunden an Seelenformationen, unter anderem auch an die Informationen ihrer Vorfahren und Eltern. Dies lässt sich inzwischen genetisch feststellen.

Ich gehe davon aus, dass es meiner Kinderseele lange nicht möglich war, in dieser Realität Fuss zu fassen, denn ich kann mich an fast nichts erinnern, was ich in den ersten sieben Jahren erlebt habe. Bis zum vierzehnten Lebensjahr tauchen bruchstückhaft Erinnerungen an die eine oder andere Szene auf. Einzelne Begebenheiten haben sich in Form von Bildern in meinem Gedächtnis und andere im Zellgedächtnis eingeprägt. Offensichtlich habe ich viele Erinnerungen verdrängt, doch davon später.

Während dieser Rückführungsübung in den Mutterleib konnte ich die Schwingungen und Gefühle meiner Mutter sehr gut wahrnehmen. Es ist möglich, sich jederzeit in ein Ereignis einzuklinken, da die Zeit nicht linear verläuft, wie wir glauben. Mir wurde dadurch bewusst, dass ich es beim zweiten Versuch eilig hatte, in diese Familie hineingeboren zu werden, denn ich kam ganze Wochen zu früh und war winzig klein. So eilig, als gäbe es für mich viel zu tun. Das Gefühl nicht genug Zeit zu haben, begleitet mich mein ganzes Leben, bis heute. Inzwischen weiss ich, dass alles dann geschieht, wenn die Zeit und wir dafür reif sind. Diese Angst hat sich dadurch abgeschwächt. Dieses beruhigende Wissen ist nicht immer gleich stark für mich zu spüren aber es ist inzwischen präsent!

Bei gewissen Aufgaben, die zu lösen waren, dachte ich immer, ich müsste mich beeilen. Bei Tests überlas ich wichtige Dinge, weil ich mich unter Druck setzte und ärgerte mich und fühlte ich mich deswegen dumm. Manchmal war da ein Drängen in mir, das mich dazu bewegen wollte, möglichst und sofort aktiv zu werden, schnell zu handeln; ein immer wiederkehrendes Gefühl nicht genug Zeit zu haben.

Ich erinnere mich an einen sehr bezeichnenden Moment in meinem Leben, als John F. Kennedy die Kubakrise im Oktober 1962 lösen musste. Wir hatten in der Schule davon gehört und als überall im Radio von einem möglichen dritten Weltkrieg die Rede war, bekam ich Angst. Ich war damals erst neun Jahre alt, sass an meinem Pult, machte Hausaufgaben und dachte über mein bisheriges Leben nach.

Gedanken wie diese schossen mir durch den Kopf: »*Das kann doch nicht alles gewesen sein. Bitte, bitte lieber Gott, lass es keinen Krieg geben. Ich will wissen, wie es ist erwachsen zu sein, einen Mann, ein eigenes Heim, eigene Kinder zu haben. Wenn ich das alles erlebt habe, dann will ich gerne sterben.*«

Ich war davon überzeugt, kein sehr langes Leben vor mir zu haben. Es war das erste Mal, dass ich bewusst über den Tod nachdachte. Lange nach dieser Therapiesitzung, als ich selbst schon Mutter war, versuchte ich meiner Mutter näherzubringen, dass ich vermutlich das abgetriebene, also auch ihr erstes Kind gewesen sei. Sie sträubte sich jedoch vehement gegen solche aussersinnlichen Wahrnehmungen und Informationen. Ganz im Gegensatz zu meinem Vater, der den Kontakt mit der geistigen oder Geisterwelt regelrecht suchte und auch in Kurse und Vorträge von bekannten Medien ging. Meine Mutter lebte ihre eigene Spiritualität. Sie legte ab und zu Karten, konnte andere Menschen durch Berührung heilen und sie erkannte vieles intuitiv. Mir wollte sie diesbezüglich kein Wort glauben. Sie vermied es konsequent, über das Leben nach dem Tod nachzudenken.

Mutter blickte mich, während ich das erläuterte, kaum an. Zu schmerzhaft war wohl die Erinnerung daran. Ihre abschliessende und kurze Erklärung, warum das nicht sein könne, war:

»Man hat schon gesehen, dass es ein Junge geworden wäre. Es tat unendlich weh zu sehen, wie sie ihn einfach in einen Eimer am Boden entsorgten.«

Damit war das Thema für sie beendet. Sie lehnte jedes weitere Gespräch darüber ab. Ihre Aussage war für mich Bestätigung, dass ich richtig gesehen hatte und dass ich als diese Seele oder mit Aspekten dieses Wesens wiedergekommen bin. Für mich war es in diesem Zusammenhang interessant festzustellen, dass ich in jungen Jahren eher einen eigenwilligen, ja männlichen Teil auslebte. Meine verletzlichen, weiblichen Anteile versteckte ich oder sie zeigten sich als Launenhaftigkeit.

Mein Vater meinte dazu: »Bei Dir weiss man nie, woran man ist. Du wirkst im einen Moment zufrieden, schaut man nur einen Moment weg, hat sich Dein Gemütszustand völlig verändert.«

Für mich war diese spontane Rückführung sehr aufschlussreich und ich tat die nächsten Schritte in mehr Gelassenheit. Meine hauptsächliche Lebensaufgabe ist, die gegensätzlichen Seiten in mir, in Einklang zu bringen und vermutlich ist dies für jeden inkarnierten Menschen angesagt.

Kennst Du, liebe Leserin/lieber Leser, Deine weiblichen und männlichen Anteile? Wie lebst Du sie? Oder anders gefragt. Welche Anteile Deiner Mutter, Deines Vaters lehnst Du noch ab?

Doch zurück zu meinem Familienleben.

Ich bin sehr behütet, aber dennoch in einem spannungsgeladenen Umfeld aufgewachsen, ebenso mein Bruder, der drei Jahre später geboren wurde. Leider hatte ich nach seiner Geburt immer das Gefühl, die zweite Geige zu spielen oder zu kurz zu kommen. Dieses Gefühl umkrallte mich wie eine riesige Krake, was mich bis in meine späteren Beziehungen hinein verfolgte.

Das Gottesbild, das uns vermittelt wurde, war das einer Instanz, die uns beschützt, uns versteht und zu der wir täglich beten und Danke sagen sollen. Wir dürfen auch um Hilfe bitten, weil Gott uns immer versteht. Sehr oft, wenn ich mich unverstanden fühlte, flehte ich diese Instanz an, mir zu helfen. Das Gebet war jahrzehntelang eine grosse Kraftquelle für mich und ich schlief danach auch immer getröstet ein. Obwohl ich annehmen konnte, dass meine Eltern mich liebten, war es mir als Kind nicht möglich, das auch so wahrzunehmen.

UNPERFEKT

Sehnsüchte hatte ich viele. Ich sehnte mich danach, verstanden und geliebt zu werden auf eine Art, die wohl nie erfüllt wird. Ich stellte später fest, dass ich solchen Gefühlen oft ausgeliefert war. Sie katapultierten mich in tiefste Einsamkeit. Mein heutiges Erwachsenen-Ich weiss, dass alle Eltern ihre Kinder genau auf die Art lieben, wie sie selbst Liebe erfahren haben. Dass es Vorlieben gibt, erlebte ich selbst, denn ich mochte meinen Vater lieber als meine Mutter, hätte jedoch nicht erklären können warum. So werden auch die Kinder geprägt, später Liebe zu leben. Ein tiefes inneres Wissen versteht, dass es im Grunde immer Liebe ist, auch wenn es im Aussen ganz anders scheint. Ja, es ist immer Liebe – doch um dieses herauszufinden, musste ich mir erst eine ganz neue Denkweise aneignen, und dafür war die Zeit noch nicht reif.

Immer wieder hatte ich als Kind das Gefühl, nicht gut genug zu sein und ich liess niemanden an mich heran. Verstärkt wurde das Gefühl der Unzulänglichkeit, weil ich aus gesundheitlichen Gründen viel Zeit in Krankenhäusern zubrachte. Nächtelange Hustenanfälle plagten mich, die nicht diagnostiziert werden konnten, und doch irgendwie auskuriert werden mussten. Von Geburt an schielte ich so stark, dass eine Korrektur dringend notwendig war. Ich verbrachte mit acht Jahren lange Wochen in einer Augenklinik. Strenge Ordnung und Struktur sowie Heimweh weckten Erinnerungen an frühere Aufenthalte in Kinderheimen. Damit ich vom Schulstoff nicht zu viel verpasste, wurden mir die Hausaufgaben in die Klinik gebracht. Schreiben und Lesen waren sehr anstrengend, denn ein milchiges Pflaster auf dem einen Brillenglas beeinträchtigte mein Sehen. Es gab auch schöne Zeiten, wenn ich in der Poliklinik Übungen mit beiden Augen machen durfte. An einem Apparat sitzend galt es so konzentriert hinzuschauen, bis aus zwei Osterhasen – der eine mit einem Besen, der andere mit einem Wasserkübel – einer wurde, der beides hielt. Es ist diesen Bemühungen zu verdanken, dass mein schwaches, operiertes Auge wieder vierzig, später sogar sechzig Prozent seiner Sehfähigkeit wiedererlangte. Was ich jedoch als Kind innerlich durchmachte, mit dieser mich verunstaltenden Brille herumzulaufen, kann sich ein Erwachsener kaum vorstellen. Ich fühlte mich noch hässlicher als sonst.

Jahrelang wurde die Stellung meiner Zähne mit sichtbaren Zahnspangen korrigiert. Dann wurden die Mandeln herausgenommen, da ich andauernd Angina hatte. Ich war ständig krank und machte auch die damals üblichen, nicht durch Impfungen verhinderten Kinderkrankheiten durch.

KEIN EINZELKIND

Da war auch noch mein kleiner Bruder, der noch viel mehr Aufmerksamkeit benötigte und bekam als ich. Er hatte bei der Geburt einen Sauerstoffmangel erlitten und war dadurch in seiner Entwicklung beeinträchtigt. Als Geschwisterchen war er für mich relativ uninteressant, wenn nicht sogar lästig.
Immer wieder hiess es: »Du bist die Ältere und du solltest die Vernünftigere von euch beiden sein.«

Erfreulicherweise war er physisch ein Mann, das machte ihn für mich interessanter. Wie damals üblich habe ich meinen Vater nie, meine Mutter fast kaum je nackt gesehen. Wir spielten manchmal Prinz und Dienerin. Natürlich bediente ich ihn und nicht umgekehrt. Samstagabend war bei uns immer Baden angesagt. Wenn er zum Beispiel aus der Badewanne stieg, habe ich ihn jeweils liebevoll abgetrocknet und eingecremt. Ich konnte ihn dann nach Herzenslust anschauen und auch ankleiden. In seinem schönen flauschigen Morgenmantel sah er wirklich wie ein kleiner Prinz aus. Ansonsten stritten wir uns, wie es sich für Geschwister gehört, sehr oft. Bei ihm kam das orientalische Wesen unserer Mutter durch. Ich stelle gerade fest, wie selbstverständlich er sich von mir bedienen liess und wie das schon in uns Mädchen, danach in uns Müttern, drin steckt einen Mann zu bedienen.

Es gab sie, diese erwähnten, liebevollen brüderlichen und schwesterlichen Momente, die wir teilten und manchmal verbündeten wir uns kurzfristig auch gegen die Eltern. Ansonsten blieben wir uns fremd und ich war oft eifersüchtig auf meinen Bruder. Er nervte mich mit seiner Langsamkeit, die nur allzu oft die Ungeduld nicht nur in mir, sondern auch in unserem Vater entfachte. Im Grunde bot er, innerhalb der Familie, den Ausgleich zum cholerischen Temperament unseres Vaters. Leider weckte er dadurch latente Aggressionen, die wiederum an uns ausgelassen wurden. Vater praktizierte öfters Yoga, übte sich in bewusstem Atmen und ich wage nicht daran zu denken, wie es gewesen wäre, hätte er nicht diesen Puffer genutzt.

In unserem Haus hatten wir stets eine Bedienstete, da Mutter nicht kochen konnte, als sie heiratete und später brauchte sie krankheitsbedingt Unterstützung im Haushalt. Mit den Jahren lernte sie kochen, doch es schien ihr keinen Spass zu machen, im Gegensatz zu ihrer Mutter, die eine hervorragende Köchin war. In Ägypten hatte ihre Familie immer mehrere Bedienstete gehabt, inklusive Koch, ebenso

mein Vater in seinem Elternhaus. Für die grobe Haushalts-
arbeit war Mama zu zart und zu vergeistigt. Sie las sehr viel,
sogar Schweizer Literatur, war mehrsprachig und auch sonst
sehr gebildet. Sie legte viel Wert auf gute Umgangsformen.
Unsere Haushaltshilfen, wurden wie Familienmitglieder
behandelt, assen mit uns am Tisch und kamen auch mit in
die Ferien. Als ich älter wurde, betrachtete ich sie als ältere
Schwestern. Die letzte die im Haus mit uns lebte, hiess Else.
Sie wurde zu meiner Freundin und blieb es viele Jahre lang,
auch als sie nicht mehr bei uns arbeitete.

In der dritten Schulklasse durften wir die Bibliothek be-
nützen und von nun an verkroch ich mich in meine Bü-
cherwelt. Dort lebte ich auf, lebte das Leben anderer. Zurück in meiner Welt verstand ich weder mich, noch fühlte
ich mich verstanden.

Um mir Gehör zu verschaffen, wurde ich oft ebenso laut
wie mein Vater und wurde natürlich dafür bestraft oder es
hiess: »So redet man nicht mit seinen Eltern – mässige den
Ton.«

Mein Widerstand gegen viele Erziehungsansätze führte
oft zu Eskalationen. Ich verstand nicht, warum man als
Kind am Tisch nicht reden darf. Als mein Bruder und ich
am Tisch einmal kicherten ohne erklären zu können warum,
wurde ich dazu verdonnert, in der Küche zu essen. Eine
ganze Woche lang dauerte diese Bestrafung. Trotz regte sich
in mir und ich genoss es, keinen Benimmregeln folgen zu
müssen. Aus anderen Gründen musste ich auch dann und
wann ohne Essen zu Bett gehen oder ich wurde in den Keller gesperrt, bis sich meine Mutter erbarmte und es wagte
mich raus zu holen. Alle Sanktionen, auch die Schläge, die
ich einstecken musste, brachen meinen Willen nicht – ich
fühlte mich nur noch mehr darin bestärkt, dass ich nicht
geliebt wurde, fühlte mich noch fremder in dieser Familie.

ALBTRÄUME

Als Kind hatte ich einen immer wiederkehrenden Traum. Ich ging auf einem hohen Drahtseil über eine Landschaft. Manchmal fühlte sich die Ebene, auf der ich ging, weich wie Watte an, doch gleichzeitig war da dieses Seil, das sehr schmerzhaft eine Spur in meine Fusssohlen brannte. Es tat höllisch weh, aber ich ging trotzdem weiter. Die Watte neben dem Seil verzog sich bei jedem Schritt mit einem unangenehmen Geräusch aus zähem Quietschen. Ein fürchterliches Geräusch, das bei mir heute noch Gänsehaut verursacht. Die Klärung dieses Traums sollte ich erst finden, als ich ihn nicht mehr hatte. Noch heute kann ich mich ganz deutlich an dieses Gefühl erinnern, doch das Leiden, der Schmerz in den Füssen ist abgeschwächt und wenn ich es per Zufall fühle, bin ich eher erstaunt darüber.

Ein anderer Albtraum liess mich an der Zimmerdecke riesige, Fussstümpfe von Elefanten wahrnehmen, die mich zu erdrücken drohten. Wenn ich jeweils schreiend erwachte, war mein Vater da. Er nahm mich in den Arm und beruhigte mich. Ich erlebte mit ihm sämtliche Facetten der Erziehung und Beziehung, von sehr liebe- und verständnisvoll bis laut und dominant, und manchmal brutal.

Es war wunderbar, dass wir ein so schönes Zuhause hatten, doch für mich als Kind war das, was wir hatten, ganz normal. Ich hatte ein eigenes Zimmer und zusätzlich eine eigene Ecke als Arbeitsraum in der Diele. Im Keller hatten unsere Eltern für uns Turngeräte aufgestellt und im eigenen Schwimmbad lernte ich schwimmen. Dass wir als Familie jeden Sommer einen Monat am Meer verbringen durften und den Winter in den Bergen verbrachten, waren Annehmlichkeiten, die zu meinem Leben gehörten.

Als Erwachsene entdeckte ich nach und nach, wie viele andere Geschenke ich mitbekommen habe: Wissen über das Leben, über gesunde Ernährung, später über die Qualität von gutem Wein. Ich durfte Rhythmikstunden besuchen, und jeden Sonntagmorgen kamen wir in den Genuss klassischer Musik, weil unser Vater uns so zum Frühstück rief. Vater lehrte uns die Natur zu lieben und zu schätzen, frisches Quellwasser am Waldesbrunnen zu trinken, an Blumen zu riechen und vieles mehr. Es wurde gut für uns gesorgt und es gab durchaus liebevolle Momente. Feste wie Weihnachten und Geburtstage wurden würdig gefeiert.

Ich erlebte jedoch, wie vorher schon beschrieben, auch viel Bestrafung, weil ich kaum zu bändigen war. Gefühlt aus der kindlichen Sicht war es ein unglückliches Leben, in welchem Zucht und Ordnung herrschten, auch Gewalt in Worten und mit Schlägen. Eine Mutter, die einen grossen Teil ihrer Zeit hinter Büchern verbrachte, die selten ansprechbar war und mir nicht bei den Hausaufgaben helfen konnte und ein Vater, der keine Geduld dazu hatte. Mutter war sehr darauf bedacht, sich in der gehobenen Gesellschaft zu bewegen, was das Einkommen und die Stellung von Vater auch möglich machte. Sie war eine sehr venusisch orientierte Frau und so war auch alles von bester Qualität und wertvoll, was sie trug und kaufte. Als Jüdin war sie geschäftstüchtig und wusste, wo Qualität preiswert zu haben war. In der Rückschau verdanke ich meinen Eltern viel mehr Positives, als ich damals wahrzunehmen vermochte. Ich schicke ihnen heute gerne innerlich, des Öfteren ein grosses Dankeschön zu, für alles, was ich von ihnen lernen und annehmen durfte.

Bei tieferem Betrachten eines Familiengeschehens kann man feststellen, dass alles immer nach Ausgleich ruft, jedes Verhalten, jede Emotion, egal ob in der Familie, in der Partnerschaft, in einem Land oder im Universum. Nicht immer ist es sofort oder eins zu eins erkennbar, doch je vielschichtiger man es betrachtet, desto mehr vertieft sich die Einsicht. Meine Eltern wurden nicht per Zufall meine Eltern. Wir haben immer die perfekten Eltern.

PUBERTÄT

Zur Entdeckung meiner Weiblichkeit hatte ich als Kind auf dem Dachboden unseres Hauses eine imaginäre, gynäkologische Praxis für meine Freundin und mich eingerichtet. Wir stellten uns vor, schwanger zu sein und zu gebären, um so dem weiblichen Körper und den Gefühlen, die damit einhergingen, näherzukommen. Die Geburt fühlte sich dann meistens eher wie ein orgastisches Geschehen an und daher sehr lustvoll. Ich erinnere mich noch an die verschiedenen Gerüche abgestandener und staubiger Luft auf diesem fensterlosen Dachboden, den Geruch von Nivea Creme und Haut. Durch das sternförmig angelegte Lüftungsloch drangen die Strahlen der Sonne herein, die den Staub mystisch sichtbar machten.

Der Geruch weiblicher Genitalsäfte nahm mich ganz gefangen, ja, ich mochte diesen Geruch sehr, die Berührung zarter Haut liess mich erzittern. Wenn die imaginären Wehen kamen, pressen wir die Lippen zusammen. Seufzer entwichen, kleine Orgasmen wurden jedes Mal spürbar und manchmal fühlt es sich wirklich an, als seien meine Freundin oder ich Gebärende. Einen ganzen Sommer lang verkrochen wir uns in unser Heiligtum und teilten dort unsere Geheimnisse. Wenn ich dann jeweils vor dem Essen meine Hände waschen musste, machte ich es eher aus Angst vor Entdeckung und nicht, weil mich der Geruch störte. Später war das Menstruationsblut, wenn ich es roch, etwas Geheimnisvolles, fast Heiliges. Ja, ich mochte sogar den Geruch, der in einer Binde entstand, wenn das Blut nicht mehr so frisch war. Ich war ganz Frau in solchen Momenten. Trotz extremer Menstruationskrämpfe hatte ich in dieser Zeit immer das Gefühl von totaler Öffnung, einem Durchfluss von Kraft, obwohl es sich manchmal eher wie ein inneres Zerreissen anfühlte. Ich war meinem Körper freundlich gesinnt und neugierig auf all die Reaktionen und

Wirkungsweisen, die sich um die geschlechtliche Entwicklung drehten.

»Du musst mit dem Sex warten, bis Du verheiratet bist.« Das sollte ich im Laufe meiner Pubertät noch mehrmals von Mutter hören. Und weiter: »Ein Mann, der weiss, dass Du noch Jungfrau bist, hat mehr Respekt vor dir.« Und so ging das weiter mit gut gemeinten Ratschlägen. Das war ja die gängige Überzeugung der meisten, insbesondere in der Mitte des vergangenen Jahrhunderts und bei meiner Mutter speziell, da sie in Ägypten in einem noch strengeren Kulturkreis und sehr behütet aufgewachsen war. Obwohl ich sehr rebellisch sein konnte, besonders gegenüber meiner Mutter, brannte sich dieser Satz doch in mein Gedächtnis ein. Ich wollte respektiert sein und ich war dann in einem echten Dilemma, als ich meiner ersten grossen Liebe begegnete.

Meine Mutter war peinlich auf körperliche Reinlichkeit bedacht und erwartete das auch von mir. Sie legte viel Wert auf die äussere Erscheinung, auf Kleidung, Frisur und später auch auf das perfekte Make-up. Mir selbst hingegen waren Äusserlichkeiten oft egal, was zu heftigen Diskussionen führte. Ich würde mich nicht als ungepflegt bezeichnen, doch ich war auch nicht in dem Sinne gestylt, wie man das heute bei den jungen Frauen sieht.

Als ich zwanzig Jahre alt war, gebot ich ihnen mit dem Satz Einhalt: »Man soll mich lieb haben wegen mir selbst und nicht wegen meiner Erscheinung.«

Ich fühlte mich, vielleicht auch aufgrund dieser ständigen Mäkeleien an mir, alles andere als attraktiv. Ein anderer Teil in mir ahnte bereits, dass es auch eine Ablenkung vom Inneren ist, wenn man so starkes Gewicht auf Äusserlichkeiten legt.

Es gab Guten-Morgen- und Gutenacht-Küsse und Umarmungen in unserer Familie. Ich war kein Kuschelkind, konnte Zärtlichkeiten nicht zulassen. Wenn es mir nicht gut ging, akzeptierte ich das eher, auch bei Vater, als ich schon zur Schule ging. Ich erinnere mich, wie ich mich neben ihn aufs Sofa legte, um mit ihm Mittagsschläfchen zu halten oder, wenn ich Albträume hatte, zu ihm ins Bett kriechen durfte. Es ist ein Bild und eine Erinnerung da, an seinen Geruch und an seine Wärme.

Mich an meine Mutter zu kuscheln mochte ich selten. Sie schien mir so weit entfernt und immer vertieft in Bücher zu sein. Ich war fest davon überzeugt, dass sie meinen Bruder mehr liebte als mich. Sie war oft sehr besorgt um uns Kinder und das nervte. Viel lieber schmuste ich mit den Hunden von Freunden, die zu Besuch kamen. Wir hatten oft Besucher und sie vertrauten uns ihre Tiere auch während der Ferien an. Ich liebte alle Hunde, wurde ihre Betreuerin und sie gehorchten mir. Wie gern hätte ich selbst einen Hund gehabt. Besonders wenn ich traurig war, hatte ich so einen Freund gebraucht. Also verkroch ich mich in mein Zimmer mit dem Gefühl, dass keiner mich versteht oder liebt. Diese melancholische, traurige Stimmung überwog oft. Sie schien ein Teil von mir zu sein.

Zu Beginn der Pubertät weckte mich jede Nacht in den frühen Morgenstunden eine starke Übelkeit, die mich stundenlang wach hielt und mich herumtigern liess, als wäre ich auf der verzweifelten Suche nach etwas. Wenn ich es nicht mehr aushielt, weckte ich meine Grossmutter, die inzwischen auch bei uns lebte. Sie kochte mir dann immer einen Wermut Tee, der sehr bitter schmeckte, aber half. Und sie hatte immer Vichy-Lutschtabletten auf Lager. Da diese Tabletten leicht mit Pfefferminze angereichert waren, wirkten auch sie als natürliche Helfer. Warum mir jede Nacht übel wurde, lag wohl tief verborgen in meiner Seele. Später hatte ich starke Menstruationsbeschwerden, begleitet von Krämpfen, doch die nächtliche Übelkeit war nach Eintreten der Blutungen verschwunden. Wie das gang und gäbe ist, beeinflussten mich die hormonellen Schwankungen emotional und ich war jeweils noch launischer während des Eisprungs. Ansonsten erlebte ich die erste Zeit meiner erblühenden

Weiblichkeit relativ gelassen und ich würde sagen, dass ich auch sehr naiv war.

Ich ging sehr gerne in den Tanzkurs für Gesellschaftstanz, der mich den Jungs näherbrachte. Ich war glücklich, wirklich tolle Tänzer um mich herum zu haben. An den Dorffesten tanzte ich mit ihnen ganze Nächte hindurch. Ab und zu schmusten wir auch ein wenig. Ich war mehrmals verliebt, mal erfolgreich, mal weniger erfolgreich. Während der Skiferien konnte ich die Freiheit geniessen, bis in die Morgenstunden zu tanzen und mich eng an einen Jungen zu schmiegen. Erstaunt genoss ich den hart werdenden Penis, der sich an mich drückte. Ich genoss auch das harmlose Kuscheln in den Zimmern nach dem Skifahren.

In den Sommerferien, ich war gerade vierzehn Jahre alt, drängte mir ein achtzehnjähriger Ferienflirt seine Zunge so heftig in den Mund, dass es mich ekelte. Ich war aber trotzdem von ihm fasziniert und auch ein wenig verliebt. Nach den Ferien erlebte ich meinen ersten richtigen Liebeskummer. Für ihn war ich nichts als eine Episode gewesen.

Die öffentliche Schule langweilte mich und ich schlängelte mich so durch. Abgesehen von den Sprachen, die mir leicht fielen und dem damals obligatorischen Kochkurs, der mir Spass machte, fühlte sich die Schule wie ein Absitzen von etwas total Überflüssigem an.

Mir fehlte offensichtlich, jeglicher schulische Ehrgeiz und zu meinem Glück kümmerte sich keiner um meine Hausaufgaben. Weil meine Schulnoten immer schlechter wurden, bekam ich Nachhilfestunden, die mir über die Runden halfen.

Mein Vater ärgerte sich: »Deine Noten machen mich traurig, denn du bist ein intelligentes Mädchen. Sie könnten besser sein.«

Meine Notendurchschnitte waren immer am Limit, aber so schlüpfte ich jeweils doch in die höheren Schulstufen durch.

In unserer Familie gab es viele Probleme, über die nicht offen gesprochen wurde. Sie waren unterschwellig immer wieder spürbar. Mein Vater litt nach wie vor unter seinem dominanten Vater, der 51% der Firmenaktien innehatte und leider ein Psychopath war. Meine an die Grossstadt gewohnte Mutter litt darunter, eine Ausländerin in einem kleinen Schweizer Dorf zu sein. Auch die Kälte in der Schweiz machte ihr zu schaffen. Sie telefonierte stundenlang mit befreundeten Ausländerinnen und hatte lange ausser meiner Patentante, die meine Grossmutter hätte sein können, keine Freunde im Ort wo wir wohnten. Wir lebten in einem gepflegten, eher luxuriösen Wohnquartier, wo meine Mutter keinen Umgang mit den direkten Nachbarn pflegte. Wir Kinder spielten in der ruhigen Strasse Völkerball, Verstecken und anderes mehr zusammen.

Mein Ausstieg aus dem behüteten Familienleben ins Welschland erfolgte mit sechzehn Jahren. Ich war sehr froh, dem familiären Alltag zu entfliehen, der mich einengte.

Ich wurde von meinem Vater oft als *die Grüne* in der Familie betitelt, was mich noch mehr zur Aussenseiterin werden liess. Meine Eltern und Bruder verkörperten die Eliteklasse und bewegten sich gerne in ihr. Ich bin nie gegen Luxus gewesen, doch er war mir immer relativ gleichgültig. Ich wunderte mich noch viele Jahre lang, warum ich in diese Familie hineingeboren wurde, zu der ich mich nicht zugehörig fühlte. Erst als ich während meiner therapeutischen Ausbildung hörte, dass jede Seele durch passende Seelenfrequenzen angezogen wird, erkannte ich klar, dass ich genau in diese Familie gehörte. Das versöhnte mich mit meinem Schicksal. Dass die ersten Prägungen durch die Eltern fast ein Leben lang wirken, erlebe ich bis heute und erstaunt mich immer wieder neu.

Als im Laufe meines sich erweiternden Bewusstseins von Indigokindern die Rede war, wusste ich, dass ich zu ihren Vorreitern gehörte, die für die nachfolgenden Indigos den Boden bereiten sollten. Wir kennen die Weite des Universums, die Leichtigkeit des Seins, wissen um die Farben und die Fülle, die da ist, und fühlen uns von der Materie und dem menschlichen Denken eingeengt. Wir Indigos lassen uns ungern von der Materie in Besitz nehmen. Es ist ein Denken, das vornehmlich aus Ängsten besteht: Angst nicht zu überleben, Angst zu hungern, Angst zu frieren, zu sterben, Angst keine Macht zu haben. Doch das ist eine weitere, wichtige Lebensaufgabe zu erkennen, wer wir wirklich sind und geläutert unseren Weg zu gehen. Nehmen wir das Wort Lebens-Aufgabe: Ich lebe mein Leben als Aufgabe, und gleichzeitig hat es auch damit zu tun, etwas aufzugeben.

Der Seelenauftrag vieler Indigos ist, Geschichten aus der Ahnenreihe zu heilen und in einen neuen Kontext zu bringen. Das begann gegen Ende des vergangenen Jahrhunderts. Viele Kinder leben es vor, die Älteren oder wachsamen Eltern fühlen es und beginnen zu verstehen. Doch ich greife vor. Noch bin ich ziemlich weit davon entfernt, meinen Lebens-Auftrag zu erkennen.

2 DIE ABLÖSUNG

EINE GROSSE LIEBE

Ich hatte keine Ahnung, was ich beruflich werden wollte, denn ich schien keinerlei Neigungen in eine bestimmte Richtung zu haben. So entschieden meine Eltern, ich solle im Welschland eine private Handelsschule besuchen.

Hier begann mir die Schule wirklich Spass zu machen. Wir Schüler wohnten in Pensionen und wurden durch ein strenges, schriftliches Schulreglement in Schach gehalten. Endlich weg von zu Hause, in dieser Handelsschule und bald sechzehn Jahre alt, erlebte ich trotz des Reglements alles freier. Ich ging gerne zur Schule. Wegen eher passabler bis schlechter Schulnoten hatte ich mich früher für dumm gehalten. Hier genoss ich die Fächer wie französische Literatur, Marketing, Buchhaltung. Fremdsprachen fielen mir leicht und ich war fasziniert von Stenografie. Auf diesem neuen Lernpfad gefiel ich mir und hier wurde ich zu einer sehr guten Schülerin.

An einem freien Nachmittag bummelten zwei jüngere, männliche Exemplare an unserem Haus vorbei, als meine Mitbewohnerin und ich herauskamen.

Und jetzt geschah DER magische AUGEN-Blick, als ich Titus zum ersten Mal sah. Er stand vor mir, schaute mich an – ohne Worte. Tief und durchdringend, als wollte er mich durchleuchten. Ich bin in seine Augen und seine Seele eingetaucht wie in einen schönen, blaugrünen See, der mich einlud. Er hatte einen roten Punkt in einem Auge, der mich faszinierte. Dieses Mal hielt er meinem Blick stand, auch als wir das als Spiel ab und an bewusst fortsetzten. Leider verlor sich diese Form von Seelen- und tiefem Blickkontakt je länger wir uns kannten. Auf einer Ebene war für mich bereits klar, dass wir zusammengehörten.

Als meine Eltern mich kurze Zeit später besuchten, stellte ich ihnen diesen Jungen vor und meine Mutter sagte zu mir:

»So wie du ihn angeschaut hast, war mir sofort klar. Du bist verliebt bis über beide Ohren.«

Tatsächlich dauerte es kaum eine Woche, bis wir uns diese Anziehungskraft eingestanden, die zwischen uns wirkte und die zum ersten Kuss führte.

Später erzählte er mir, dass ich ihm sofort aufgefallen war und dass die allererste Anziehung seinerseits, ursprünglich wegen meinem Wildleder-Minikleid mit Fransen geschehen war. – Ja, wenn das Wild(leder) lockt, welcher Mann kann da widerstehen? – Ich war mir der Erotik solcher Kleidung noch total unbewusst; so naiv und unbedarft war ich. Das Kleid hatte ich von einem Onkel, der in der Pelzbranche arbeitete, geschenkt bekommen und ich gefiel mir darin.

Bald galten Titus und ich als Paar, denn man sah uns ständig zusammen, nur in den Pausen hielten wir uns voneinander fern, um die Schulleitung nicht zu sehr auf uns aufmerksam zu machen.

Wie ist es also, wenn man glaubt, die Liebe seines Lebens gefunden zu haben? Dann, wenn man an nichts mehr anderes denken kann, als nur an ihn? Nichts anderes mehr möchte als mit diesem Menschen zusammen zu sein? Ihn mit jeder Faser erfassen möchte? Ich hatte auch das irre oder soll ich sagen das irrige Gefühl, endlich jemanden gefunden zu haben, der mich WIRKLICH, wirklich liebte, wie ich bin. Bedeutet es zu fühlen, dass es etwas Stärkeres kaum geben kann?

Im Nachhinein entdeckte ich, dass ich ihn fast bedingungslos liebte. Ich liebte einfach alles an ihm! Seine Stärken wie seine Schwächen. Seine Klugheit im einen wie seine Unbeholfenheit in anderen Dingen, seine Klarheit und Besonnenheit. Er war kein Dummschwätzer, kein Aufschneider, sondern ein ruhiger, höflicher Mann. Er forderte mich im Laufe der Jahre und Beziehung ständig heraus, zuerst unbewusst und dann bewusster und verstärkte so in mir die Fähigkeit zu lieben. Viele Enttäuschungen erlebte ich im Laufe meines Lebens und sehr langsam verlor ich mein naives Denken über die Menschen und das Leben. Ich wurde vorsichtiger aber nicht misstrauisch.

Zu Anfang war es eine romantische Verliebtheit, doch war es auch eine unerklärliche Verbindung, die ich fühlte und die sich mir später, viel später, eröffnete. Vor nicht allzu langer Zeit, beim Durchblättern meines Tagebuches, fand ich folgende Zeilen: »*Endlich ist da ein Mann, von dem ich mich gerne küssen lasse und es wirklich geniessen kann. Es ist nie genug.*« Da war ich noch nicht sechzehn.

RICHTIG VERLIEBT

Mein erstes Tagebuch, das ich mit vierzehn Jahren an einem 13. Mai zu schreiben begann, fing mit folgender Eintragung an: »*Liebes Tosträschen, ich habe mir vorgenommen, ein Tagebuch anzufangen, wenn ich das erste Mal richtig verliebt bin.*«
Es war darin ausführlich die Rede von einer unerwiderten Verliebtheit, die mich sehr lange bewegte und dann auch von anderen, harmlosen Verliebtheiten, die geflogen kamen und wieder gingen wie Schmetterlinge. Vieles in diesem Tagebuch handelt von Gefühlen und jungen Männern und Alltagserlebnissen. Sehr wenig Familiengeschichten und nichts Zeitgeschichtliches ausser 1968:
»*6. Juni, Robert Kennedy ist tot. 8. Juni, er wird neben seinem Bruder beerdigt.*«
Soweit ging meine Verehrung für den verstorbenen Präsidenten, dessen Bruder jetzt auch gestorben war, dass ich ihn im Tagebuch erwähnte. Dem US-Präsidenten mit seiner charismatischen Frau, dem es gelungen war, uns vor einem

3. Weltkrieg zu bewahren, der die erste Mondlandung plante und für möglich hielt. Das gelangte bis zu mir.

Zu Hause wurde nie politisiert. Gesundheit, Kunst und Kultur waren wichtiger.

Mit fünfzehn Jahren, zu meiner Konfirmation, erhielt ich ein zweites Tagebuch. Es begann mit folgendem Vorsatz:

»Ich werde keine illusionäre Liebe und keine Träume von gemeinsamer Zukunft zulassen, mich auch nicht mit einem von mir auserwählten Mann verheiratet sehen, wie ich das im ersten Tagebuch seitenweise durchgespielt habe. Ich will jetzt erwachsen lieben. Nach der Konfirmation werden mich alle Leute siezen, also bin ich erwachsen.«

Dann beschrieb ich die erste Beerdigung, die ich miterlebte. Er war ein Freund meines Vaters. Ich kannte den Mann nicht persönlich, daher konnte ich mich problemlos dem Geschehen widmen und fühlte mich erwachsen, dabei sein zu dürfen.

Kurz danach durfte ich zum ersten Mal alleine ins Ausland in die Ferien, zu meiner verheirateten *Schwester* Else nach Frankfurt, reisen. Es wurde eine sehr schöne Zeit, während welcher ich mich den etwas älteren Bekannten ebenbürtig fühlte und auch so behandelt wurde. Die Zeit nahte, das Zuhause zu verlassen um die Handelsschule im Welschland zu beginnen. Kurz darauf folgte dieser schicksalhafte 13. Mai des Jahres 1969 mit dem Eintrag, dass ich mich gerne von Titus küssen lasse. Dies war für mich damals DER Beweis für die richtig grosse Liebe. – Das klingt natürlich nicht sehr erwachsen, doch es bestätigte sich im Laufe der Zeit.

Es war eine intensive Zeit, wo wir fast jede freie Minute gemeinsam verbrachten, mit langen Spaziergängen, kleinen Bootsfahrten, Kinobesuchen und vielen Gesprächen, in welchen er mehr Zuhörer als Sprechender war. Wir spielten oft Schach oder andere Brettspiele, die in dem von allen Schülern besuchten Café zur Verfügung standen. In neun von zehn Schachpartien gewann er, der geborene Taktiker. Ich spielte mehr intuitiv und ärgerte mich nicht einmal, wenn ich verlor. Hauptsache war, dass wir zusammen sein konnten. In den Schulstunden schrieben wir uns kleine Briefe auf in Streifen geschnittene DIN-A4 Blätter, die wir zusammen rollten oder falteten und uns in den Pausen zuschoben. Ganz *wichtige* Botschaften waren auf Papier in Herzform geschrieben. Da er auf meine grösste Frage nicht wagte mündlich zu antworten, erfuhr ich erstmals ein halbes Jahr nach unserem ersten Augen-Blick, dass er mich liebte. Diesen ersten richtigen Brief habe ich aufbewahrt. Er ist ein Zeitzeuge dessen, was ich später mit ihm ständig erleben würde. Er konnte nicht reden, wenn ihn etwas sehr bewegte. Heute wissen wir ja »Die Frauen kommen von der Venus, die Männer vom Mars.« Die auf dem Mars, die reden nicht gerne über Gefühle. Entweder sie wissen es besser, handeln oder schweigen. Ich hingegen sprudelte über vor Gefühlen und mein Tagebuch bekam das wortreich mit.

Wir sprachen auch von Gott und ich schrieb in mein Tagebuch: »*Gott ist für mich etwas Festes, dem ich alles anvertrauen kann. Ich überlege nicht, wo Gott sein könnte. Bestimmt nicht hinter einer Wolke, das war mir klar, aber ER – und ich schrieb »er« in Grossbuchstaben – ER ist der Einzige, dem ich vertraue. Wenn es ihn nicht mehr gibt, was ich nicht glaube, hat er bestimmt einmal existiert, denn ER ist der Schöpfer der Welt.*«

Titus und ich beschlossen, demnächst gemeinsam in die Kirche zu gehen.

Von der Schule gab es die erwähnten und noch mehr Schulregeln. Unter anderem gab es vorgeschriebene Ausgangszeiten und bestimmte Orte, an denen wir uns aufhalten durften. Besonders bei den Mädchenpensionen wurden sie streng kontrolliert und eingehalten. Meine Schlummermutter war zum Glück tolerant und verständnisvoll und liess mich immer, wenn ich wollte, ausgehen, solange ich pünktlich zurück war. So nutzten wir jede erlaubte freie Minute, um zusammen zu sein. Es war untersagt, uns gegenseitig in unseren Pensionen zu besuchen, also verbrachten wir sehr viel Zeit im Freien. Ausserdem verbot die

Schule strikt, dass man sich Arm in Arm oder eng umschlungen zeigte, geschweige denn beim Küssen gesehen wurde. Wir riskierten Sanktionen, was das Ganze doch noch spannender machte. Da wir beide gute Schüler waren, hatten wir genügend Selbstbewusstsein, um uns nicht einschüchtern zu lassen und es bestätigte sich auch, als wir dann doch erwischt wurden.

Als der Rektor Titus zu sich rief, sagte er: »Ihr habt Glück, so gute Schulleistungen vorweisen zu können. Ich verzichte daher auf Sanktionen, doch beherrscht euch ab jetzt in der Öffentlichkeit.«

Damit er nicht ganz straffrei davonkam, wurde meinem Freund befohlen, endlich seine Haare auf die vorgeschriebene, militärische Länge, sprich Kürze, schneiden zu lassen. Ich erhielt keine direkte Rüge.

KÖRPERWELTEN

Ich war also noch auf einer Forschungsreise gemeinsam mit Titus von – Spannung, Vorsicht, Liebe, Erregung und viel Zärtlichkeit. Es war unsere schönste Freizeitbeschäftigung miteinander zu schmusen, beschränkte sich jedoch mehrheitlich auf vorsichtiges Petting. Im Hinterkopf hörte ich immer wieder die mahnenden Worte meiner Mutter: »Du solltest als Jungfrau in die Ehe gehen.« Ein innerer Kampf quälte mich zwischen den Erwartungen meiner Eltern und dem, was ich für diesen jungen Mann empfand und was ich mir alles wünschte.

Ich war mir nicht bewusst, wie wenig ich meinen Körper wirklich kannte und wie wenig Verbindung ich im Endeffekt zu ihm hatte, ausser wenn ich Schmerzen litt. Geht es nicht vielen so? Man wird sich erst des Körpers bewusst, wenn er schmerzt oder man krank wird. Damit erklärt sich auch heute mein Traum, in dem ich als Kind regelmässig auf einem Drahtseil über eine Landschaft ging. Ich fühlte den Schmerz in den Füssen und eine schmerzliche Verbindung zur Welt der Physis da unten. Ich hatte keine Lust wirklich in meinem Körper zu landen oder geerdet zu sein.

Harry sagte im Workshop mehr als einmal:

»Die meisten Menschen sind wandelnde Gehirne, mit Angst vor Emotionen und ohne Wissen um die Intelligenz des Körpers.«

Ich war weit davon entfernt, die Verbindung zwischen Körper, Geist und Seele zu kennen, geschweige denn zu leben. Entweder war ich mit meinem Körper über Schmerzen beschäftigt oder ich reagierte emotional unglaublich intensiv in die eine oder andere Richtung. Wie man sich vorstellen kann, war es weder für mich noch für meine Umwelt einfach, damit umzugehen.

Ich war bis über beide Ohren verliebt in Titus und ich genoss die Nähe, das Kribbeln, wie ich feucht wurde, wie meine Erregung begann, sich in meinem Bauch auszubreiten und durch innigste Küsse besiegelt wurde. Wir waren noch weit entfernt von einer genitalen Vereinigung. Wir erregten uns gegenseitig, streichelten uns, küssten uns und … hielten uns zurück. Eine unbestimmte Angst quälte mich. Wenn ich danach mit meinem Tagebuch alleine war, thematisierte ich diese Angst, dass auch Titus mich verurteilen könnte, vielleicht weil ich zurückhaltend war oder was, wenn ich mich hingeben würde? Jedes Mal, wenn wir einen Schritt weiter gingen, atmete ich auf, wenn ich das darauf folgende Mal bemerkte, dass dem nicht so war. Er liebte mich trotzdem.

Es gab noch weitere Unsicherheiten. Weil wir beide auch andere Verehrer hatten, machte uns manchmal Eifersucht zu schaffen. Wir waren nicht so sicher, ob der andere wohl treu bleiben würde. Ich flirtete manchmal, doch die anderen Jungs interessierten mich nicht wirklich. Regelmässige Eifersuchtsschübe waren vorprogrammiert. Dies führte zu einer ersten Trennungszeit, doch bald fanden wir wieder zusammen.

So langsam begannen mich meine wachsenden Bedürfnisse zu quälen. Am 11. Mai 1970 schrieb ich in mein Tagebuch: *»Wir dürfen nicht so weitermachen. Das könnte bis zum Diplom in den kommenden zwei Jahren noch schlimm werden.«*

Es ging natürlich um Sex. Ich fühlte mich schon wegen meiner Eltern nicht wohl. Missbrauchte ich nicht irgendwie ihr Vertrauen?

Ich dachte sogar: *»Wenn die anderen davon wüssten, sie würden mich verachten. Aber was kann ich dafür, ich liebe ihn doch. Ich bin ihm so unterworfen und habe fast keinen festen Willen. Ich möchte ihm alles geben, was er von mir verlangt. Ich weiss, er würde nie bis zum Letzten gehen, aber es ist schon jetzt einiges geschehen, das nicht hätte sein dürfen. Vielleicht wird er mich auch verachten. Ein anständiges Mädchen tut so was nicht. Warum ist das nicht anständig? Was ist daran so schlimm, wenn ich den Körper des Menschen den ich liebe, näher kennenlernen möchte? Ich tu es ja nur bei ihm und lasse es auch nur von ihm geschehen. Ich kann mich doch nicht so zügeln, dass ich ihn nicht begehre. Ich will nicht einfrieren. Ich habe es doch so gern, dass er mich warm hält.«*

Des Weiteren fragte ich mein Tagebuch:

»Kommt es darauf an, ob man siebzehn oder zwanzig Jahre alt ist? Kann man nicht schon mit siebzehn lieben?«

Ich schrieb ihm daraufhin einen Brief und wollte mit ihm darüber sprechen. Das Gespräch war nicht so ergiebig, also antwortete er mir am 15. Mai 1970 in einem Brief, den er am 20. ergänzte und mir erst dann übergab.

Wörtlich zitiert: *»Liebe Sofia, eben bin ich in mein Zimmer gekommen. Ich muss also sagen, dass Du mit mir heute eine ganz interessante Unterhaltung getrieben hast* (sinnigerweise nannte er es ,getrieben'). *Wenn ich Dir schreibe, tue ich das nicht, damit die Zeit herum geht, sondern weil es wichtig ist.«*

Es folgte ein kurzer Exkurs Richtung Elternhaus und dass es mir an Menschenkenntnis fehle. Wir kennen uns nämlich schon 366 Tage, sind 17 und 18 und die Leute denken sich bestimmt allerhand. Sie haben recht. Ich kann mir nicht vorstellen, dass zwei miteinander ein Jahr verkehren (auf gut deutsch: zusammen sind), ohne etwas gemacht zu haben. Sicher gibt es auf 1.000 eine Ausnahme.« Er konnte, wie zu erkennen ist, auch nicht Klartext reden. Wir waren beide auf eine Art scheu.

Die gegenseitigen Gefühle wurden stärker und inzwischen flossen noch mehr Liebesbezeugungen hin und her. Die Worte: »*Ich liebe Dich.*« – geflüstert, gestöhnt, geseufzt und Auge in Auge ausgesprochen. Seit diesem brieflichen Austausch wusste ich auch, dass ich über alles, was mich beschäftigte mit ihm reden konnte. Wir begannen intimere Berührungen zuzulassen und doch war noch eine Scheu dabei. Meine Zweifel, ob ich nun schon ein schlechtes Mädchen sei, verlor ich noch nicht.

Inzwischen erlaubten uns unsere Eltern, gemeinsam das Wochenende im einen oder anderen Elternhaus zu verbringen, was wir sehr genossen, da wir zeitlich unbeschränkt ausgehen konnten. Sexuell hielten wir uns zurück, das heisst wir schliefen nicht miteinander, doch beieinander.

In den Sommerferien, in welchen wir getrennt waren, erlaubten wir uns beide harmlose Ferienflirts. Meine Charaktereigenschaft, mir nicht gerne etwas vorschreiben zu lassen, nahm langsam überhand – was man auch als klare Ablösung von meinen Eltern deuten konnte. Irgendwann entschied ich, dass es mein Leben, meine Liebe und mein Körper ist und damit auch meine Entscheidung, was ich mit meinem Freund teilen will. Später in meiner Ehe gab es eine längere Zeit, wo ich das fast vergessen habe und ziemlich gewaltsam daran erinnert werden musste, dass es mein Körper ist, über den ich – und niemand sonst – bestimmen kann.

Eine nächste wichtige Erfahrung folgte während meiner Herbstferien am Bodensee. Ich wohnte bei meiner älteren *Schwester* Else und ihrem Mann. Sie war die ehemalige Hausangestellte meiner Eltern, die von Karlsruhe an den Bodensee gezogen war. Eines Abends besuchten wir ein Tanzschiff. Dort lernte ich einen Freund des Paares kennen, der mit seiner Freundin auftauchte. Er war ein ausgezeichneter

Tänzer und sah blendend aus. Ich als leidenschaftliche Tänzerin genoss es, mit ihm zu tanzen. Abends auf einem Schiff, das war Romantik pur. Dietmar schien einen Narren an mir gefressen zu haben und liess wegen mir seine Freundin links liegen, nicht nur an dem Abend, sondern auch in den nächsten Tagen. Mit ihm begann eine neue Dimension des Zusammenseins und ich fühlte mich sehr erwachsen.

Am folgenden Abend kamen Freunde, begleitet von Dietmar zu uns zu Besuch. Es wurde viel getrunken, und weil es so gemütlich war, wollte keiner heimfahren. So übernachtete das eine Freundespaar auf dem Sofa und mit dem Einverständnis von Else, durfte Dietmar die Nacht mit mir verbringen, nicht ohne vorher mahnende Worte von ihr zu hören. Da mein Bett nur durch eine dünne Wand vom restlichen Wohnraum getrennt war, bekamen wir auch mit, was bei den anderen lief. Dietmar als aufmerksamer Gefährte spürte, wie peinlich mir das war, und hielt mir liebevoll die Ohren zu. Als wir zu schmusen begannen, führte er meine Hand zu sich und ich lernte einen Penis zu berühren und zu aktivieren. Am Anfang packe ich ziemlich feste zu, doch langsam ertastete und erforschte ich sorgfältiger und ungehemmt diese neue Möglichkeit. Fast nackt neben einem erwachsenen Mann zu liegen, ihn hautnah zu spüren und intensiv zu berühren, zärtlich von ihm gestreichelt zu werden war wunderschön. Keine Sekunde zögerte ich, diese Erfahrung zu geniessen. Er zeigte mir, was ihm gefiel und was nicht, und ging sehr sorgsam mit mir um. Zu Sex kam es nicht, dazu respektierte er meine Unschuld zu sehr. Else hätte ihm das wohl kaum verziehen, weil sie sich für mich verantwortlich fühlte. Wir führten auch Gespräche darüber, warum ich Jungfrau bleiben wollte. Er erklärte mir, dass die Liebe entscheide und nicht jemand anderes. Ich war stolz auf meine neuen Erfahrungen und sehr verliebt in ihn.

Am Ende der Ferien fuhr er mich mit seinem roten Porsche in halsbrecherischer Fahrt nach Hause. Da er in der Freizeit Autorennen fuhr, war er ein ausgezeichneter Autofahrer und ich hatte keine Minute Angst. Ich genoss, wie die Landschaft an uns vorbeiflitzte. Sicher zu Hause angelangt, verbrachte Dietmar die Nacht bei uns. Ziemlich bekümmerte es mich, dass er hier auf getrenntes Schlafen bestand. Ich hielt mich insofern daran, dass ich bei ihm blieb, wir zärtlich miteinander waren und ich in mein Zimmer ging, sobald er eingeschlafen war. Es würde mich nicht wundern, wenn meine Mutter in dieser Nacht aus Sorge um mich viele Stunden wach lag.

Nach seiner Abreise, als ich meiner Mutter erzählte, wie toll es war, so mit 200 Stundenkilometer durch die Gegend zu brausen, war sie entsetzt, dass er so verantwortungslos schnell gefahren war. Sie versuchte, meine Begeisterung für ihn zu dämpfen.

Dass unser Zusammensein auch für ihn mehr war, erkannte ich an seinen nachfolgenden Briefen und an seinen Anrufen. Wir blieben eine Zeit lang in Kontakt. Dies bewirkte die erste richtige Trennungsphase zwischen Titus und mir. Ich erzählte ihm ehrlich, dass ich gerade nicht wusste, wie ich gefühlsmässig zu ihm stand. Wie ich bemerkte, war er in einem ähnlichen Dilemma, ohne es zuzugeben. Ich war gar nicht so sicher, ob er nicht selbst in den Ferien etwas in der Art erlebt hatte.

Nach einem längeren inneren Kampf, den ich alleine durchfechten musste, wurde es mir doch leicht gemacht. Titus erklärte mir seine Liebe forschend und gut argumentierend. Bald sah ich ein, dass meine Beziehung zu diesem erwachsenen Mann aus verschiedenen Gründen keine Zukunft hatte. Nachdem mit Titus wieder ein sehr offenes Zusammensein möglich war, eröffnete ich ihm, dass sich meine Meinung zu Sexualität zwischen uns verändert hatte.

Wir erlaubten uns noch mehr Nähe. Nun genoss ich diese intimen Berührungen seiner Hände, ich fühle mich entscheidungsfreudiger. Kleinere sinnliche Explosionen verwirrten mich, wenn wir zusammen waren. Ich bemerkte, dass auch er feucht wurde, frage mich im Geheimen, ob das ein Samenerguss sei. Ihn zu fragen scheute ich mich trotz allem.

Es sollten noch Monate vergehen, bis wir unser Zusammensein als Frau und Mann das erste Mal besiegelten. An einem warmen Vorsommernachmittag in den Weinbergen, beim schönen Wasserfall, sagte ich meinem Jungfernhäutchen Ade. Wir hatten es nicht geplant und wirklich bequem war es auch nicht, doch alles in uns rief danach, endlich diese gemeinsame Erfahrung hinter uns zu bringen. Genauso erlebte ich es auch. Vor lauter Aufregung gingen wir das Ganze viel zu schnell an. Ich empfand einen stechenden Schmerz, der zum Glück schnell verging. Mein Blut floss in die Erde und ein Teil danach in die Unterwäsche. Ich war durch diesen Schmerz zur Frau geworden. Das Gefühl war keines von Genuss oder Erfüllung als Frau. Im Lebenszeugnis hätte ich hineingeschrieben »keine Jungfrau mehr« und meine Liebe zu ihm war tiefer denn je.

Die drei Jahre während der Ausbildung galten wir bei den anderen als Romeo & Julia, natürlich nicht wegen eines möglichen dramatischen Ausganges.

Wie erlebte ich unsere Liebe, das Zusammensein, meinen Körper? Im Grunde meines Herzens gab es eine tiefe Sehnsucht nach Zusammensein und Berührungen. Es war weniger Erotik, sondern die sexuelle Komponente, die einfach dazugehörte. Notgedrungen auf einer Parkbank, einem Unterschlupf in den Reben, in oder bei einem Gartenhaus, zwischen oder auf Felsen. Die schönen Stimmungen am See, das Verbotene, lockten immer wieder.

Eines Abends spazierten wir unter einem herrlichen Sternenhimmel zum Strandbad. Wir waren beide erregt und diesmal bekam ich eine Ahnung davon, was eine männliche Penetration bedeutet, wenn beide Körper im gemeinsamen Einvernehmen schwingen.

Ganz kurz bevor *es* geschah, fragte mich Titus, ob ich denn sicher sei, dass ich das wolle.

»Ja, ich will es.«

Zum ersten Mal nahm ich Samenflüssigkeit in mich auf. Kein einziger Gedanke galt der Verhütung, alles war einfach vergessen. Es gab nur noch ihn und mich. Da meine Periode erst Tage vorher aufgehört hatte, fühlte ich mich auch, als ich wieder klar denken konnte, sicher. Natürlich wussten wir, dass es Kondome gibt, aber wir verschwendeten keinen Gedanken daran. Ich weiss bis heute nicht, ob er eines dabei gehabt hätte. Von Aids war damals noch keine Rede. Wir vertrauten uns genügend und waren sicher, dass unsere Liebe Bestand haben würde.

Bald danach begannen die Sommerferien. Meine Regel war schon seit vierzehn Tagen überfällig und ich konnte nichts mehr essen vor lauter Angst schwanger zu sein. Zu Hause verzehrte ich mich vor Sehnsucht nach meinem Liebsten und da war gleichzeitig diese panische Angst, die mich nervös machte! Ich konnte natürlich vor meinen Eltern meinen Gefühlszustand nicht verbergen und ich war sehr dankbar für ihre verständnisvolle Reaktion, als ich ihnen mitteilte, was los war. Papa ging in die Apotheke für den Schwangerschaftstest und kam mit dem Resultat »negativ« nach Hause. Nun bekam ich endlich die Pille, die mir zusätzlich die Periodenschmerzen erträglicher machte. Von diesem Zeitpunkt an galten wir auch für meine Eltern als fast erwachsenes Paar. Sie waren nicht begeistert. Die kommenden Jahre würde ich ihre Toleranz noch öfters strapazieren.

Es muss meine Mutter ziemliche Überwindung gekostet haben, uns nun so viel Freiheit einzuräumen. Zu einem früheren Zeitpunkt, nämlich als Titus das erste Mal bei uns übernachtet hatte und alles sehr harmlos gewesen war, hatte sie ihn um zwei Uhr morgens aus meinem Bett geholt. Danach folgte mir gegenüber eine eindringliche Standpauke mit Verhaltensregeln, dem Hinweis auf mein jugendliches Alter und dass ich das ganze Leben noch vor mir hätte. Ich bin fast sicher, dass wir auch so nichts übereilt hätten. Es war ein langsames Erforschen.

Ich würde Eltern raten, mehr Vertrauen in ihre Kinder zu setzen. Wenn Offenheit im Umgang mit Sexualität herrscht und eine Familie Zuwendung gibt, sind auch solche ersten Erfahrungen eine sehr natürliche und unschuldige Angelegenheit. Wenn dem nicht so ist, dann würde ich als Erwachsene die Jugendlichen eher unterstützen und mich nach ihren Wünschen erkundigen, als etwas vorzuschreiben oder zu verbieten. »*Ihr seid viel zu jung!*« Dieses Argument zieht nicht und bewirkt eher das Gegenteil.

Eher die Fragen: »*Willst Du das wirklich? Kannst du mir sagen warum?*«, könnten ein sinnvolles Gespräch eröffnen.

Ich liess später meiner Tochter viele Freiheiten. Sehr oft brachte sie Freunde, zum Übernachten nach Hause. Anfänglich war ich skeptisch, wenn Jungs bei uns übernachteten. Sie war aufgeklärt worden, wusste genau, was sie wollte und was nicht.

Als ich zögerlich nachfragte, wie denn das sei mit einem Jungen zu übernachten, meinte sie lakonisch:

»Nicht das, was Du denkst.«

Die grössten Veränderungen folgten in den Jahren, als Aids ein Thema und das Internet für Jugendliche problemlos zugänglich wurden.

Nachdem ich achtzehn geworden war, wurde es selbstverständlich, dass wir auch gemeinsam Ferien machen durften. Titus hatte in der Zwischenzeit seine Fahrprüfung abgelegt und wir bekamen von unseren Eltern die Autos geliehen.

Es war eine schöne und sehr glückliche Zeit des gemeinsamen Erwachsenwerdens.

STUDIEN IM AUSLAND

Meine Eltern bestanden darauf, dass ich im Ausland studieren sollte. Es war eine längere Trennung angesagt und während meines bald folgenden Sprachaufenthaltes in England verlor ich den Kontakt zu meiner grossen Liebe immer mehr. Telefonate waren teuer und seine früher ausführlichen Briefe versiegten bald ganz. Ich fand diverse Gründe und Entschuldigungen für ihn, warum dem so war.

Erst Jahre später konnte ich über alle Distanzen hinweg, die Verbindung zu meinem Liebsten aufnehmen und wahrnehmen, was ablief. Zu dieser Zeit jedoch verliess ich mich auf Vermutungen.

Bald lernte ich in Cambridge sehr liebenswürdige englische Studenten kennen, die mich in ihr universitäres Leben einbezogen und wir hatten viel Spass miteinander. Wir führten Diskussionen über Gott und die Welt, über englische und Schweizer Gepflogenheiten. Ein Thema war das Schweizer Birchermüsli, das in England Einzug gehalten hatte und das wir gemeinsam genossen. *English way* bedeutet, Flocken direkt aus der Packung, nur mit Milch und Zucker ergänzt und nicht gut schweizerisch mit frischen Früchten darin. Also bot ich an, ihnen ein richtiges Müsli zu machen mit geraffelten Äpfeln und Joghurt. Anschliessend lauschten wir, am Boden hockend, Gitarrenklängen und sangen dazu irische und englische Volkslieder. Ich erinnere mich auch an gemeinsame Bootsfahrten auf der *River Cam*, Pub Besuche usw.

Die Freiheit lachte mir zu, ohne Schulregeln oder mahnenden Finger. Sobald ich den Englischunterricht am Morgen hinter mich gebracht hatte, begann das freie Leben. Ich traf mich oft mit meiner neuen Freundin. Wir machten Hausaufgaben und danach gingen wir in ein Café wo es einen leckeren *Apple Pie*, ein gedeckter Apfelkuchen mit Sahne, gab oder bummelten entlang der River Cam.

Ich wurde sogar zum Abschlussball des *Kings College*, der Uni meiner englischen Freunde, eingeladen, was einen Höhepunkt bildete. Sehr selten traf man dort Ausländerinnen an. Ich blieb flirtneutral und freundschaftlich interessiert und genoss das Zusammensein. Während den Semesterferien der Uni lernte ich einen attraktiven Italiener, der Titus sehr ähnlich sah, kennen. Er besuchte eine andere Sprachschule und hatte dieselben Schulzeiten wie ich. Ich gefiel ihm ebenfalls und daher verbrachten wir immer mehr Zeit miteinander. Wir unternahmen Ausflüge mit seinem Motorrad oder verbrachten gemütliche Stunden in seinem Zimmer. Es ergaben sich sinnliche, doch harmlose Momente, die man als befriedigendes Petting für beide bezeichnen konnte. Ich war nicht bereit, mit einem anderen Mann zu schlafen. Obwohl um einige Jahre älter als ich, bedrängte er mich glücklicherweise nicht. Nachträglich finde ich es erstaunlich, wie die Männer mich respektierten. Was mich zurückhielt? Es waren wohl mehrere Dinge, die mir halfen klare Grenzen zu setzen. Ich verhielt mich weder prüde, noch fordernd um den Jäger im Mann zu wecken. Oder spürte ich unbewusst, wie wenig er an einer tieferen Beziehung interessiert war und konnte mir dadurch Liebeskummer ersparen? War es vielleicht die Angst vor meiner Untreue gegenüber Titus oder die Angst, mich in ihn zu verlieben? Es fühlte sich einfach nicht richtig an. Mario war romantisch, intelligent, er war sinnlich, hatte langgliedrige Finger und sehr zarte Hände, also die eines Intellektuellen, eines angehenden Anwaltes. Dennoch hatte ich mich klar für ein Ja zu Titus entschieden, obwohl ich keine Ahnung hatte, ob der das noch so sah.

Nach sieben Monaten der Trennung landete ich wieder in der Schweiz und war fast ein wenig erstaunt, Titus am Flughafen zu sehen. Sehr schnell war es, als ob wir nie getrennt gewesen wären. Ja, ich war überglücklich. Irgendwie war es auch beruhigend, dass ich mich nicht getäuscht hatte. Er schien eine neue Sicherheit auszustrahlen, die ich bewunderte. Schliesslich war er bereits berufstätig und ganz offensichtlich verändert die militärische Schulung die Männer, lässt sie reifer werden.

Nachdem ich kurzzeitig wieder bei meinen Eltern gewohnt und, drei Monate als Sekretärin gearbeitet hatte, lagen noch drei Monate Aufenthalt in Italien vor mir. Hier besuchte ich die Fremdsprachen Universität für Ausländer.

Da ich mit dem eigenen roten Mini 1000 anreiste, konnte ich viele Ausflüge ans Meer und an sehenswerte Orte unternehmen. Ich besuchte Assisi, den Ort des Heiligen Franziskus, wo ich, tief beeindruckt, die Schönheit der Kirche mit ihrer andachtsvollen Energie auf mich wirken liess. Es gibt einen Platz etwa fünf Kilometer vom Dorf entfernt, wo er angeblich oft weilte. Ich setzte mich dort auf einen Stein und zum ersten Mal schien ich eine Art heilige Stimmung in Form einer Meditation zu empfangen und fühlte mich beflügelt vom Leben, von der mich begleitenden Liebe, die in der Luft hing und ohne Namen war.

Perugia ist eine eindrucksvolle, von den Etruskern erbaute Stadt. Die Gemäuer sind wuchtig und eine unterirdische Stadt macht das Ganze noch geheimnisvoller. Ich genoss meine neue Unabhängigkeit, mit dem Auto herumreisen zu können. Die Italiener pfiffen mir dauernd hinterher. Das taten sie bei allen Ausländerinnen und bei fast jedem Po oder Busen, der vorbeiging. Am Ende meines Sprachaufenthaltes kam Titus mich besuchen. Danach düsten wir gemeinsam nach Siena, Florenz, in Richtung Venedig, danach weiter nach Dubrovnik. Es war eine wunderschöne gemeinsame Reisezeit. Unsere ersten gemeinsamen Ferien im Ausland und wir waren ganz auf uns gestellt.

DIE WILDE EHE

Danach war es klar, dass wir in eine gemeinsame Wohnung ziehen wollten. Es war gar nicht so einfach, eine Wohnung zu bekommen, denn das Konkubinat, damals auch wilde Ehe genannt, galt immer noch als suspekt. Junge Leute wie wir hätten einigen Wohnungsvermietern eine geplante Eheschliessung versprechen sollen. Dazu waren wir noch lange nicht bereit.

Meine Eltern hatte ich mit diesem Wunsch einmal mehr überrumpelt. Ja, es war ein Schock für meine Mutter, die solches nicht im Traum gewagt hätte. Es passte nicht in ihr

Weltbild wie das Leben ihrer Tochter sich entwickelte, frei, freizügig, eigenwillig. Für meine Mutter war das Ganze äusserst peinlich, wie ich später erfuhr. Sie wusste gar nicht, wie sie das in ihrem Bekanntenkreis erklären sollte. Die Meinung der Leute war ihr nach wie vor sehr wichtig. Hätte ich in unserem kleinen Aargauer Städtchen im Konkubinat gelebt, wäre das meiner Familie noch viel peinlicher gewesen. Es hätte sofort die Runde gemacht. So war ich ausserhalb der Schusslinie und nicht ganz so provokativ. Da ich in der Stadt Zürich eine Stelle gefunden hatte, brauchte es keiner weiteren Erklärungen, warum ich wegzog.

Die Eltern meines Freundes fanden unser Vorhaben ebenfalls nicht seriös, aber hauptsächlich, was ihren Sohn anbelangte. Beachtenswert war, dass seine Mutter uns half, eine passende Wohnung zu bekommen, obwohl sie auch nicht uneingeschränkt zustimmen konnte. Der Vermieter, den sie kontaktierte, glaubte wegen der Namensgleichheit, sie sei die Ehefrau des zukünftigen Mieters. Jedenfalls bekam er ohne Zögern einen Besichtigungstermin. Sie lag ideal in Reichweite des Bahnhofes, in einer ruhigen Strasse.

LIEBE LEBEN

Diese erste Zweizimmer-Wohnung war nett möbliert. Sie war modern und bot uns einen guten Einstieg in ein gemeinsames Leben. Wir waren beide erst zwanzig Jahre alt und noch voll am Experimentieren und Herausfinden, was uns wichtig war und wie das Leben zu zweit sein könnte. Aufbauend waren die gemeinsamen Interessen wie Kunst, klassische Musik und gutes Essen. Titus und ich ergänzten uns in vielen praktischen Dingen optimal. Ich kochte leidenschaftlich gerne, er war der Weinkenner. Unsere besten Freunde waren dann die Versuchskaninchen, wenn ich neue Rezepte ausprobierte und so lohnte sich der Aufwand. Meine Begabung lag im Organisieren des Haushaltes, er organisierte unsere Ferien und kalkulierte alles durch.

Wir hatten beide einen guten Job. Ich hatte nette Kollegen und Kolleginnen, einige wurden zu Freunden. In den einen Kollegen verliebte ich mich fast ein wenig. Er war ein gut aussehender Mann aus einem Berggebiet, braun gebrannt, charismatisch. Da ich kaum Anerkennung von Seiten meines Partners erhielt, suchte ich sie auswärts. Vieles war so selbstverständlich in unserer Beziehung. Ich lebte durch und für ihn und empfand das nach wie vor als Liebe.

Bei Titus war da eine starke Libido, der ich nicht in dem Ausmass gerecht wurde, wie er sich das wohl gewünscht hätte. Es hing auch mit der Überforderung zusammen, plötzlich verantwortliche Hausfrau, daneben Angestellte in einem anspruchsvollen, neuen Job und einer 44-Stunden-Woche und Partnerin zu sein. Ich war im ersten Jahr nervös, fühlte mich unsicher und das zerstörte die Lust, die bei mir hätte entstehen sollen. Die sinnlichen Bedürfnisse stellten sich immer seltener ein.

Wenn ich bereit dazu war, gelangen uns schöne Momente des Zusammenseins. Ich hatte keinen Grund zur Klage, da er rücksichtsvoll verzichtete, wenn ich einfach zu müde war. Ich hätte durchaus zufrieden sein können und doch schien mir etwas zu fehlen.

Bei jungen Frauen sind es mehr romantische Wünsche und Sehnsüchte, so auch bei mir. Erotik, wie sie sich viele Männer erträumen, davon ist manche Frau und besonders eine, die wie ich erzogen wurde, weit entfernt.

Mein Leben war gut, was wollte ich mehr? Er war meine grosse Liebe und ich war stolz auf ihn! War das nun bedingungslose Liebe, wie ich ihn abgöttisch liebte, bewunderte und er gefiel mir über alle Massen. *»Ab-Göttlich«*? Entfernte es mich von Gott, entfernte es mich davon, die zu sein, die ich sein konnte oder sein könnte?

Später stellte ich fest: Ich liebte ihn viel mehr, als ich mich selbst liebte und solche Beziehungen können auf Dauer nicht funktionieren. Ständig ist da ein Mangelgefühl, das unbewusst ist. Es ist wie eine Projektion, die eine Scheinerfüllung bietet. Gerne beglückte und verwöhnte ich ihn mit Leckereien und machte vieles mit, was ihm gerade einfiel. Ich war beeindruckt von seiner Genialität. Egal ob es darum ging, etwas zu planen, zu berechnen, zu bauen oder zu reparieren ... Er war ein Multitalent. So tat ich als Partnerin für ihn alles, was meinerseits möglich war und fand darin eine Bestätigung. Anerkennung bekam ich sehr selten dafür. Wie selbstverständlich übernahm er eine dominierende Rolle, wenn es um Entscheidungen ging, leider auch, was mich betraf, was zu grossen Unstimmigkeiten und Machtkämpfen führte. Das Gefühl, mich geliebt zu fühlen, war sehr flüchtig geworden. Je mehr ich danach suchte, desto schneller verblasste es und öffnete mir Tür und Tor für den Wunsch nach Veränderung. In diese schwankenden Stimmungen hinein platzte ein Erlebnis wie eine Bombe in mein Leben. Meine Eltern hatten mich zu einer Veranstaltung mitgenommen, auf der es sowohl Esoterik wie auch Kunst zu erleben gab. Ein anwesender Astrologe, von Beruf Tierarzt, gab Blitzberatungen. Ich war natürlich neugierig! Nicht zuletzt, weil ich wusste, dass meine Eltern Horoskope hatten erstellen lassen, als mein Bruder und ich geboren wurden. Es sollte ihnen damals helfen im Umgang mit uns.

Dieser Mann schaute sich kurz meine Daten an und meinte: »So harmlos, wie Sie jetzt wirken, sind Sie nicht. Das Jahr 1972 war wichtig für Sie und es werden weitere Veränderungen geschehen. Da steckt noch viel mehr in Ihnen und in Ihrem Leben.«

Ich wusste nicht, was genau er damit meinte, doch er hatte recht. In den zwei Jahren davor hatte sich alles verändert und ich hätte gerne gewusst, was noch alles möglich war. An dieser Veranstaltung konnte man keine ausführliche Beratung bekommen, doch ich wollte nun unbedingt herausfinden, was der Astrologe mir noch über mich sagen konnte. Gleichzeitig war ich ziemlich eingeschüchtert. Auf meine Bitte hin, vereinbarten meine Eltern einen Termin, der in der Galerie seiner Freundin stattfinden würde und wir fuhren bald darauf dorthin. Meinem Partner hatte ich nichts davon erzählt. Ich wusste wie ablehnend und kritisch er solchen Dingen gegenüberstand.

Wir betraten ein schönes Haus mit einer Kunstgalerie im Erdgeschoss. Während meine Eltern sich die Kunst ansahen, führte mich der Astrologe für die Beratung in einen Nebenraum. Einiges oder vieles, was er sagte, passte exakt. Die charakterlichen Eigenschaften und wichtige Ereignisse bestätigten mir eine gewisse Kompetenz. Sehr bald kam er auf mein Beziehungsleben zu sprechen. Ich erzählte, dass ich mit einem Mann im Konkubinat lebte.

»Sie sind noch sehr jung und haben nicht viel Ahnung von Beziehungen. Mit grösster Wahrscheinlichkeit ist diese auch unbefriedigend. Sie haben den falschen Mann.«

Ich erstarrte vor Schreck. Als ich die Sprache wiedergefunden hatte, fragte ich: »Wieso glauben sie das?«

»Nun ich sehe, dass es mit männlichen Bezugspersonen Spannungen gibt in ihrem Leben. Früher war das Ihr Vater, jetzt könnte das ihr Partner sein. Ich glaube deswegen, dass sie den falschen Mann haben.«

Ich erwiderte heftig: »Ich bin sicher, dass er der Richtige ist.«

Im Schnelldurchlauf sah ich unsere Schwierigkeiten vor mir ablaufen. Diese hatte ich bis zu diesem Zeitpunkt für kaum erwähnenswert gehalten. Obwohl er das Horoskop von Titus nicht kannte, wagte er eine solche Aussage. Das würde mir heute sehr suspekt vorkommen, doch damals erkannte ich das nicht. Aus irgendeinem Grund versuchte er mich zu verunsichern, was ihm nun schon gelungen war.

»Plötzlich klang seine Stimme vertraulich, fast einschmeichelnd, und mir wurde schon ein wenig bange, weil ich nicht wusste, worauf das hinauslaufen würde.«

Als er dann noch in das *Du* überging wurde mir beim nachfolgenden Satz fast schlecht.

»Wenn Du mich im Tessin besuchst, zeige ich Dir, was ein richtiger Mann und guter Sex ist. Du brauchst mal einen reifen Mann im Bett.«

Ich zog mich immer weiter in mich zurück und hatte keine Ahnung, was nun folgen würde, geriet in leichte Panik. In die nachfolgende Stille hinein fragte er:

»Möchtest Du noch Genaueres wissen?«

Mit dem letzten Quäntchen Mut, das mir geblieben war, antwortete ich: »Nein, das ist alles.«

Dann stand ich auf und rannte fast aus dem Zimmer. Es war das erste Mal, dass ich eine Ahnung davon bekam, wie es ist, wenn man sich ausgeliefert fühlt, wenn man jemandem gutgläubig vertraut hat. Bis dahin und noch viele Jahre danach war ich naiv und eher unsicher, was meine Person anbelangte.

Da gab es die gut ausgebildete Sekretärin, die eine Stellung innehatte, für die sie im Grunde noch zu jung war. Dann war da die Hausfrau, die ihren Haushalt zu führen wusste, die junge Frau, die entgegen allen Konventionen im Konkubinat lebte, die Frau, die sich in einer Grossstadt zurechtfand, obwohl sie auf dem Lande aufgewachsen war und der es gelungen war, ihren Traummann zu halten. In vielen anderen Belangen blieb ich jedoch unsicher. Nicht von ungefähr strahlte mein Partner – als Gegenpol zu mir – eine überlegene Sicherheit aus, stand allem kritischer gegenüber und durchschaute Menschen und Probleme.

Ich flüchtete mich also zurück zu meinen Eltern und der Galeristin und versuchte, Haltung zu bewahren. Meine Mutter erzählte uns, sie habe inzwischen in der Galerie mit einem sehr interessanten Mann gesprochen. Ich jedoch wollte gerade jetzt von anderen Männern nichts hören. Welche Auswirkung genau dieser Mann auf mein gesamtes späteres Leben haben würde, ahnte ich noch nicht.

Auf dem Heimweg erzählte ich meinen Eltern von der Beratung und was der Mann mir angeboten hatte. Sie waren gelinde gesagt entsetzt und sehr betroffen. Ich wollte nur noch weg und war geheilt von astrologischen Beratungen. »Nie wieder«, dachte ich. Wie so oft kommt es anders, als man denkt. Meine Eltern setzten die Galeristin davon in Kenntnis und für sie war das höchst peinlich.

Ich war am Boden zerstört. Ein doppelter Horror holte mich ein. Vertrauensmissbrauch eines Mannes, dem ich vertraut hatte und Zweifel an meinem Leben wurden verstärkt fühlbar. Statt vergessen zu können, quälte mich besonders die Aussage, ich hätte den falschen Mann. Ich war emotional zutiefst erschüttert und mit meinen einundzwanzig Jahren noch zu unbedarft, um es ad acta legen zu können. Ein Stimmchen in mir flüsterte, dass etwas dran war, aber ich wusste nicht was. Meine Gedanken fuhren Karussell. Der Schock sass tief. Dieser Astrologe hatte mir innert weniger Minuten meine innere Unsicherheit, gegen die ich immer wieder ankämpfte, knallhart gespiegelt.

Ich bekam in der folgenden Nacht Pusteln an Brust und Rücken, die unglaublich juckten. Es wurde in den Tagen danach nicht besser. Ich hatte bereits Allergien gegen Pferde- und Katzenhaare, gegen Heu und auch eine Sonnenallergie, nun kam scheinbar noch etwas Unbekanntes dazu. Es musste mit der emotionalen Befindlichkeit zu tun haben! Ich wurde immer unruhiger, konnte kaum mehr schlafen. Vor allem das Jucken blieb. Ein Lernprozess gehörte also zu der angekündigten Veränderung. So ganz unrecht hatte der Astrologe ja nicht gehabt und mit seinem Verhalten etwas in Gang gebracht. Dass er sich mir als Mann angeboten hatte, damit war eine Grenze überschritten, mein Vertrauen und das meiner Eltern missbraucht.

Heute weiss ich, dass das Leben mir immer wieder die Gelegenheit gibt, etwas zu erkennen. Insbesondere wo bewusste oder unbewusste Widerstände sind, winkt es manchmal mit dem Zaunpfahl. Kraftvolle Hiebe emotionaler Art klopfen an. Wenn solches geschieht, werden wir tiefer in diese Realität inkarniert.

Das Thema Mann und Sexualität scheint eines meiner Lebensthemen zu sein. Schon mit vierzehn Jahren habe ich den ersten Übergriff erlebt. Ich hatte mit einer Freundin für einen Monat einen Job in einem Heim für Ferienkolonien angetreten, das in einem Kurort lag. Dieser Monat war in vielerlei Hinsicht sehr lehrreich. Erstens mussten wir schuften, wie nie zuvor, zweitens waren wir ziemlich auf uns selbst gestellt.

Angefangen bei der Küchenarbeit, im ganzen Haus und im Garten, wurden wir ständig angetrieben: »Macht dies, macht jenes, schneller, schneller!«

Ich habe in meinem Leben noch nie so schnell abgetrocknet, Geschirr eingeräumt, Tische gedeckt. Die Umstände waren grauslich bis unhygienisch, besonders in der Küche, wo die Küchentücher ständig feucht und schon grau waren. Wir hatten alles zu putzen, und dass ich teilweise Plastikhandschuhe trug, verstand Madame nicht. In den drei Stockwerken, welche ungefähr vierzig Kinder beherbergen konnten, gab es immer zu tun. Sie kamen aus Belgien, Frankreich, auch aus der Schweiz. Es gab wenig Austausch, wir hatten eine knappe Mittagszeit und nur einen Nachmittag frei pro Woche. Am Abend fielen wir erschöpft ins Bett. Ich hatte einen kleinen Plattenspieler dabei auf dem wir uns Adamo rauf und runter anhörten.

Die Hausarbeit bei meinen Eltern erschien mir jetzt wie ein Zuckerlecken dagegen. Es gab einiges zu tun, das nur auf uns gewartet zu haben schien.

Jedes Mal, wenn sich in mir eine Weigerung breitmachte und ich dachte: »Das will ich sicher nicht putzen«, dauerte es keinen Tag und es wurde umgehend von mir oder uns beiden verlangt. Wenn ich hoffte, eine Arbeit nicht machen zu müssen, sei es versiffte Papierkörbe auszuwaschen, einen Kellerraum zu fegen oder Fenster zu putzen, prompt war es, als würde ich genau diese Arbeit magisch anziehen. Vielleicht war es auch meine Fähigkeit vorauszuahnen, was nun wieder verlangt werden würde, da ich ja recht praktisch veranlagt bin. Doch es war augenfällig und geschah so häufig, dass ich zum ersten Mal achtsam meine Gedanken beobachtete. Was produzierte ich gedanklich, insbesondere im negativen Bereich? Genau das zog ich an. Es hatte im Laufe meines Lebens schon mehrere solcher Manifestationen gegeben. Jetzt wurde mir das bewusst. Ob diese anhand hellseherischer Ahnungen erfolgten, aus intensivem Wunschdenken heraus oder meinem Nichtwollen-Denken entsprangen, lässt sich nicht mit hundertprozentiger Sicherheit sagen. Eindeutig war, dass es immer etwas war, was mich forderte.

An einem freien Abend gönnten wir zwei Mädels uns einen Zirkusbesuch. Es war ein mittelgrosser Zirkus. Die Vorstellung war nicht überragend, sodass die Burschen hinter uns sich wohl ein wenig langweilten und dumme Sprüche klopften. Plötzlich spürte ich, wie einer der Jungs an meinem Büstenhalter zog und wie seine Hände seitlich in Richtung Busen kamen. Nur kurz, aber zielgerichtet. Zuerst dachte ich, ich hätte mich geirrt, doch als ich den verständnislosen Blick meiner Freundin sah, wusste ich, dass es ihr ebenso erging. Wie auf Kommando und ohne ein Wort zu sagen, warteten wir den nächsten Angriff ab und schlugen beide mit voller Wucht die ungebührlichen Hände weg. Danach wurden wir in Ruhe gelassen. Beim Hinausgehen musterten wir die Kerle, die taten, als sei nichts geschehen.

Mit einundzwanzig Jahren erlebte ich wieder einen Übergriff, doch diesmal mental und hier konnte ich nicht einfach losschlagen. Ich fühlte mich hilflos, meinen Ängsten ausgeliefert. Meine stark juckende Allergie an Rücken und Brust wurde zusehends schlimmer. Ich ging zum Hausarzt um dem lästigen Juckreiz, der mich schubweise überfiel, ein Ende zu bereiten. Der Arzt bemerkte meinen desolaten Zustand und empfahl mir, ein Antidepressivum. So würden sich die Rötungen und das Jucken zurückbilden, die eindeutig psychosomatisch zu sein schienen. Bei mir leuchteten Warnlampen auf und ich konnte mir nicht vorstellen, dass dies das Richtige war. Nun war es meine Mutter, die mich ganz davor bewahrte, Tabletten zu schlucken, die nur das Symptom bekämpfen würden. Sie erinnerte sich an den Mann, den sie in der Galerie kennengelernt hatte. Er war Atemtherapeut und hatte sie mit seiner ruhigen und klugen Art zu sprechen sehr beeindruckt. Sie war zur Überzeugung gelangt, dass es mir sehr gut tun würde, mich von ihm behandeln und beraten zu lassen. Telefonisch vereinbarte ich einen Termin und machte mich quer durch Zürich auf den Weg zu ihm. Damit begann ein Lebensabschnitt voller neuer Erfahrungen.

IN MIR ANKOMMEN

Die Praxis des Therapeuten befand sich in seiner Wohnung. Da ich von seiner Frau begrüsst wurde, fühlte ich mich sofort wohl und willkommen. Der Mann hatte ebenfalls eine angenehm, bescheiden wirkende und ruhige Art, sodass ich Vertrauen fasste. Beim Einführungsgespräch erklärte er mir, dass er beginnen würde, meine Fussreflexzonen zu bearbeiten, und dass es besser wäre, wenn ich mich entspannt hinlegen würde. Also legte ich mich angezogen auf die Massagebank und er begann sorgfältig, meine Füsse zu bearbeiten. Es war nur an gewissen Punkten schmerzhaft, und als ich immer ruhiger wurde, legte er mir die Hand zuerst auf den Bauch, dann aufs Zwerchfell und bat mich bewusst und lange auszuatmen. Auf meinen Bauch übte er Druck aus und lehrte mich, dem Druck seiner Hände mit meinem Atem zu begegnen und so in Kontakt mit mir zu bleiben.

Er machte mich darauf aufmerksam, dass ich mir selbst vertrauen solle, und sagte immer wieder: »Ausaaaatmen, looooslassen – Atem kommen lassen – ausatmen, loslassen.«

Am Ende der Behandlung gab er mir folgenden Rat: »Seufzen Sie, so viel Sie können. Jedes Mal, wenn Gedanken kommen, die Ihnen nicht gefallen, seufzen Sie.«

Schon diese erste Sitzung hatte mir Zuversicht geschenkt, denn nicht nur lehrte er mich tiefer zu atmen, er sagte mir auch, ich sei zu viel mehr fähig, als ich im Moment glaubte. Das beruhigte mich und ich konnte Titus wieder ruhiger begegnen. Jede Woche fuhr ich zum Atemtherapeuten und es ging mir zusehends besser. Ich atmete bewusster und seufzte ausgiebig. Der Ausschlag ging weg und ich blieb dabei, meinen Therapeuten und Lehrer regelmässig aufzusuchen. Ich hatte einen spirituellen Lehrer gefunden, einen Menschen, der viel erlebt hatte und dies mit mir zu teilen begann. Die Gespräche drehten sich um den Sinn des Lebens, auch meines Lebens und um das Leben nach dem Tod. Das Thema Tod interessierte mich brennend. Er gab mir entsprechende Lektüren mit, die mich darüber informierten, dass der Tod nur ein Übergang sei und man mit Toten kommunizieren könne. In den nachfolgenden Jahren habe ich so viel gelesen über die Kraft der Gedanken, über die Seele nach dem Sterben, über Heilung. Ich hatte Feuer gefangen.

Er erklärte mir, dass Energie sich ständig wandelt, aber nie verschwindet, also in irgendeiner Form immer weiter existiert. Wir sprachen von Liebe, und dass jeder Mensch liebenswert sei, und dass wir den Menschen, die uns mit Groll oder schlechten Absichten begegnen, immer liebevolle Gedanken senden sollen.

Liebe verändert alles und liebe Gedanken auch.

Mehrfach hörte ich von ihm, dass ich liebenswert sei und mein Partner sich glücklich schätzen könne, mich zur Frau zu haben. Es war, als hörte ich zum ersten Mal, dass ich liebenswert bin. Es war nun an mir, mich mit diesem Gefühl vertraut zu machen.

Mir immer wieder zu sagen: »Ich bin liebenswert.«

Er erzählte mir von Coué, der mit Affirmationen arbeitete und dass er selbst sich nicht hatte unterkriegen lassen, weil er sich täglich sagte: »Es geht mir mit jedem Tag immer besser und besser.«

Mit diesem Satz konnte ich mich nicht anfreunden, doch ich lernte dadurch, dass Gedanken allmächtig sein können und dass es mir half positiv über mich zu denken, anstatt mich zu verurteilen. Je nachdem wie wir unsere Gedanken pflegen, haben sie eine Wirkung auf uns. Das war wieder eine Bestätigung meiner damaligen Erfahrungen bei der Arbeit im Kinderheim. Irgendwie seltsam, dass ich bereits ohne etwas gelesen zu haben, darauf gekommen war. Es schien in mir ein tieferes Wissen zu geben.

Ich hatte es schon erfahren, doch nun schien es noch viel machtvoller zu werden und eine weitere Dimension zu bekommen. Er machte mich immer wieder auf das positive Denken aufmerksam und ich stellte fest, wie schnell ich nervös und ängstlich, ja negativ, über mich dachte. Ich war ein behütetes Kind gewesen, behütet bis überbehütet. Ich hatte inzwischen gewisse Sequenzen sehr geschickt verdrängt und es war ein Teil meines Wesens, mich irgendwie unwürdig oder schuldig zu fühlen.

Die eigene, innere Wertvorstellung anzuerkennen und unabhängig vom Aussen zu sehen, war anfangs eine ziemlich schwierige Aufgabe. Ich glaubte für alles, auch meine Überzeugung, kämpfen zu müssen, vor allem in der Partnerbeziehung. Es verstärkte sich, als ich später begann, mich den unsichtbaren Welten zuzuwenden. Titus wollte mich immer wieder in die Realität, wie er es nannte, holen. Er wollte, dass ich für ihn greifbar blieb.

Ganz am Rande sei bemerkt, dass es ein weiter Weg war, bis ich verstand, keine Erwartungen diesbezüglich mehr zu haben. Was ich fühlte oder wusste, konnte ich nicht vom Gegenüber erwarten oder verlangen.

Ich versuchte in meiner Begeisterung über die neuen Erkenntnisse, meinen Partner davon zu überzeugen. Da er sehr analytisch dachte, war ich, die eher intuitiv handelte, seinen Argumentationen nicht gewachsen. Zum ersten Mal war es mir total egal, was andere von mir dachten. Wenn ich mit diesen Welten in Kontakt kam, fühlte ich mich sicher. Sie waren für mich real.

Es folgten meine allerersten Schritte, mich unabhängig von äusseren Leistungen wertzuschätzen, mich selbst zu lieben, meinen Körper zu ehren und immer wieder mir selbst treu zu sein. Würden wir es in Lehrgänge einteilen, steckte ich da noch in den Kinderschuhen. Der nächste Schritt war herauszufinden: Wer bin ich? Habe ich das Recht mir selbst treu zu sein?

Hand aufs Herz: Wie viele Kompromisse gehen wir immer wieder ein; dem Frieden zuliebe? – Nur zu oft, weil wir uns über unsere wahren Bedürfnisse nicht im Klaren sind oder sie nicht ernst nehmen ...?

Letzteres wurde besonders in meiner Partnerschaft zu einer grossen Herausforderung. Tendenziell haben wir Frauen immer noch den Hang, unsere Bedürfnisse denen der anderen oder der Familie unterzuordnen und wähnen uns glücklich dabei. Die Themen wurden so in den ersten Stufen meines Erwachsenenalters prägnanter. Ich liebte meinen Partner, bewunderte seine Intelligenz und seine Weitsicht. Was jedoch meine Kenntnisse und Bedürfnisse anging, war er sehr weit davon entfernt, diese zu verstehen, geschweige denn sie akzeptieren zu können. Damals nahm ich ihm das übel, später konnte ich es als Antrieb sehen, noch tiefer in die Materie oder Antimaterie, die mich interessierte einzutauchen. Ich begann, mich langsam weiter und von ihm weg zu entwickeln. Ich begann, zu meinen Bedürfnissen zu stehen und da sie oft konträr zu seinen waren, wurde daraus mehr und mehr ein Machtkampf. Ich war also hin und hergerissen zwischen Bewunderung und Ablehnung. Sehr oft gab ich bei einem Thema dem Frieden zuliebe nach, war aber innerlich sauer und mit der Zeit deswegen unausstehlich und bockig. Das wurde toleriert und manchmal auch angestachelt. Es war anstrengend für mich. Es ist bekannt, dass Männer den Zugang zu ihrem Emotionalkörper blockieren können, eher auf Rückzug gehen, als Gefühle zu zeigen. In unserer Gemeinschaft fungierte ich öfters als ein Surrogat. Also lebte ich nicht nur meine Emotionen, sondern auch die des Umfeldes oder meines Partners und war ihnen hilflos ausgeliefert, bis ich mir wieder meiner selbst oder des Atems bewusst wurde.

Inzwischen hatte ich meine Arbeitsstelle gewechselt. Die Arbeit mit Kunst, wertvollen Gemälden in einer Kunstgalerie für alte Meister, kam meinen eigenen Interessen sehr entgegen. Ich traute meinen Ohren nicht, als ich erfuhr, dass meine Kollegin nebenbei als Astrologin arbeitete.

»Bitte verschonen Sie mich mit Astrologie.«

Als sie mich fragend ansah, sagte ich: »Nein, ich will davon nichts hören.«

»Darf ich trotzdem Ihre Daten haben? Es interessiert mich, denn es macht die Zusammenarbeit leichter. Es müssen diejenigen vom Geburtsschein sein, alles andere wäre zu ungenau. Ich verspreche, dass ich Sie nicht mit meinen Kenntnissen behelligen werde bis zu dem Tag, an welchem Sie es wollen.«

Mit dieser Kollegin, die inzwischen eine anerkannte Astrologin war, ging ich regelmässig schwimmen und beim Essen erörterten wir diverse Themen. Sie sprach von Thorwald Detlefsen, von Rüdiger Dahlke, was mich veranlasste einen der Vorträge von Detlefsen zu besuchen und wie konnte es anderes sein, er war natürlich Astrologe. Das Thema dieses Abends lautete jedoch: Tod und Selbstmord, das Leben danach. Also ging ich hin.

Ich war beeindruckt von seinen Ausführungen und fasste immer mehr Vertrauen zu den Aussagen meiner Kollegin, die schliesslich zu einer Freundin wurde, obwohl oder vielleicht auch weil sie viele Jahre älter war und ich lernte ihrer Weisheit zu vertrauen.

Einmal sagte sie zu mir: »Kein Wunder sind Sie schon in so jungen Jahren an einem solchen Posten, wo sonst nur Vierzigjährige hinkommen. Man sieht es ihrem Horoskop an, dass sie

Herausforderungen brauchen. Überzeugungskraft und Begabung im Organisieren haben. Ausserdem ist es für sie wichtig, mit anderen Menschen in Kontakt zu sein und Verantwortung zu übernehmen.«

So hatte ich mich noch nie gesehen.

Sie wollte, dass wir uns all die Jahre, die wir einander kannten, mit Vornamen ansprachen und siezten. So war es auch, bis sie mit dreiundachtzig Jahren starb. Das tat dieser Freundschaft keinen Abbruch.

3 VERÄNDERUNGEN

EHE UND ANDERE FREIHEITEN

Ich war trotz gewisser Unstimmigkeiten und Unterschiedlichkeiten überzeugt, dass Titus genau der richtige Mann für mich war! Mich begann zu interessieren, warum ich das so genau wusste, es handelte sich ja nicht mehr um eine blinde Jugendliebe. So bat ich meine Kollegin um eine Besprechung beider Horoskope, was sie gerne mit uns beiden machen wollte. Es wurde ersichtlich, wie gut wir uns ergänzten, wie viel wir gemeinsam hatten und dass wir fähig waren, Spannungen, die wir aufbauten, auch auszuhalten und aufzulösen. Man sah astrologisch, dass wir viele Planeten im selben Zeichen hatten, nur dass ich sie im oberen Feld hatte und er im unteren.

Der Wunsch zu heiraten war in mir entstanden, aber da in der Schweiz damals Doppelverdiener als Konkubinatspaare weniger Steuern zahlen mussten als ein Ehepaar, war es immer ein Grund für ihn gewesen, nicht zu heiraten. Ich musste also einen praktischen Grund finden, denn ich wollte ganz offiziell zu ihm gehören. Das Trauma der ersten astrologischen Sitzung war schon längst überwunden und ich hegte keine Zweifel mehr an unserer Beziehung. Ausschlaggebend war dann sein Wunsch nach einer Weltreise. Ich fand ultimativ, dass man dafür verheiratet sein sollte, besonders für ferne Länder wie Südamerika.

Meine Liebe zu Titus basierte auf den Übereinstimmungen, doch warum mir diese Liebe immer wieder wie ein Anker erschien, war lange nicht klar. Wir hatten im Laufe der zwanzig gemeinsamen Jahre immer stärker werdende Auseinandersetzungen. Eine Antwort darauf, warum ich so lange bei ihm geblieben war, fand ich Jahre später, als ich mich mit Karma und Dualseelen befasste. Es sind oft diejenigen, die am meisten herausfordern. Es sind die fruchtbarsten und tiefsten Beziehungen. Meines Wissens haben wir mehrere Dualseelen oder nennen wir es lieber Seelenverwandte, die auf einer tieferen Ebene zu uns gehören. Viele Jahre später schien für mich klar, dass wir Dualseelen waren. Der Mensch hätte gern die absolute und beglückendste Seelenverbindung und sucht sie. Leider lässt diese sich äusserst selten im Leben gemäss unseren Vorstellungen realisieren. Sie zeigt sich als grosse Sehnsucht. Mit jeder Liebe, sei das zu einem Kind oder zu einem Erwachsenen, begegnen oder sehen wir einen Seelenaspekt von uns im Aussen. Es kann ein Aspekt sein, den wir ablehnen, noch zu integrieren haben oder es kann einer sein, der nur darauf gewartet hat, mit uns zu verschmelzen. So bilden manchmal mehrere Menschen zusammen eine Seele. Das hat nichts mit Abhängigkeit zu tun, sondern mit den gelebten Potenzialen, die in dieses Leben gebracht werden. Selten wurde mir das so klar vor Augen geführt wie damals, als ich eine liebe Bekannte und ihren zukünftigen Mann das erste Mal zusammen gesehen habe. Beide umgab eine Aura der Einheit, was jedoch nicht heisst, dass dann alles problemlos verläuft. Sie bildeten gemeinsam sichtbar eine Seele und das was sie verbindet nennen wir Liebe. Wieder andere Menschen halten riesige Seelenformationen, das nennt man auch Charisma. Sie erreichen viele Seelen, weil sie gemeinsam eine Seelenformation oder einen Teil davon halten. Das ist keine fixe Einheit, denn darin befinden sich auch Seelenfamilien, die wiederum eine eigene Einheit bilden. Jesus Christus hielt eine ungleich grössere Seelenformation als diejenige, die man vom Menschen Jesus Christus wahrnahm. Hier ging es nicht um ein Wissen, sondern um eine spürbare Verbindung von Zugehörigkeit. Die Zeitqualität des 21. Jahrhunderts fördert solche Begegnungen. Durch das Internet lernen sich Menschen kennen, die sich sofort *wiedererkennen*.

Titus und ich heirateten, ergänzten uns weiterhin in vielem und planten eine sechsmonatige Hochzeitsreise. Die Reise wurde ein schöner Beweis für mich, wie gut wir zusammenpassten. Wir starteten in Peru, es ging weiter nach Kolumbien, Ecuador, Bolivien, Guatemala, die karibische Insel San Andres, San Diego, weiter nach Japan, Südkorea, Taiwan, Indonesien, Bali, Singapur. Er war der Planer und berechnete alles Notwendige. Ich lernte Spanisch und nutzte während der Reise meine diversen Fremdsprachenkenntnisse. Dank meiner Kontaktfreudigkeit bekamen wir weitere nützliche Informationen von anderen Reisenden. Ebenso erfuhren wir in guten Gesprächen viel von Land und Leuten. Wir erfreuten uns sehr netter Bekanntschaften mit anderen Touristen, mit denen wir stundenlang Bus oder Zug fuhren. Natur und Fauna waren teilweise überwältigend schön. Es gab viel Erfreuliches und ebenso Dramatisches auf unserer Reise. Zum Glück für uns hatte ich vorgängig genügend Spanisch gelernt. In vielen Gegenden sprachen die Menschen weder Englisch noch Deutsch. Das diente mir besonders in Popayan – doch alles der Reihe nach.

Die Aeroflot, die damals preiswert Lima anflog, bediente die Gäste in der Touristenklasse mehr schlecht als recht. Die Luft war sehr trocken und zu trinken gab es zu wenig. Ich wagte gar nicht daran zu denken, wie alt dieser Flieger war. Wir landeten sicher, nach einem langen Flug in Lima. Unser Hotel lag in einem ruhigen Quartier, nicht weit vom Zentrum entfernt.

Obwohl wir in Lima dramatische Ausnahmezustände mit patrouillierenden Soldaten und Tränengaseinsätzen erlebten, genossen wir die Wunder dieser vibrierenden Stadt. Gebäude im spanischen Stil, mit geschnitzten Holzbalkonen, wunderschöne Kirchen und harmonisch angelegte Plätze. An das Essen gewöhnten wir uns schnell, ebenso, dass man aufpassen musste, wohin man trat. In den Gehsteigen gab es riesige Löcher und die Armut begegnete uns an jeder Ecke. Kleine Buben die Zündhölzer verkauften, Schuhputzer und Bettlerinnen und verwahrloste Menschen, die sich aus dem Slum ins Zentrum wagten.

Unser nächstes Reiseziel war Cusco. Es war bereits sehr aufregend gewesen, ob wir es überhaupt bis dorthin schaffen würden, denn es war gar nicht einfach, ein Zugticket zu ergattern. Wir standen an mehreren Schaltern lange an und entschieden uns dann in einem Reisebüro anzufragen und hofften, dass dies eher klappen würde.

Eine beliebte Antwort in Südamerika war: »No hay« – *Gibt es nicht oder hat es nicht.* Die Menüliste eines Restaurants konnte ellenlang sein, doch sehr oft gab es nur zwei bis drei Gerichte, also fragte man am besten von Anfang an, was im Angebot war.

Wir hatten Glück und bekamen Erstklassplätze, in einem Abteil, das wir mit anderen Schweizern teilten. Langsam und gemütlich ruckelte der Zug hoch Richtung Cusco, das auf 3416 m.ü.M. liegt. Bei einer der Steilfahrten wurde eine zweite Lokomotive angehängt, die stossen half. Wir hatten in den ersten Tagen nicht vor, viel zu unternehmen, denn man warnte uns vor der Höhenkrankheit.

Kaum angekommen gerieten wir in einen Generalstreik, der uns drei Tage im Hotel herumsitzen liess. Wie in Lima, patrouillierten Panzer und Soldaten mit Maschinengewehren in den Strassen, und hier direkt vor unseren Fenstern. Angst hatten wir keine und erstaunlicherweise fühlte ich mich nicht eingeschlossen, obwohl wir das Haus nicht verlassen durften. Was als Nachrichten in die Welt hinausging, war wohl doch besorgniserregend, wie wir später von unseren Eltern vernahmen. Unser kleines Hotel war recht gemütlich und sauber und niemand verbreitete Panik. Wir spielten zusammen Karten und tauschten uns mit anderen Reisenden aus.

Ein wichtiger Entwicklungsschritt war, dass ich begann, mich auch an alle Sorten von Mitbewohnern in Form von Ungeziefer zu gewöhnen. Des Nachts krochen sie aus allen Ritzen hervor, die *Cucarachas.* Schwarze, ölig glänzende Riesenkäfer in Unmengen. Wenn ich nachts die drei Schritte zur Toilette ging, benötigte ich die Taschenlampe, um sie nicht zu zertreten. An der Zimmerdecke thronte eine Riesenspinne, die fast Handteller gross war. Ich schwieg mich darüber aus und mein Mann sagte auch nichts, weil er glaubte, ich würde dann kein Auge mehr zutun.

Er war sehr erstaunt, als ich eines Tages, als wir im Bett lagen, so nebenbei erwähnte:

»Ziemlich gross die Spinne dort oben.«

»Und Du hast keine Angst?«

»Nein, warum auch? Sie ist ja nicht gefährlich – glaube ich jedenfalls.« Von diesem Zeitpunkt an hatte ich nie mehr Angst vor Spinnen.

Endlich durften wir die Reise nach Machu Picchu antreten. Wir nahmen den ersten Zug, der in den frühen Morgenstunden startete, sodass wir gegen 8 Uhr dort ankamen. Unterwegs gab es nur Wildnis sowie eine herrliche Flusslandschaft. So ruckelte der Zug gemütlich bis zum Hochplateau, das schon damals weltberühmt war. Von der Zugstation gelangten wir zu Fuss innerhalb von 20 Minuten zum Kraftplatz von Machu Picchu, dem grossen Plateau mit dem steilen Berg, einem fast nashornförmigen Wahrzeichen. Der Platz war teilweise von Pflanzen überwuchert, liess aber die harmonische Architektur der Bauten erkennen. Als ich dieses Plateau betrat, geschah ein Wandel in mir. Ich fühlte mich plötzlich erhoben in eine nie geahnte Leichtigkeit, empfangen von einer Energie, die mir so vertraut schien, als würde ich hier alles kennen. Sehr andächtig gingen wir durch die verschiedenen offenen und so perfekt aneinandergereihten Gebäude. Wir sahen die Grundmauern von Bauernhütten, Handwerkerhäuser, Paläste und Tempel, das Gefängnis, Wasserkanäle – alles war noch so ursprünglich, wie die Inkas es erbaut hatten. Die Mauerblöcke waren ohne Mörtel lückenlos zusammengefügt. Es ging eine ungeheure Kraft von diesem Plateau aus und das Geheimnis, das es umgab, berührte mich bis ins Innerste.

Ich verstand noch sehr wenig von Energien, doch ich spürte sie. Wie angegossen blieb ich beim Sonnentempel stehen. Alles wurde lebendig um mich herum und in mir. Ich schaute in die Weite und fühlte mich in eine andere Dimension angehoben. Es war eine Stille, die zeitlos schien. Ja, es war mir, als könnte ich überall hinfliegen. Ein leichter Nebel lag über der steilen Bergspitze vor uns. Andere Touristen machten sich daran, dort hochzuklettern. Mir war überhaupt nicht danach, diesen Platz zu verlassen und zum Glück verlangte das mein Mann nicht von mir. Er war sonst einer der Ersten, die immer hoch hinauf mussten, wenn es irgendwo ging. Ich hatte grossen Respekt vor diesem Berg, dessen Spitze sich, im Laufe des Morgens, als der Nebel sich auflöste, langsam zeigte. Die Treppenstufen waren von den Inkas so perfekt in den Stein gehauen, und schmiegten sich in den Hang, dass sie mit blossem Auge kaum sichtbar waren. Beim Altar des Sonnentempels, der als Bezugspunkt zum Inkakalender diente, fühlte ich mich am stärksten Punkt angelangt. In späteren Meditationen war ich noch sehr oft in Verbindung mit der Kraft des Sonnengottes dort.

Hätten wir länger dort bleiben wollen, hätten wir kampieren müssen, andere Übernachtungsmöglichkeiten gab es nicht. Es ging also am selben Nachmittag wieder zurück nach Cusco. Die Zugfahrt dauerte damals um einiges länger, als heute und war sehr gemütlich. Inzwischen werden bis zu 3.000 Touristen jeden Tag dorthin geschleust. Nach dem Generalstreik hielt sich der Zustrom nach Cusco in Grenzen, da viele Angst hatten und gar nicht erst nach Cusco reisen wollten.

1979 gehörte Machu Picchu noch nicht zum UNESCO-Welterbe. Es wurde erst 1983 aufgenommen und mit dem notwendigen archäologischen Respekt behandelt. Es war niemandem mehr erlaubt, etwas zu entfernen. Mittlerweile haben auch viele entwendete Objekte den Weg ins dortige Museum zurückgefunden.

An einem Tag besuchten wir Pisac, einen typischen Indiomarkt. Wir hatten frühmorgens den Bus der Einheimischen genommen und fuhren mit ihnen zum Ort. Wir waren die einzigen Touristen und bekamen dadurch die Gelegenheit zuzusehen, wie der Markt aufgebaut wurde. Es gab damals nur ein einziges Café. Wir wurden dort wie Könige empfangen und man teilte uns mit, wir seien die allerersten Gäste überhaupt.

Später ging es Richtung Bolivien, wo der Kleinbus auf ein Floss fahren musste und mit uns über den Fluss setzte. Ganze drei Autos hatten Platz. In Puno rochen wir noch Spuren von Tränengas, die in den Gassen hingen. Als wir die schöne Kirche besichtigten, hing das Gas noch so sehr im Gewölbe, dass ich Atemnot bekam und meine Augen zu brennen begannen. Also nichts wie raus. Heilsam war der kleine Ausflug an und auf dem Titicacasee, wo wir in einem Schilfboot zu den Schilfhäusern gebracht wurden, die als Attraktion nachgebaut worden waren.

Am folgenden Tag fuhren wir per Bus weiter bis auf eine Höhe von 4.000 Metern über dem Meer und dann in den Talkessel von La Paz hinunter, der auf 3.600 Meter über dem Meer liegt. Das Zentrum der höchstgelegenen Hauptstadt der Erde bestand aus einer grossen mit Bäumen gesäumten Allee. Viel mehr habe ich davon nicht gesehen, denn ich liess mich von einer Tafel Schweizer Schokolade verführen, die ich in einem Kiosk gekauft hatte, und verbrachte die nächsten zwei Tage mit einer Magenverstimmung und Erbrechen im Bett.

Kaum war ich wieder auf den Beinen, ging es zurück in Richtung Peru. Diesmal machten wir einen Zwischenhalt in Arequipa, eine der schönsten Städte Perus. Arequipa beherbergt ein sehr schönes Katharinenkloster, ein absolutes Highlight, was Bauweise, Farbe und Struktur anbelangt, in welchem die Nonnen oft abgeschottet in Klausur lebten.

Das dort gebraute, leckere, stadteigene Bier liessen wir uns täglich schmecken. Wir trafen die Schweizer wieder, die wir auf der vorherigen Zugreisen kennengelernt hatten, und genossen das Zusammensein. Kurz darauf war es mein Mann, der mit Übelkeit flach lag und es hatte gleichzeitig die Partnerin des Schweizers erwischt. Beide hatten beim Nachtessen zur Nachspeise die Cherimoyafrucht gewählt, deren Samen gifthaltig sind und zu Übelkeit und Vergiftungserscheinungen führen können. Sie werden auch zu Insektenmittel verarbeitet, was wir damals aber nicht wussten. Die Symptome schienen nicht so gravierend zu sein, sodass wir Gesunden die beiden Kranken mit heissem Tee ihrem Schicksal überliessen und uns zu zweit aufmachten, die Stadt am Abend zu erkunden.

Bald waren alle wieder fit genug für die Weiterreise. Unsere neuen Freunde waren schon auf der Rückreise und verliessen uns am Flughafen. Wir haben uns später in der Schweiz gegenseitig besucht.

Wir flogen weiter nach Kolumbien, genossen die Hauptstadt Bogota, wo wir bei Schweizern, die Frau war das Patenkind meines Schwiegervaters, wohnen durften. Sie lebten in einer schönen Eigentumswohnung, abgesichert durch dicke Mauern, Stacheldraht und einen Pförtner. Die beiden Söhne gingen in die Schweizerschule. So erfuhren wir viel vom authentischen Leben Kolumbiens. Obwohl diese Stadt sehr gefährlich ist, ist sie doch auch faszinierend. Bei Autofahrten musste man sich immer im Auto einschliessen. Man riskierte sonst, überfallen zu werden und schlimmsten Falles, war man dann sogar das Auto los.

Unsere Bekannten nahmen uns mit ins Amazonasgebiet, wo sie eine *Finca* besassen. Hier trafen wir ein tropisches, sehr fruchtbares und auch wild bewachsenes Gebiet an. Die *Finca* in den *Llanos* war eine riesige Orangenplantage, die in der Hochsaison bis zu zwanzig Arbeiter beschäftigte. Es gab dort mehrere Pferde, die jedoch keine Edelblüter, sondern Nutztiere waren. Sie liessen auch ungeübte Reiter aufsitzen und waren so klein, dass die Füsse meines Mannes fast den Boden streiften. Piranhas waren im Amazonas zu beobachten, also verzichteten wir freiwillig aufs Schwimmen.

Alsbald verabschiedeten wir uns von unseren Gastgebern und weiter ging es nach Popayan, eine herrschaftliche, weisse Stadt mit altertümlichen und gut erhaltenen Häusern, in der es sich gut wohnen liess. Da wir zuerst Schwierigkeiten hatten, ein Zimmer zu finden, teilten wir uns mit einem Deutschen eines zu dritt. Der Deutsche reiste am nächsten Tag weiter und blieb auch später mit uns in Verbindung, als wir wieder zu Hause waren.

Wenige Tage später fühlte sich mein Mann so schlecht, dass wir einen Arzt aufsuchen mussten. Er hatte eine Hepatitis B eingefangen, die uns für über zwei Wochen festnagelte. Wir mussten die Unterkunft wechseln, da unsere alte kein Restaurant hatte. Titus brauchte eine sehr fettarme Ernährung und viel Ruhe, darum wollte ich sein Essen selbst zubereiten. Wir hatten Glück, an einen toleranten Hotelbesitzer zu geraten, denn diese Hepatitis ist ansteckend und nicht jedes Hotel hätte uns aufgenommen, so gelb, wie er schon im Gesicht war. Ich kaufte für uns zusätzliches Besteck und Geschirr und achtete darauf, nicht dasselbe zu benutzen wie er. Er durfte keinen Alkohol trinken, musste regelmässig und möglichst gesund essen. Was in der Hotelküche gekocht wurde, war alles andere als zuträglich für ihn. Ich erhielt ein Eckchen in der Hotelküche und kochte einfaches, gedämpftes Gemüse, Kartoffeln oder Reis und keine *Patatas fritas*, Pommes, die es zu fast jedem Essen gab. Natürlich machte ich zum Frühstück Birchermüsli, was alle staunen liess, dass man Flocken ungekocht essen konnte.

Ich musste Titus jeden Tag eine Spritze geben und malte Kreise auf die Regionen, die ich bereits bestochen hatte. Wir durften uns nicht mehr küssen, nicht mehr Liebe machen, kein Austausch von Sekreten um mich nicht anzustecken und das mindestens drei Wochen lang, gemäss dem Arzt.

Das war nun schon ein bisschen hart aber wir hielten uns strikt daran, um nichts zu riskieren.

Das gebuchte Schiff auf die Galapagos Inseln fuhr ohne uns und spätere Möglichkeiten, die in unseren Zeitraster gepasst hätten, gab es nicht. Als Titus reisefähig war, fuhren wir, wie geplant nach Ecuador, verbrachten zwei sehr schöne Tage in Quito und beschlossen, weiter nach Norden zu reisen. Cartagena, die Hochburg des Drogenhandels, wurde uns als sehenswert, wenn auch gefährlich geschildert. Die altertümliche Stadtmauer war ein Wunder an architektonischer Kraft und gab der Stadt Schutz und vermittelte Herrschaftlichkeit. Wir nutzten sie als Sprungbrett um auf die karibische Insel San Andres zu gelangen, die hauptsächlich von Schwarzen bewohnt wird. Der Flug war so unruhig, als wir über dem Meer waren, dass viele Mitreisende begannen zu beten. Wir waren zuversichtlich und trotz der hüpfenden Maschine und dem Unwetter wurde uns nicht schlecht und die Landung gelang ohne Probleme.

Heiss und sehr feucht, so richtig tropisch war das Klima. Wenn ein Regenguss die Strassen unter Wasser setzte, wateten wir manchmal knöcheltief, dann wieder von Pfütze zu Pfütze hüpfend, jedoch nur kurze Zeit so den Häuserzeilen entlang. Das Wasser verwandelte sich durch die Hitze im Nu in Luftfeuchtigkeit. Es wurde, fast augenblicklich aufgesogen, hing in der Luft und die Strassen waren bald wieder trocken. Viel zu tun oder zu sehen gab es hier nicht.

Alsdann flogen wir nach Guatemala weiter. Dort mussten wir wegen Unwettern unsere Pläne wieder ändern. Wir konnten den Ausflug nach Tikal nicht antreten, weil die Flugpiste wegen der starken Regenfälle zu sumpfig war. Eine Landung in Tikal war unmöglich.

Jemand empfahl uns, in das nahe Honduras zu reisen. Per Mietwagen, einem kleinen Honda Civic, fuhren wir bis Copan, wohin das Reisen fast problemloser war. Auf dem Hinweg erlebten wir mehrere Erdbeben und Erdrutsche. Wir waren stundenlang in einer Autokolonne blockiert, bis ein Bagger die Strasse freiräumte. Da die Bewohner der Gegend an solche Ereignisse gewöhnt zu sein schienen, waren sie sehr geduldig.

Die Einheimischen witterten sofort ein Geschäft und kamen mit Getränken und Lebensmitteln bei den Autos vorbei. Als es weiterging, fuhren wir auf Strassen, die einem Bach glichen, und durchquerten Flüsse, welche die Strasse unterbrochen hatten. Das war natürlich abenteuerlich und ganz im Sinne meines Mannes. Er stieg jeweils aus, prüfte die Tiefe des Wassers und danach fuhren wir mit Anlauf hindurch. Mein Mann war ein ausgezeichneter Fahrer, und obwohl Fontänen links und rechts hochspritzten und der Kühler fast versank, schafften wir es jedes Mal auf die andere Seite.

Wir durften feststellen, dass diese Reise und alle Strapazen hierher sich gelohnt hatten. Die Ruinen von Copan sind durchaus sehenswert sind. Vieles war hier noch sehr ursprünglich und keine Souvenirverkäufer behelligten uns. Diese Maya-Ruinen zählen inzwischen auch zum UNESCO-Weltkulturerbe. Viele wunderschön ziselierte Steine waren stark mit Moos überwachsen und man konnte erahnen, dass noch viele Schätze unter der Erde verborgen sind. Diese Ruinenstätte umfasst viele schöne Stelen, Herrscherporträts (aus dem Jahre 631) und eine faszinierende Hieroglyphen-Treppe, die sogenannte Akropolis. Sie umfasst Reliefsskulpturen der sechzehn Könige von Copan.

Nach dieser doch recht strapaziösen Zeit folgte dann eine Woche Erholung in den USA. Wir flogen an die Westküste nach San Diego, wo wir bei amerikanischen Freunden wohnen durften. Wir genossen den zivilisierten Lebensstandard, dass wir unbesorgt alles essen durften und erholten uns gut. Wir hatten ausserdem unsere warmen Kleider, gegen leichtere ausgetauscht, die uns unsere Eltern an diese Adresse gesandt hatten. Ein grosses Paket Kleider, das erste Tagebuch, ebenso fünfundzwanzig Filmrollen sandten wir nach Hause. Frisch gestärkt ging es weiter nach Asien.

Als Erstes besuchten wir Japan, das uns fast ein wenig an die Schweizer Ordnung erinnerte. Sauber, sehr zivilisiert und durchorganisiert ist dieses kleine Land. Da wir privat wohnen konnten, genossen wir typisch japanisches Alltagsleben. Schlafen auf Futons, die wir morgens einrollten, um Platz zu schaffen. Ein niedriges Tischchen, an welchem wir am Boden auf Tatamimatten sitzend schreiben konnten. Das Essen mit Stäbchen waren wir ja schon ein wenig gewohnt, doch Maiskornsalat mit Stäbchen zu essen, war schon eine Herausforderung. Das Gemüse und die geschmacklich gute und gesunde Küche der Hausdame mundeten uns.

Ganz anders wirkten die Auslagen der Restaurants, wo anstelle einer Speisekarte, jedes Gericht aus Plastik präsentiert wurde und einem der Appetit schon davon vergehen konnte.

Ungewohntes Gedränge boten uns die Ausflüge mit der chronisch überfüllten U-Bahn. Das Reisen mit dem Shinkansen, einem der schnellsten Züge der Welt, nach Kioto und Nara war ein Erlebnis, auch wenn es Ohrensausen verursachte. Die Sitze glichen einem Flugzeugplatz und waren ebenso eng gebaut.

Um nichts hätte ich diese wunderschönen Städte missen wollen. Viele Bauten waren aus Holz, gepflegte Gassen, kleine und grosse Tempel mit wunderschönen Steingärten, die uns durch ihre klaren Linien faszinierten. Da wir uns in erdbebenreichem Gebiet befanden, waren die Häuser niedrig und das Holz vibrierte im Einklang mit den Erschütterungen oder den eigenen Schritten. In einem der Tempel gingen wir auf einem Boden, dessen Vibrationen ein Quietschen vernehmen liessen, das an ein schönes Vogelgezwitscher erinnerte und daher eine Attraktion für sich war.

Nach dem durchorganisierten Japan folgten die eher chaotischen und doch lieblichen Philippinen mit den unzähligen Inseln und einem atemberaubend lauten Verkehr in

Manila. Wir flüchteten für zwei Tage auf eine Insel, um endlich Ruhe zu finden.

Später in Taiwan, war noch mehr Hektik in den Strassen. Hier waren es nicht die lauten Kleinbusse, sondern hauptsächlich Motorräder, die wie Bienenschwärme vorbei brausten. Zwischendurch sah man mutige Rikscha- oder Fahrradfahrer. Es schien, als sei ein Vorwärtskommen zu Fuss lebensgefährlich, also nutzten wir meistens Taxis und fuhren damit an Touristenorte.

Das Nationale Palastmuseum zeigte 5.000 Jahre alte Objekte aus Jade und Porzellan aus den kaiserlichen Schätzen — feinste Kunst der Porzellanherstellung. Wir mussten damals noch den Neandertalern gleich gewesen sein, denn in unseren Breitengraden ass man damals noch aus Tontöpfen.

Ein kurzer Besuch im vierzehnstöckigen, palastähnlichen *Grand Hotel* liess unseren Atem stocken. Die Eingangshalle mutete wie ein Tempel an, so schön waren die Verzierungen und Balustraden, ganz zu schweigen von den herrlichen Leuchtern. Leisten wollten wir uns diesen Luxus des Wohnens nicht, nur ein wenig daran schnuppern. Und wo lässt sich das am Ehesten geniessen? Bei einem sündhaft teueren Tässchen Tee und der Benutzung der Gästetoilette.

Wir liessen es uns nicht nehmen eine Busfahrt an die Südspitze in den Nationalpark zu machen, was sich problemlos in einem Tag machen liess.

Als Nächstes flogen wir nach Indonesien. Yogyakarta mit all seinen Batikwerkstätten und malerischen Strassenzügen gefiel uns sehr. Diese Stadt war lieblicher als die Hauptstadt Jakarta und wir genossen hier urtümliches Kunstwerk und besuchten diverse Galerien. Unser Hotel war nur zweistöckig und hatte einen anheimelnden Innenhof, wo man speisen konnte. Amüsanterweise befand sich unser Badezimmer, also Dusche und Klo draussen im Vorgarten unseres Zimmers. Die Wasserhahnen ragten aus den Brüsten einer sitzenden Frauenstatue und das Wasser floss aus ihrem Mund in die Wanne zwischen ihren Beinen.

Ein Rikschafahrer pedalte uns im Schweisse seines Angesichts die zehn Kilometer bis nach Borobudur, dem Wunderwerk der Steinmetzkunst und der grössten buddhistischen Tempelanlage der Welt. Hier zu sein gefiel uns sehr. Der Bau faszinierte uns bereits aus der Ferne. Atemlos bewunderten wir die Stupas und die grossartigen Buddhastatuen, sowie die Geschichten, die uns die Reliefs aus feinster Steinhauerarbeit erzählten.

Weiter ging es nach Bali, der Götterinsel, wo wir viele Prozessionen sahen, die farbiger nicht hätten sein können. Wunderschöne Tempeltänze erfreuten uns eines Abends auf einer Freilichtbühne. Das damals einzige Hotel, das Bali Beach, lud zu leckeren Kuchen und Stückchen ein. Der Hoteldirektor war Deutscher und der Küchenchef Schweizer, was den Standard erklärte. Wir hatten uns für eine bescheidene Unterkunft in Legian Beach entschieden und wohnten in einer einfachen Hütte. Der Ort lag etwa zwei Kilometer vom berühmten Kuta Beach entfernt. Geckos erfreuten uns in den Zimmern. Die Vegetation war üppig und traumhaft schön. Wir wohnten direkt am Meer.

Ein wahrer Schock der Modernität war danach das vollkommen überbaute Hongkong. Faszinierend und gleichzeitig *over-crowded*. Sie ist zeitweise die bevölkerungsreichste Stadt der Welt und hat von Hochhäusern umzäunte Strassenschluchten. Das bietet aus einer bestimmten Aussichtshöhe eine atemberaubende Skyline. Auf einem Bootsausflug gestand uns eine junge Frau, man habe hier nicht wirklich Raum für sich. Einziges Aufatmen sei möglich, wenn man auf den Aussichtshügel Victoria Peak fahre.

Zum Abschluss der Reise landeten wir in Singapur. Hier endete unser *Trip around the world*. Singapur wirkte auf uns sehr synthetisch und ist bekanntlich die sauberste Stadt der Welt, weil jede Verschmutzung geahndet wird. Als wir ankamen, war es Anfang Dezember und schon gab es in der Hotellobby einen riesigen Plastiktannenbaum und die bekannten Weihnachtslieder plärrten wie in unseren Kaufhäusern rund um die Uhr aus den Lautsprechern. Es war Zeit heimzukehren.

Mein Mann hatte achthundert weitere wunderschöne Dias gemacht. Dank seines fotografischen Gedächtnisses wusste er immer sofort, welche Kirche, welcher Platz wo gewesen war, wie lange die Zugfahrten gedauert hatten, viele Daten und Zahlen blieben ihm geläufig. Ich liess mich von meiner Intuition führen, nahm Stimmungen auf und genoss sie. Begegnungen mit Menschen waren für mich wichtiger und ich fühlte intuitiv, ob ein Hotel, ein Restaurant für uns passte oder nicht. Wir waren nicht als Rucksack-Touristen herum gereist. Wir hatten uns stabile Alu-Koffer angeschafft, die wir als *unkaputtbar* ansahen, und stiegen auch in Mittelklassehotels ab, sofern es welche gab. Wenn wir nicht ein Auto gemietet hatten, waren wir mit den Einheimischen in Mittelklasse-Bussen unterwegs, wählten für Zugreisen die 1. Klasse, die unserer 2. Klasse in der Schweiz entspricht. Wir füllten drei Tagebücher, die mein Mann nachträglich minutiös aufgearbeitet hat.

Zurück in der Schweiz wohnten wir bei meinen Schwiegereltern, da unsere Wohnung noch nicht bezugsfertig war. Endlich durften wir wieder alles bedenkenlos essen und trinken. Ich genoss jeden Tag viel Salat und Früchte und konnte nicht genug davon bekommen. Bald plagten mich heftige Krämpfe und Magenschmerzen. Der Arzt befürchtete irgendwelche Tierchen, doch ein Telefonat mit meinem lieben Atemschultherapeuten und Freund G. klärte mich darüber auf, dass mein Darm das viele rohe Essen nicht mehr gewohnt sei und sich entzündet hätte. Ich solle mehr gekochte Speisen essen und langsam umsteigen auf Rohkost. So war es dann auch. Nach weiteren fünf Tagen ging es mir wieder bestens und ich konnte mich um eine neue Arbeitsstelle kümmern.

Bald fand ich eine Stelle, die mir zusagte. Ich wurde dort vielseitig gefordert, konnte kreativ sein und hatte sehr unterschiedlichen Aufgaben. Ich organisierte eine der ersten

Bürogemeinschaften von Zürich. Das Berufsleben und all die Kontakte machten mir Spass. Es meldeten sich Männer als Mieter, die eine Einzelfirma gründen wollten, Räumlichkeiten und eine Infrastruktur benötigten. Ihnen half ich organisatorisch und sie konnten meine Zeit für Sekretariatsarbeiten nutzen. Mit einem dieser Mieter gab es eine sexuelle Anziehung, die ich auch ein wenig durch mein Benehmen und meine Kleidung herausforderte. Das veranlasste ihn mehrfach, mich ganz plötzlich am Busen anzufassen, wenn ich neben ihm stand oder er ging mir an und in die Unterwäsche. Auch wenn diese Übergriffe jeweils nur kurze Augenblicke andauerten, waren es intensive Momente, die mich reizten und sehr erregten. Es waren plötzliche Überfälle, wenn ich neben ihm stand, die ich mir im Geheimen wünschte, aber selber nicht wagte. Sie endeten wie sie begonnen hatten nach wenigen Minuten. Und dann war es, als wäre nichts gewesen. Einesteils war ich überfordert, weil ich nicht genau verstand, wozu diese Attacken dienten und ich hatte keine Ahnung, was für Gefühle bei ihm im Spiel waren. Ich fühlte mich geschmeichelt und begehrt, da es sich um einen attraktiven, erfolgreichen Mann handelte.

Als ich von ihm wissen wollte, ob er denn mehr von mir wolle, sagte er: »Nein, mir genügt diese Spielerei. Schliesslich bin ich verheiratet.«

Es war für mich, als ob man dauernd eine Vorspeise bekommt, aber vergeblich auf die Hauptspeise wartet, im Endeffekt bleibt man auf Dauer hungrig. Ich bestand deshalb darauf, dass er mit dieser Spielerei aufhörte. Wenig später vernahm ich, dass er dasselbe bei einer anderen Kollegin ebenfalls machte. Ich war sehr enttäuscht und verhielt mich distanziert, was ihn nicht hinderte weiterzumachen. Da er dieses, nun für mich zu übergriffige Verhalten nicht beendete, knallte ich ihm eine und ging gleichzeitig das Risiko ein, meine Stelle zu verlieren. Heute würde man einen solchen Mann bestrafen. Ganz fair wäre dies in meinem Fall nicht gewesen. Aber da ich dem Ganzen klar ein Ende gesetzt hatte, zeugte es von grösster Respektlosigkeit, dass er einfach weitermachte. Nun war es wohl mein Widerstand, der ihn herausforderte und mich erst recht für ihn interessant machte.

Ich kann eine generelle Verurteilung eines solchen Verhaltens nicht befürworten. Stattdessen appelliere ich an die Frauen, selbst die Verantwortung dafür zu übernehmen oder zu verstehen, was wir als Frau provozieren – sei es unbewusst oder bewusst. Wenn es sich um reine Aufdringlichkeit handelt, die ein Chef ausnützt, gehört das unterbunden oder geahndet. Manche Frau lässt es sich gefallen, aus Angst die Stelle zu verlieren. Doch wo bleibt da die Achtung vor der eigenen Person? Im Laufe meiner Erfahrung mit Männern lernte ich, dass diese den sexuellen Kräften sehr oft ausgeliefert sind und dass manch einer sich selbst dafür verurteilt. Eine Frau, die sehr abweisend ist, weckt im Mann den Eroberungstrieb. Wenn eine Frau klar in sich ruht, wird es nicht oder nur sehr begrenzt zu Belästigungen kommen. Einen solchen bewussten Zustand braucht es, um tiefer in das Wesen der wahren göttlichen Sexualität einzutauchen. Sich einlassen können ohne Absicht und offen für den Fluss der Energien zu sein. Es bedeutet, eigene Blockaden und viele Ängste aufzulösen.

Auch Mobbing von Kolleginnen erlebte ich an dieser Arbeitsstelle und das war für mich emotional viel schrecklicher als das, was der Kunde getan hatte, weil ich mich ausgestossen fühlte. Es war schlimmer als die sexuellen Übergriffe, für die ich mich mitverantwortlich fühlte. Warum ich gemobbt wurde, konnte ich mir nicht erklären. Warum gerade ich? Es dauerte fast ein Jahr und ich stand kurz davor zu kündigen. Da meine Kolleginnen mich mieden, mich weder grüssten noch sonst ein Wort an mich richteten, fühlte ich mich sehr isoliert. Hätte ich meine Kunden nicht gehabt, die regelmässig mein Büro aufsuchten, um mir Arbeit zu geben, wäre es noch viel qualvoller gewesen. Natürlich waren diese Begegnungen rein geschäftlicher Natur. Oft musste ich während dieses Jahres alleine essen gehen. Mein Mann half mir zu Anfang, dieses Gefühl des »unerwünscht Seins« ein wenig zu lindern. Wir trafen uns in dieser Zeit häufig zum Mittagessen. Ich stellte jedoch fest, dass er meistens in Gedanken weit weg war, er konnte sich wohl noch nicht ganz von vorhergehenden Kundengesprächen lösen oder dachte darüber nach, was währenddessen so alles auf dem Pult liegen blieb. Also war es auf die Dauer auch keine Lösung. Ich wollte diese Stelle nicht aufgeben.

Im Qualifikationsgespräch zum Jahresende weihte ich meinen Chef ein: »Ich weiss nicht so recht, wie ich das sagen soll. Ich fühle mich überhaupt nicht mehr glücklich, obwohl ich meine Arbeit sehr mag. Haben Sie bemerkt, dass mich insbesondere ihre Sekretärin und eine der Buchhalterinnen meiden?«

»Mir ist schon etwas aufgefallen, aber ich wusste nicht, dass es so schlimm ist.«

»Ja das ist es, und ich weiss nicht, wie lange ich das noch aushalte.«

Er vermutete: »Es könnte sein, dass die anderen neidisch auf Sie sind. Die eine sieht aus wie ein Mann und kleidet sich dementsprechend und Sie sind viel attraktiver, die andere hat wohl sonst ein Problem. Ausserdem haben Sie mehr Freiheiten, was die Arbeitszeit anbelangt, was die Missgunst fördern dürfte.«

Ich arbeitete nur indirekt für ihn und wichtig war, dass die Arbeit meiner Kunden erledigt wurde. Das konnte ich mir selbst einteilen, während die anderen eine fixe Arbeitszeit hatten. Besonders seine zwar tüchtige aber burschikose Sekretärin war bestimmt eifersüchtig, auf das gute und lockere Verhältnis, das ich mit ihm hatte.

Er beruhigte mich: »Meine Sekretärin ist erst seit einem halben Jahr hier und ich trauere auch ihrer Vorgängerin nach, meine Kunden ebenso. Sie erwartet nun eine Lohnerhöhung, die ich ihr nicht geben werde. Ich bin fast sicher, dass sie die Stelle aufgeben wird.«

Tatsächlich kündigte sie kurz darauf und verliess die Firma. Die andere Kollegin opponierte plötzlich nicht mehr gegen mich.

Ich erkundigte mich scheu: »Was habt ihr denn gegen mich gehabt? Ist das jetzt alles vorbei?«

Die eine schaute mich beschämt an und die andere begann sich zu entschuldigen: »Ich weiss auch nicht, was in mich gefahren ist. Die andere konnte Dich nicht leiden und wir machten uns über einige Deiner Aussprüche lustig, andere haben mich dann plötzlich genervt.«

»Kannst Du mir denn sagen welche?«

»Ach, das waren eigentlich nur Kleinigkeiten, die wir dann aufgebauscht haben. Es tut mir wirklich leid.«

Das liess mich hellhörig werden und ich begann mich zu beobachten. In wieweit forderte ich solche Reaktionen heraus? Unter anderem, indem ich sehr eigenständig und scheinbar furchtlos meinen Weg ging, indem ich tatsächlich einige Vorteile hatte und ein gutes, unverkrampftes Verhältnis zum Hauptvorgesetzten sowie zu denjenigen, die mir Arbeit brachten. Es war unter anderem ihr Versuch gewesen, mich für meinen Erfolg zu bestrafen, mich kleinzumachen. Das gelang ihnen am besten durch Nichtbeachtung. Als ich dies durchschaut hatte, entdeckte ich an mir, wie ich gewisse Defizite der Selbstachtung kompensierte, indem ich sehr viel von mir sprach, wie gut ich dieses und jenes wusste oder tat. Negative Reaktionen auf mich folgten auch wegen einer gewissen Hilflosigkeit oder Schwäche meinerseits, die ich im Gespräch zu überdecken versuchte. Es fehlte mir an Selbstsicherheit, was mir niemand ansah. Viele Jahre später als ich mich selber mehr annehmen konnte, gab es auch Reaktionen auf mich. Ich lernte, solche Reaktionen nicht mehr persönlich zu nehmen.

Nicht nur hatte ich bisher eine bevorzugte Behandlung genossen, mein Chef erlaubte mir auch ausnahmsweise, einen vierwöchigen Urlaub zu nehmen, weil mein Mann und ich eine grössere Reise machen wollten. Als ich zurückkam, waren einige meiner Auftraggeber sehr frustriert, weil Dinge schief gelaufen waren.

Mein Chef sagte: »Das war das letzte Mal, dass ich Ihnen einen Monat Ferien am Stück zugestehe, das bringt zu viel Unruhe und Unzufriedenheit bei den Kunden.«

Ich war wütend. Da rackert man sich elf Monate ununterbrochen ab, setzt sich ein, so gut man kann und wenn man dann in die wohlverdienten Ferien geht, kriegt man nachher Ärger. Anstatt mich zu freuen, dass ich vermisst worden war, ging mir diese Ungerechtigkeit ziemlich an die Nieren.

Das normale Erwerbsleben hatte sich wieder eingependelt, doch ich hinterfragte immer mehr den Sinn des Ganzen für mich. Es braucht eine grundlegende Veränderung.

MÄNNER

Eine aufwühlende Episode erlebte ich während einer Hochzeit, bei welcher wir zu Gast waren. Ich hatte mir gegen den Protest meines Mannes erlaubt, einen engen Overall anzuziehen. Das Oberteil war anschmiegsam und hatte einen V-Ausschnitt. Die weiten Hosen verengten sich zu den Fesseln, was dem Ensemble einen orientalischen Flair gab. Ich gefiel mir darin, fand mich gut aussehend und fast ein wenig sexy. Es war ein sehr schönes Fest und ich tanzte viel – mehrmals mit einem atemberaubend attraktiven Mann, der mit seiner Frau da war. Seine Physiognomie war der meines Mannes sehr ähnlich, den ich für einen tollen Mann hielt. Dieser jedoch hatte etwas Verführerisches an sich. Es begann sofort ungemein zu knistern zwischen uns, wie ich es noch nicht erlebt hatte. Vielleicht war ich auch ein wenig ausgehungert nach einer erotischen Form von Zärtlichkeit, nach mehr Sinnlichkeit. Ich hätte es nicht benennen können. Wir schmiegten uns aneinander und ich war so auf Empfang – weich, offen, nass. Ich zerfloss schier. Hätten wir den Mut gehabt, wir hätten uns zusammen verdrückt und irgendwo Sex gehabt. Meine Knie zitterten, mein Herz pochte wie wild und ich wusste, er fühlte ähnlich. Anstand und Rücksicht auf die Anwesenden erlaubten nicht, dass wir uns zu etwas Offensichtlichem hinreissen liessen. Ausser dem extrem lasziven, nahen Körperkontakt geschah nichts weiter. Mein Mann blaffte mich auf dem Heimweg an, dass ich wohl am liebsten mit diesem Mann ins Bett gegangen wäre. Ich konnte es nicht zugeben, aber er hatte recht.

Als dieser Mann mich in der darauf folgenden Woche anrief und mich sehen wollte, war mir das zu heikel. Ich blieb vernünftig und sagte ihm, wir sollten unterlassen uns zu sehen, denn mir sei klar, was dann passieren würde. Das Risiko sei mir zu gross, da wir beide verheiratet seien. Diese kleine Episode zeigte mir körperliche Reaktionen, die ich in dieser Stärke noch nicht erlebt hatte.

Vielleicht wäre es die Chance gewesen, meinem Mann ehrlich zu sagen, dass ich eben doch mal die Gelegenheit haben wollte, mit einem anderen Mann zu schlafen ohne ihn verlassen zu wollen. Es wäre mit Bestimmtheit das Ende unserer Ehe gewesen. Das Risiko, dass er dasselbe tun würde, schien mir möglich und auch zu gefährlich für unsere Beziehung. Ich hatte keinerlei Absicht, ihn aufzugeben oder deswegen zu verlieren, also schwieg ich. Die Indizien wiesen darauf hin, dass es in mir eine Persönlichkeit gab, die ich noch nicht kannte.

Diese Persönlichkeit suchte auch neben dem erfolgreichen Berufsleben eine neue Erfahrung. Es war naheliegend, mir ein Kind zu wünschen. Darin fand ich einen tieferen Sinn, als in der Arbeit, die ich tat. Als ich meinen Mann damit konfrontierte, war er fast ebenso perplex wie damals, als ich ihm den Heiratsantrag machte.

»Du willst ein Kind, obwohl unser Leben mit Beruf, Hobbys und Reisen toll ist?«

»Ja, das Geschäftsleben ist mir zu oberflächlich.«

»Du weisst, wie eingespannt ich bin. Ich wüsste nicht, wann ich Zeit für ein Kind hätte. Prinzipiell ist nichts dagegen einzuwenden, doch wenn, dann müssen es zwei oder drei sein.«

»Nun, ich würde mal mit einem anfangen.«

»Nein, das passt mir nicht. Wenn, dann versprich mir, dass es mindestens zwei Kinder sein werden. Ein Einzelkind zu haben ist keine Option und noch etwas muss klar sein: Du wirst Dich um die Kinder kümmern und niemand sonst. Ich verdiene gut genug, dass Du nicht mehr arbeiten musst.«

Relativ leichtfertig akzeptierte ich. Ich war es gewohnt, für meine Entscheidungen einzustehen und es würde sich dann schon zeigen, wenn es so weit war. Ich hatte nicht damit gerechnet, wie unglaublich empfangsbereit mein Körper war. Das Gespräch fand Anfang November statt.

Doch dann geschah etwas, womit ich nicht gerechnet hatte. Das Weihnachtsessen, zu dem mein Chef einige Mieter und Geschäftskontakte eingeladen hatte, versprach ein schöner Abend zu werden. Wir waren eine bunt durchmischte Gesellschaft, die sich hier zum Essen traf. Nach dem Essen bei ausgiebigem Gelächter und guter Stimmung hatten viele noch Lust auf einen Ortswechsel. Vier Frauen, darunter ich und vier Männer, machten sich auf, in eine Tanzbar zu gehen. Ich tanzte mit allen. Die Stimmung war gut und keiner war betrunken. Es versprach ein unspektakulärer, schöner Ausklang des Abends zu werden. Nichts deutete darauf hin, dass an diesem Abend wohl von der geistigen Welt neue Impulse gesetzt werden sollten, die mich und mein Leben grundlegend verändern würden. Langsam und unaufhaltsam.

Nichts weiter ahnend begab ich mich mit einem der Männer aufs Parkett. Wir siezten uns, denn damals war das Du unter Geschäftskontakten nicht üblich. Er wirkte zurückhaltend, tanzte wohl nur der Höflichkeit halber mit mir, dachte ich. Weder kannte ich ihn, noch war er mir speziell aufgefallen, obwohl er ein Kunde meines Chefs war. Er entsprach auch nicht meinem Idealbild von Mann. Ich mochte gross gewachsene, athletisch aussehende Männer, die mit sichtbarem Schneid auftraten. Leider entpuppten sich meine Augensterne meistens als sehr mental und berechnend, wenn auch mit einer Dynamik, die mir gefiel. Sie verkörperten in manchem meinen Gegenpol, da ich nicht mental, sondern sehr emotional, nicht berechnend, wenig ehrgeizig und sehr gutgläubig war. Meine beruflichen Erfolge erzielte ich, weil andere an meine Fähigkeiten glaubten und ich dem Bild, das sie von mir hatten, gerecht werden konnte. Die Meinung die ich von mir hatte, war mehr als bescheiden. Wenn einer dieser Männer sich für mich als Frau interessierte, fühlte ich mich geschmeichelt. Es war, als übten Männer, die eher kühl und berechnend waren, eine besondere Anziehung auf mich aus. Vielleicht wünschte ich mir unbewusst, bei ihnen etwas zu durchbrechen. Meine spätere Berufung war schon darin angelegt.

Es ist, als würde es erneut gerade jetzt stattfinden:

Herr Soundso, mehr Bedeutung hat er nicht für mich, und ich beginnen zu tanzen. Ich erlebe einen Moment bei langsamer Musik, als ob es nur noch uns gibt. Ich bin weder beschwipst noch ausgelassen, sondern habe Spass, dass ich endlich wieder einmal tanzen kann. Er tanzt gut und führt mich sicher. Wir begegnen uns auf Augenhöhe und unsere Augen versinken ineinander. Es fühlt sich sehr schnell an, als wären wir uns schon lange vertraut. Alles um uns herum verschwindet. Ich vergesse, wo ich bin, wer sonst noch hier ist. Ich fühle mich ruhig und entspannt, lasse mich führen, ohne eine eigene Dynamik zu entwickeln. Kurz vor Ende des dritten Tanzes, kommen unsere Bewegungen zum Stillstand und wir verweilen eine kleine Ewigkeit ganz ruhig. Bevor wir uns voneinander lösen, folgt eine kurze Berührung unserer Lippen – für mich wie aus heiterem Himmel. Es ist mehr ein sanftes Berühren, unaufdringlich, wie zufällig, vielleicht zwei Sekunden oder ist es nur eine? Ist es dieses absolut Unaufdringliche oder das unerwartete Geschehen? Es raubt mir die Sinne, kein Gedanke, keine Frage. Es ist, als durchfährt mich ein Blitz oder Strom aus tausend silbernen Sternen, heiss und kühl zugleich. Ich bin umgeben und ich bin erfüllt von etwas, das ich noch nie erlebt habe. Nichts Anzügliches, nicht einmal erotisch ist es. Es ist ganz anders. Nichts Gieriges, nichts Geiles, nur dieser eine Moment mit einer Schwingung, die mich in eine zusätzliche Aura hüllt. Etwas war wie aus dem Nichts heraus passiert und es hätte ebenso wieder dorthin verschwinden können. Es fühlt sich irgendwie neutral an. Ich fühle nichts Drängendes, kein *ich will*, weder von ihm noch von mir. Der Rest des Abends verläuft locker ohne jegliche Anspielungen oder Berührungen. Ich frage mich innerlich ein wenig irritiert, ob die anderen den Kuss gesehen haben, vergesse meine Besorgnis aber bald wieder. Später Verabschiedung mit Händedruck und Zufriedenheit und auf Wiedersehen. Ein durchwegs gelungener, ja unvergesslicher Abend war das.

Wer wie ich denkt: *Das war's dann wohl.* Oh, der täuscht sich gewaltig. Jedes Mal, wirklich jedes Mal, wenn ich an den Tanz denke, besonders an den Schluss, an dieses kleine Lippenbekenntnis, durchfliesst mich eine Energie, die ich so nicht kenne. Es ist, als ob der Gedanke an ihn im Gehirn etwas Helles ausschüttet, das sofort über mein Herz und durch den ganzen Körper fliesst. Es beginnt nie genital, sondern es ist, als würden Funken sprühen. Man sagt, die Augen seien die Fenster der Seele und obwohl ich ihn als Mensch nicht vor mir sehe, fühlt etwas in mir diesen Mann. Das Gefühl ist so gigantisch, so schön, dass ich nicht genug davon bekommen kann an ihn zu denken. Ich bin im wahrsten Sinne des Wortes beflügelt.

Und nun taucht er, dessen Name sich inzwischen in mein Herz eingebrannt hat, öfters im Geschäft auf.

Leandro, so heisst er mit Vornamen, und ich trafen uns mal zu einem Kaffee, ein andermal sprach er bei meinem Chef vor und meldete sich danach auch bei mir. Spontane kurze Gespräche folgten jedes Mal, wenn er im Hause war, ein freundliches Lachen – mehr geschah nicht am Anfang. Immer umgab uns diese Aura von Vertrautheit, die mir nach wie vor unerklärlich war. Unsere Plaudereien dauerten jedes Mal ein wenig länger, wurden persönlicher, nie oberflächlich und erstreckten sich durch alle erdenklichen Themen. Wir siezten uns immer noch. Wir philosophierten über das Leben, die Arbeit, die Familie, und ich erkannte, dass ich noch nie mit einem Mann solche Gespräche geführt hatte. Ich verstand, dass uns eine Sensibilität verband, die in unseren beiden Leben bisher wenig Platz gehabt hatte.

Bei einem der nächsten Treffen, erwähnte ich, wie schön es für mich war, mich mit ihm zu unterhalten und sagte: »Dieser letzte Tanz mit Ihnen bleibt unvergesslich und ich denke so gerne daran zurück. Ich bin jedes Mal erstaunt, so unverhofft geküsst worden zu sein.«

»Ich habe Sie vom ersten Augenblick an gemocht und hätte nie zu hoffen gewagt, dass Sie sich für mich interessieren könnten.«

»Nun, ehrlich gesagt, ich bin erstaunt, denn mir ist das gar nicht aufgefallen. Was danach geschah, hat sich für mich einfach so ergeben. Ich habe alles sehr genossen.«

»Sie meinen, es war o.k., für Sie? Ich konnte nicht anders und dachte, hoffentlich ist sie mir nicht böse.«

»Es war sehr schön. Es fühlte sich im Grunde sehr unverbindlich an und vielleicht ist es gerade das gewesen, was ungewöhnlich war. Was es in mir ausgelöst hat, kann ich noch nicht begreifen. Ich geniesse es, in Ihrer Nähe zu sein und mit Ihnen zu reden. Ich fühle mich rundherum wohl und von nichts und niemandem bedrängt.«

»Das geht mir auch so. Die Verständigung ist so leicht und ich fühle mich sehr wohl, so frei zu kommunizieren. Ich habe mich selten so gut verstanden gefühlt.«

Hier durfte ich meiner Intuition freien Lauf lassen, wurde gehört und fühlte mich angenommen, wie ich war. Wir gestatteten uns kaum Berührungen, nur harmlose Abschiedsküsse. Es war nach wie vor keine Erotik dabei, keine sexuelle Bedürftigkeit nur eine unglaublich grosse Sympathie und vor allem war da ein gegenseitiger fast scheuer Respekt spürbar. Es war, als wollten wir unsere neue Bekanntschaft in keiner Weise gefährden.

Eine tiefe Freude erfüllte mich, diesem Mann nah zu sein – als Freund – mit dem ich über alles sprechen konnte, wie sonst nur mit Freundinnen. Wir sprachen noch nicht über Sexualität, sondern wie wir das Verhalten unserer Partner erleben und was uns Mühe macht. Wenn ich hörte, wie er sich beklagte, verstand ich seine Frau sehr gut und umgekehrt konnte er verstehen, wie es meinem Mann ging. In gewisser Weise sind sich die beiden ähnlich und doch in vielem wieder nicht. Vor allem bemerkten wir, dass jeder von uns dem anderen das gab, was er zu Hause nicht fand. Gespräche, die fruchtbar waren, keine Vorwürfe, keine Vorgaben, keine Belehrungen, Verständnis für die Situation, in der wir uns befanden. Es ist einfacher mit jemandem zu sprechen, der offen ist und den man erst kurze Zeit und ohne eingefahrene Verhaltensmuster kennt. Natürlich konnte man problemlos nachsichtiger sein, weil da eine Distanz mithilft. Es gab keine belastende Vorgeschichte, die unsere Freundschaft tangierte – und wenn, dann geschah sie zu einer anderen Zeit in einer anderen Dimension. Wir beide standen an einem Wendepunkt unseres Lebens. Bei ihm waren berufliche Fragen offen und bei mir ging es um den Sinn meines Lebens als Ganzes.

Es klärte sich alles schneller als gedacht. Es war das Jahr 1983 und der Beginn eines starken Impulses und Umschwungs, ebenso wird es 1993 sein. Ich lernte nicht untreu zu sein, sondern ich lernte mir selbst treu zu werden. Ein langsamer aber unaufhaltsamer Prozess mit grossen Veränderungen begann. Nachhaltig waren sie, würde man heute sagen.

Leandro und ich waren uns inzwischen sehr nah. Ab und an strich er mit seinen Händen über mein Gesicht, nahm es in beide Hände, um mir zärtlich und sanft einen Kuss zu geben oder streichelte mir leise die Hand. Das waren heilige Momente. Ich wusste gar nicht, dass es eine Zärtlichkeit gibt, die sich anfühlt, als wäre sie aus Samt. Wir blieben einige Zeit beim *Sie* und er erinnerte sich auch viele Jahre danach mit Schmunzeln an eine Aussage von mir, die ich längst vergessen hatte: »Also ich kann keinen Mann küssen und mit ihm *per Sie* sein, nur damit die anderen nichts bemerken. Das finde ich total daneben.«

Damit war auch dieses Thema geklärt und das *Du* offiziell eingeläutet.

Irgendwann sagte er zu mir: »Weisst Du, wir spielen mit dem Feuer. Ich bin das nicht gewohnt. Du bist eine attraktive Frau. Obwohl ich es sehr schön finde, will ich Dir auf keinen Fall Unannehmlichkeiten bereiten.«

»Bisher ist es eher so, dass Du mein Leben leichter gemacht hast.«

»Ja, so empfinde ich auch. Wenn wir reden, geht es mir gut. Ich bleibe entspannt und doch so gespannt darauf was Du mir zu sagen hast.«

»Worauf möchtest Du denn verzichten? Ich sähe keinen Grund dazu.«

»Wir müssen uns nur im Klaren sein, was wir wollen und so können wir gute Freunde bleiben. Wir wissen beide, dass wir unsere Ehen nicht gefährden wollen.«

Wie so oft überliess er mir die Initiative, wenn es um unsere Beziehung ging, so war ich für deren Vertiefung wie auch für alles, was danach geschah die Antriebskraft. Die Weihnachtsfeiertage standen vor der Tür. Wir würden uns einige Zeit weder sehen noch hören.

AUF EMPFANG

25. Dezember – mein Mann und ich waren bei meinen Eltern zu Gast.

Es wurde ein schöner Weihnachtsabend im Familienkreis. Innerlich seufzend stellte ich im Schlafzimmer fest, dass mein Mann mit mir schlafen wollte. Was läge näher, um diesen Weihnachtsabend gemeinsam und glücklich zu beschliessen? Es schien eine logische Konsequenz zu sein, aber wirklich Lust auf Sex hatte ich keine. Ich wollte das Ganze hinter mich bringen. Leider machte mir Sex schon länger keinen Spass mehr. Ich fühlte, dass diese direkte, ein wenig zu fordernde Zärtlichkeit von Titus in mir immer weniger auslöste. Ich liebte ihn. Ja – und ich wollte weiterhin mit ihm glücklich sein. Doch da war nun eine andere, stille Sehnsucht in mir, die grösser war und mit Leandro zusammenhing. Welches Gefühl mich nun genau leitete, kann ich nicht sagen. Ich glaube, ich redete mir ein, heute mal die gute Ehefrau sein zu müssen und Sex zu haben, obwohl ich keine Lust dazu verspürte. Also diesmal lieber keine Verweigerung wie die Male vorher. Mich packte eine Form von verzweifelter Wut. War es Wut auf mich und meine Unfähigkeit glücklich zu sein oder war das normal? Es passte und passte mir eben doch nicht.

Ich liess los und liess geschehen. Mitten im Akt entstand plötzlich eine verzweifelte Intensität an Gefühlen, ein Antrieb, den ich nicht verstand. Einen Sekundenbruchteil fühlte ich eine totale Ablehnung, fast eine Art Hass in mir. Trotzdem oder gerade deswegen war diese Intensität vergleichbar mit der eines sehr leidenschaftlichen Liebesaktes. Ich liess mich fallen und er explodierte in mir und ich wusste, nein - ich ahnte – jetzt war etwas Aussergewöhnliches geschehen. Es spielte keine Rolle für mich, dass ich diesmal keinen Orgasmus hatte. An Gefühlsintensität hatte es nicht gefehlt. Wir waren in vielem ein so eingespieltes Team, dass er spürte, wann genug ist und liess bald von mir ab. Beruhigt und erlöst schlief ich in seinen Armen ein.

Genau in diesem Moment des Wollens und Nichtwollens, des Liebens und Nichtliebens war eine neue Form von Hingabe entstanden. Am folgenden Tag verspürte ich ein Gefühl der Bereicherung, sogar ein ungewohntes Glücksgefühl. In den nachfolgenden Tagen bildete sich plötzlich die innere Gewissheit, dass ich schwanger war. Ich wusste es einfach und hätte nicht sagen können woher. Weder war mir morgens schlecht, noch wurde ich ohnmächtig, noch waren besondere Essensgelüste spürbar. Die Empfindlichkeit der Brüste und Genitalien während der Periode war ich gewohnt. Besonders nach manchem intensiven Geschlechtsverkehr musste ich mich jeweils wieder pflegen, weil meine Schleimhäute, mein Körper überempfindlich und oft mit Schmerzen reagierte. Die Vorahnung, dass ich schwanger war, bestätigte mir bald danach der Schwangerschaftstest. Der Augenblick, in welchem ich das als real erkannte, ist mir als tiefe Freude in Erinnerung geblieben. Es war das schönste Weihnachtsgeschenk überhaupt, auch für meine Eltern, die endlich ein Enkelkind bekommen würden. Ich war verwundert, dass es so schnell nach dem Absetzen der Pille geklappt hatte, was gemäss meinem Frauenarzt eher selten geschieht! Die Freude aller Beteiligten war gross. Es war auch das erste Enkelkind meiner Eltern.

Ich erzählte Leandro relativ bald davon und er war hocherfreut.

»Ich finde schwangere Frauen wunderschön. Sie haben eine ganz besondere Ausstrahlung.«

»Du merkst das?«

»Ja, klar, ich bin ja selbst Vater und habe das alles sehr nah miterlebt.«

Was für eine liebevolle Aussage von einem Mann, wenn man doch als Frau dick wird, sich schwerfällig und alles andere als attraktiv fühlen dürfte. Es war noch nicht die Zeit, in welcher die Frauen ihren Bauch stolz zeigen, wie heutzutage.

War es das, was mir die Schwangerschaft so leicht machte? Ich fühlte mich begehrenswert und war sehr glücklich. Wir begannen öfters während meiner Mittagspause gemeinsame Spaziergänge zu unternehmen. Leandro berührte meinen langsam gedeihenden Bauch, respektvoll und zart und küsste mich weiterhin, vielleicht etwas inniger als zuvor. Die Berührungen und Küsse wurden intimer und ich muss gestehen, ich forderte ihn fast dazu auf. Er streichelte meinen Busen sehr liebevoll und ich konnte diese Zärtlichkeit zutiefst geniessen. Etwas, was mir in meiner Ehe irgendwann nicht mehr gelang. Im Nachhinein staune ich darüber, wie beherrscht dieser Mann war. Die ausgetauschten Küsse sprachen von einer Hingabe zueinander, die tief ging. Ich konnte kein schlechtes Gewissen haben. Es fühlte sich einfach zu gut an.

In den ersten Wochen und Monaten umsorgte mich mein Mann, so gut er konnte. Am Morgen brachte er mir Tee und Knäckebrot ans Bett. Das half insofern, dass ich nie die kleinste Übelkeit verspürte. Im Frühjahr verlagerte sich seine Arbeit in entfernte Gebiete und er entliess mich in mein Leben und ging seinem Berufsalltag nach. Ich war viel alleine, da er wochenlang beruflich auswärts in Hotels übernachtete. Das Alleinsein war für mich nichts Ungewohntes, doch mir fehlte das Nachfragen, das Teilnehmen an meiner Befindlichkeit seinerseits.

Einmal sagt er zu mir: »Ich finde es toll, wie gut es Dir geht. Man würde fast nicht merken, dass Du schwanger bist.«

Ich dachte: »*Ich bin halt sehr glücklich schwanger.*« Und antwortete: »Ich bin ja nicht krank, nur schwanger.«

Kurz vor Ostern liess ich das erste Ultraschallbild beim Frauenarzt machen. Er fand es überflüssig, da es mir so gut ging, doch auf mein Drängen, ich wolle doch das Kind sehen, liess er sich erweichen. Es war wunderbar. Ich sah das Kleine am Daumen lutschen. Alles war in Ordnung mit dem Kind. Bei weiterer Betrachtung entdeckte mein Arzt eine ungewöhnlich grosse Zyste, die er mir dann auch präsentierte. Ich bekam kein Bild vom Embryo, sondern er hielt stattdessen die grosse Zyste auf dem Bild fest. Wie herzlos und wenig einfühlsam war doch dieser Arzt.

Er übergab mir das Bild mit der Bemerkung: »Wenn Sie Glück haben, ist die nach der Geburt wieder weg.«

Ich war wie erschlagen. *»Was sollte ich nun davon halten?«* Leider hatte ich keine Ahnung, was das für mich oder das werdende Kind bedeutete. Damals gab es Google oder Wikipedia noch nicht. Ich fand keine Möglichkeit, mich zu informieren und wurde immer verzweifelter. Über Ostern herrschte Funkstille zwischen Leandro und mir, der vielleicht mehr gewusst oder mich getröstet hätte. Ich tauchte ab in massive Ängste, ob ich wohl Krebs hatte, ob es dem Kind schaden könnte.

Mein Mann nahm das gelassen auf: »Wird schon nicht so schlimm sein, sonst hätte der Arzt etwas gesagt.«

Beruhigen konnte mich dieser Spruch überhaupt nicht. Es war, als hätte man mir den Boden unter den Füssen weggezogen. Nach Ostern rief ich meinen Arzt an.

Relativ schnippisch sagte er: »Sie wollten ja unbedingt einen Ultraschall haben. Eine Zyste entsteht oft während der Schwangerschaft, sie schadet weder Ihnen noch dem Kind. Wir müssen nur nach der Geburt kontrollieren, ob sie weg ist. Es gibt also nichts zu befürchten.«

Endlich war ich beruhigt und stellte fest, dass ich eine Tendenz hatte, mir viel zu schnell Sorgen zu machen.

Im sechsten Monat hörte ich von meinem Mann: »Wenn Leute mich fragen, wie die Schwangerschaft verläuft, weiss ich nicht viel zu sagen, ausser dass es Dir gut geht. Stimmt doch, oder?«

Ja, es ging mir blendend. Ich hatte hilfreiche Literatur gefunden, ging ins Schwangerschaftsturnen und meine Nachbarin, die schon Kinder geboren hatte, wusste oft Rat. Mein liebevoller Lebensbegleiter, der selbst Kinder hatte, wusste, wie man eine schwangere Frau unterstützt, wenn Nacken und Rücken angespannt sind. Er wusste, welche Ängste hochkommen können und nahm sie mir. Er war mir eine riesengrosse Stütze. Meine Schwangerschaft verlief unkompliziert und problemlos. Leandro und ich sahen uns regelmässig. Unsere Spaziergänge in der wärmer werdenden Jahreszeit am See genossen wir beide. Wenn es zu heiss war, zogen wir Waldspaziergänge vor. Ist es ein Wunder, dass ich mich nun doch verliebte? Oder war es nicht schon Liebe? Etwas anderes war ebenfalls ganz klar ... ich liebte meinen Mann auch. Kann man zwei Männer lieben? Ich fühlte es so. Die beiden schienen so unterschiedlich zu sein, dass jeder mich mit seiner Qualität bereicherte. Es entstand auch mehr und mehr das Gefühl, dass mein Kind einen zweiten Vater, nämlich einen geistigen Vater hatte, der es begleitete.

Der Arzt hatte den Termin für mindestens zwei Wochen später angesetzt. Inzwischen war das Arbeiten im Geschäft für mich zu anstrengend, ich war beurlaubt und gleichzeitig gekündigt worden. Damals gab es den Schwangerschaftsurlaub noch nicht. Ich bereitete mich zu Hause auf mein Leben als Hausfrau und Mutter vor. Ende August gingen wir am See in der Nähe meines Wohnorts spazieren. Es war ein sehr heisser Sommertag und ich fühlte mich jetzt schwerfällig, unförmig und sehr schwanger. Wir sprachen darüber, dass alles vorbereitet war und sich meine Angst in Grenzen hielt. Das Baby war so willkommen, wie es nur sein konnte. Ich erzählte ihm, dass ich mich oft im Liegestuhl mit entblösstem Bauch auf meinem Balkon sonnte, damit mein Baby Licht und Wärme bekommt und wie sehr ich schon in Verbindung mit dieser Seele war. Leicht beschämt verriet ich, dass ich oft alleine durch die Wohnung tanzte mit meinem dicken Bauch. Erst vor Kurzem war ich mit meinem Mann, zu einer Hochzeit eingeladen worden und hatte sehr ausgelassen Rock 'n Roll getanzt. Das hat deutlich auf mein Kind abgefärbt, sie wurde eine leidenschaftliche und gute Tänzerin. Leandro erwiderte, dass mein Kind ein ganz wunderbares sein werde, bei solch einer Mutter sowieso. Von ihm, der zu Anfang sehr zurückhaltend war, erhielt ich viele Komplimente, die mir gut taten. Am Tag vor der Geburt war er es, der mir nochmals Mut zusprach, obwohl wir nicht ahnten, dass es schon so weit war. Wir verabschiedeten uns zärtlich und ich fuhr nach Hause. Ich fühlte mich erschöpft, doch erwartete mich zu Hause noch Besuch. Meine Besucherin hatte Verständnis dafür, dass ich mich hinlegen wollte. Ich machte es mir auf dem Liegestuhl bequem und wir genossen unseren Schwatz. Ich hatte starke Krämpfe in den Oberschenkeln und sie wurden immer stärker. Wenn ich meine Beine nicht hochlagerte, war es kaum auszuhalten. Dass dies nun die klaren Vorboten der Geburt waren, wusste ich nicht. Meiner Besucherin, die selbst keine Kinder hatte, war das auch nicht klar. Ich vermutete, es seien wilde Wehen.

Wider Erwarten gingen in der kommenden Nacht die richtigen Wehen los. Dieser Schmerz war nun unmissverständlich. Als ich alle fünf Minuten Wehen hatte, weckte ich meinen Mann, der zufällig mal zu Hause war. Wir verliessen um fünf Uhr morgens die Wohnung und fuhren in die Klinik. Glücklicherweise war ich nicht alleine, denn ich fühlte mich ein wenig hilflos. Mein Mann übernahm die Formalitäten und wir erhielten ein Privatzimmer, ein sogenanntes Gebärzimmer zugeteilt. Erst wenige Monate zuvor hatte man für gebärende Frauen normale, gemütliche Gebärzimmer eingerichtet, die nicht an die Krankenhausatmosphäre erinnerten. In diesem Zimmer gab es keine klinischen Apparaturen. Sie standen ausserhalb bereit für den allfälligen Einsatz.

Ich dachte, dass ich gut vorbereitet war. Doch ich wusste zum Beispiel nicht, dass die Schamhaare wegrasiert werden und dass man einen Einlauf über sich ergehen lassen muss. Die Wehen kamen in Abständen von drei bis vier Minuten und das ging den ganzen langen Tag über so. Die Wehenmittel für eine Beschleunigung nützten kaum. Es dauerte und dauerte, bis endlich die Fruchtblase platzte. Während eines Routine-Checks hörte die Hebamme, die mich betreute, den Herzschlag des Kindes nicht mehr und holte sofort eine andere zur Überprüfung her.

Gegen Abend schaute der Arzt nochmals vorbei bevor er nach Hause ging. »Das kann noch dauern, ich gehe Nachtessen und komme dann zurück.«

Mein Mann blieb bei mir, die Hebamme auch, denn jetzt war ich Ermutigung und Hilfe dankbar. Ich hatte schon den ganzen Tag nichts zu essen bekommen, auch jetzt bekam ich nichts, obwohl schon Abend war. Darm und Magen müssen leer sein, damit es während der Geburt weder zu Erbrechen noch zu einer Darmentleerung kommt, so wurde ich belehrt. Die Presswehen mussten nun ganz gezielt mit der Atmung kontrolliert werden. Als der Arzt eine Stunde später zurück war, erlaubte er mir nicht mehr, kniend am Boden den Wehen zu begegnen. Intuitiv hatte mir mein Körper gezeigt, dass eine Kauerhaltung einer natürlichen Geburt viel zuträglicher wäre und ich fühlte mich am Boden kauernd viel besser, als flach im Bett liegend. Ich musste mich auf sein Geheiss auf den Rücken legen. Der Arzt brauchte den Logenplatz und ich bot ausgestreckt mit gespreizten Beinen das Spektakel. Nach einer weiteren halben Stunde kam mit einer letzten, kraftvollen Stosswehe unsere Tochter auf natürlichem Weg zur Welt. Zum Schluss musste ich meine fast letzten verbleibenden Kräfte mobilisieren, denn ich war total erschöpft.

Der sonst wenig einfühlsame Arzt hatte dann doch ein Lob für mich übrig: »Sie haben gute Arbeit geleistet, ich gratuliere. Das Kind sieht auch gesund aus.«

Leandro meldete sich diskret einige Tage später zu einem Besuch im Spital an und brachte mir ein schönes Geschenk für mein Baby mit, natürlich ergänzt mit einem sehr liebevollen Begleitbrief. Ich genoss die Tage im Spital, konnte im schönen Garten spazieren gehen und durfte meine Tochter oft im Zimmer bei mir haben. Zu Hause empfing mich mein Mann mit einem schön dekorierten Kinderbettchen und wir begannen das Leben zu dritt. Eine Woche hatte er sich freigenommen und ich war sehr froh über seine Hilfe, weil ich erschöpft und ein wenig überfordert war. Nach einer Woche wurde ich mir selbst überlassen und kam mit der Situation nicht klar. Ich fühlte mich sehr unruhig und die schlaflosen Nächte machten mir zu schaffen. Ich erholte mich nur langsam.

Wieder war es mein Freund, der mich täglich anrief, um mir Mut zu machen. Solche Unsicherheiten seien am Anfang ziemlich normal, erklärte er mir. Als ich mich ein wenig erholt fühlte, packte ich meine Nena ins Auto und traf ihn in einem Café. Er begutachtete und beglückte Mutter und Kind mit einem breiten Lächeln.

Als ich mich gesundheitlich wieder einigermassen gestärkt fühlte, sah ich in mir nicht das, was ich unter einer guten Mutter verstand. Unsicher, übermüdet, den Kontakt nach Aussen vermissend, fehlte mir auch meine Büroarbeit. Leandro riet mir zu einer Tagesstruktur, die Sinn machte. Indem ich mir mit dem Baby diese gab, gingen die Tage leichter dahin. Unsere Spaziergänge, diesmal mit Kinderwagen, nahmen wir wieder auf und amüsierten uns darüber, dass die Leute glaubten, wir beide seien die Eltern. Wenn Nena hungrig war, setzten wir uns auf eine Bank oder ins Auto und sie trank schmatzend von meiner Brust. Er genoss das Bild, das sich ihm bot. Manchmal streichelte er mich und auch Nena liebevoll und immer wieder gab er mir das Gefühl, eine tolle Frau zu sein. Auch mit meinem Mann unternahm ich an den Wochenenden schöne Spaziergänge mit dem Kinderwagen. Langsam bekam das Ganze einen Nebengeschmack.

Ich hatte ein Kind und liebte zwei Männer.

FREMDGEHEN JA ODER NEIN?

Fremd geht man im Grunde selten mit einem völlig Fremden, ausser es ist ein spontaner Ausrutscher. In der Regel geschieht es mit jemandem, der einem sehr vertraut ist. Dadurch kann man die letzte Fremdheit beseitigen und es geht um Ergänzung. Nach den vom Arzt empfohlenen Monaten der Enthaltsamkeit, mein Körper hatte sich inzwischen erholt, konnte ich mir nichts mehr vormachen. Ich hatte mein normales Gewicht wieder, ich fühlte mich begehrenswert und begehrte - leider nicht meinen Mann. Mich selbst auszutricksen gelang mir immer weniger. Wie sehr ich mich danach sehnte, mit Leandro zu schlafen, drängte sich in mein Bewusstsein. Da dieser von sich aus nie Anstalten in diese Richtung machte und nicht das Geringste sagte, sprach ich es aus.

»Manchmal ist es so, dass ich es kaum noch aushalte, dir nicht ganz nahe sein zu können. Wenn ich mit meinem Mann schlafe, wünschte ich, dass Du es wärst. Ich bin deswegen oft dem Weinen nahe. Es fühlt sich auch unfair gegenüber Titus an.«

Seine Reaktion erstaunte mich: »Ich habe gewusst, dass wir einmal an diesen Punkt kommen werden. Du musst entscheiden, ob wir uns besser nicht mehr sehen sollen.« Natürlich war das für mich absolut undenkbar.

Ich erwiderte: »Wir müssen uns im Klaren sein, dass wir ein gewisses Risiko eingehen. Ich bin bereit es zu wagen, auch wenn wir noch mehr mit dem Feuer spielen. Dass keiner von uns seinen Partner verlassen möchte, ist uns beiden klar.«

Mein Feuer war definitiv entfacht! Ich wusste, was mein Mann mir bedeutete und das war viel, sehr viel. Nur genügte mir das, was wir hatten, nicht mehr.

Das hiess nun nicht, dass Leandro und ich uns sofort aufeinander stürzten. Das passte nicht zu unserer Beziehung. Wir fanden stadtnah, gemütliche Räumlichkeiten, die wir nutzen durften, wenn die Besitzer bei der Arbeit waren. Nena konnte im Nebenraum ungestört ihren Mittagsschlaf halten, der immer so an die zwei Stunden dauerte.

Es sei mir erlaubt, wieder in diese unvergängliche Erfahrung einzutauchen:

Die erste Annäherung in diesem geschützten Rahmen ist sehr zärtlich. Wie immer lassen wir uns Zeit. Ich habe nicht viel Erfahrung mit Männern und bin neugierig. Es fühlt sich jedenfalls ganz anders an als das, was ich bereits gewohnt bin. Obwohl ich von Energien noch nicht viel verstehe, ist spürbar, dass die Verschmelzung schon auf energetischer Ebene vorher beginnt. Es ist Vertrauen, es ist die Freiheit zu wählen, weder ein Spiel von abstossen müssen, noch von drängen. Ich fühle mich total frei, genau das zu tun, was mir beliebt.

Leandro zögert. Also beginne ich schon langsam die Knöpfe meiner Bluse zu öffnen und dann die Knöpfe an seinem Hemd. Unaufhaltsam und ohne Eile, fast genüsslich entledigen wir uns der Kleider.

Zum ersten Mal sehen wir einander nackt. Ich sehe einen wunderschönen, ebenmässigen Körper vor mir, fast unbehaart und sehr zart. Ausgewogene Dimensionen bis ins letzte Detail. Er ist und bleibt der zärtliche Mann, den ich kenne und als er sanft über meinen Busen und Bauch streicht, sagt er:

»Ich kann Deine Aura fühlen. Deine Haut ist wunderbar weich.« Er streicht über meinen Rücken und stöhnt. »Deine Haut ist so zart, dass ich sie dauernd berühren möchte.«

Solche Worte bin ich nicht gewohnt. Schon diese sind Streicheleinheiten und er geniesst es ganz offensichtlich, als er mich frei und ungehindert berühren kann. Nun dreht sich das für mich gewohnte Ritual. Anstatt, dass zuerst der Mann sich in mir befriedigt und ich dann meine Befriedigung finde, küsst und streichelt mich dieser Mann unaufhaltsam, bis ich es kaum mehr ertrage vor Lust. Als sich alles in mir hoch explosiv anfühlt, dringt er in mich ein und ich komme sofort zum Orgasmus. Erst danach erlebe ich seine männlich, fordernde Sexualität, an deren Rhythmus ich mich angleiche und ihm begegne, bis auch er kommt und sich in mir ergiesst.

Danach war mir, als hätte ich eine zweite Entjungferung erlebt, diesmal in einer ganz anderen Form. Eine reife Bejahung, dass Sexualität zum Leben gehört, dass sie unendlich viele Facetten hat. Dann ein Gefühl von Stolz in mir, als hätte ich etwas geschafft. Ja, ich hatte definitiv alte Denkmuster in puncto Sexualität überwunden, wenn ich an all die Gewissensbisse dachte, die ich vor der ersten Entjungferung gehabt hatte. Nun wusste ich, wie es sich anfühlte, sich einem *anderen* Mann hinzugeben. Ich wusste, dass das für mich wichtig war. Untreue wird nicht geduldet, sie ist fast sträflich, obwohl sie täglich stattfindet. Mich liess diese Tatsache vollkommen unberührt. Ich hatte meinen ersten Liebhaber geheiratet und wollte nicht das Gefühl haben, etwas Wichtiges versäumt zu haben.

Was sich nun aufbaute, war eine weitere Ebene, bei der ich als Frau aufblühen konnte. Ich fühlte eine nie da gewesene Sinnlichkeit, fühlte mich echt wertgeschätzt und geliebt auf eine Art und Weise, wie ich es vorher nicht kannte. Hatte ich bei Titus sehr oft das Gefühl gehabt, etwas tun zu müssen, um liebenswert zu sein, hier war es eher ein gegenseitiges »sich lieben« auf allen Ebenen. Ja, es mag verwundern, doch ich fühlte mich in der Liebe bei Titus nie geborgen in dem Sinne, dass ich mir seiner Liebe sicher war. Bei Leandro erlebte ich nun diese lange und völlig unverkrampfte Annäherung und diese tiefe Vertraulichkeit. Ich bedauerte keine Minute, mich diesem Mann hingegeben zu haben, weil es sich einfach richtig anfühlte.

Wir trafen uns gerne in diesen vier Wänden, einem kleinen Stück gemeinsamen Lebens. Zuerst tranken wir Tee und redeten über das, was uns beschäftigte. Erst dann folgten wir dem Bedürfnis, intim zu werden, und nicht immer bot sich das an. Die Berührungen waren so zärtlich und schön, dass es auch genügte, einfach zusammen zu sein. Wir fühlten uns verstanden, geliebt, verliebt.

Das alles bewirkte, dass ich auch in meiner Ehe zufriedener und ausgeglichener wurde. Ich konnte keinem der

Männer den Vorzug geben. Beide gaben mir etwas, was für mich wichtig war. Endlich war auch wieder ein wenig Abenteuer in mein Leben gekommen, das mich aus dem allzu ruhigen Leben als Hausfrau herausholte. Als empfindsame Frau mit zwei Männern gleichzeitig zu schlafen, war nicht ideal. Ich reduzierte die Sexualität mit meinem Mann auf ein Minimum. Er schien dies zu akzeptieren, führte es wohl auf mein Muttersein zurück. Das Greifen nach meinem Busen erschien mir nun so plump, ja es ging mir regelrecht auf die Nerven! Ich entwickelte eine Aversion gegen diese Art von Berührung durch meinen Mann. Es fühlte sich fordernd an und das gefiel mir schon lange nicht mehr. Ich stellte mir die Frage, ob es die Suche nach der Mutterbrust war? Suchen womöglich alle Männer, für die ein Busen eine Augenweide ist, noch nach der Mutterbrust. Vielleicht auch, um möglichst noch am Busen saugen zu können und geht es erst in zweiter Linie um Sex? Erotik hin oder her, in jedem Mann steckt doch auch noch ein Kind, das in der Gesellschaft keinen Platz hat. Kommt es vielleicht von einem unbefriedigten Oralbedürfnis?

In einem plötzlichen Anfall von Widerwillen sagte ich wortwörtlich zu meinem Mann:

»Geh doch zu einer anderen für Sex.« Gesagt habe ich es so und gemeint hatte ich es genauso!

Mein Mann wusste, dass ich diesen Freund traf, weil ich es nicht verheimlichte, doch seinen eifersüchtigen Fragen wich ich aus. Ebenso verschwieg ich die Häufigkeit der Treffen. Zwei Jahre lang dauerte diese außereheliche Liebesbeziehung, die mir so viel gab. Sex war nicht das Wichtigste. Ich fühlte mich nie zu etwas gedrängt und das war sehr wohltuend. Wir führten weiterhin viele und tiefe Gespräche, denn dieser Freund war philosophisch und psychologisch gebildet und ist dahingehend auch belesener, als ich es damals war. Sehr erstaunt bemerkte er, wie viele Rechte ich meinem Mann einräumte, bis dahin, über mich zu bestimmen. Tatsächlich hatte ich, nachträglich betrachtet, mit

mit meinem Mann den Vater ausgewechselt. Einer, der alles besser wusste oder es zumindest meinte, der für mich entscheiden wollte und in mir ein unmündiges Ding sah, das ich schon längst nicht mehr war.

GEGEN MEINEN WILLEN

Leandro glaubte seinen Ohren nicht zu trauen, als ich ihm erklärte: »Wenn jemand mir etwas vorschreiben darf, dann ist das mein Mann!«
So funktionierte es in seinem Leben nicht. Er war nicht autoritär, sondern bereit zu Kompromissen. Er war fähig auf das Gegenüber einzugehen, differenziert, diplomatisch und klug. Ganz anders, als ich es bisher erlebt hatte. Mein Vater hatte das Sagen und schon als Kind ärgerte ich mich darüber, dass er alles bestimmen wollte. Mein Grossvater war dominant gewesen, mein Schwiegervater sehr bestimmend, wenn auch diplomatischer. Mein Mann konnte sehr stur sein, wenn er etwas wollte oder mir vorschrieb. Nun erfuhr ich von meinem Geliebten, dass mir niemand etwas vorschreiben kann, es sei denn, ich lasse es zu. Dass ich als erwachsener Mensch mündig meine Entscheidungen treffen kann, war mir in dieser Konsequenz nicht bewusst. Das waren ganz neue Denkansätze für mich. Ich wusste oft sehr genau, was ich wollte, doch ebenso fühlte ich mich auch immer wieder unsicher, weil mir Erfahrungswerte fehlten. Es schien, als gäbe es nur die Option: Entweder mein Mann war auch einverstanden – wenn nicht, war die Chance zu klein, dass ich etwas entscheiden durfte. Dass meine Mutter auf ihre eigene Art eine stille Macht auf meinen Vater ausübte, erkannte ich erst viel später. Bisher war sie mir immer unterwürfig vorgekommen, ebenso meine Schwiegermutter. Die Emanzipation war in den Anfängen.
Wir Frauen wagen es oft nicht, uns durchzusetzen, sei dies des lieben Friedens willen oder weil wir uns zu wenig wichtig nehmen. Kulturelle Hintergründe verstärken dies

immer noch so, dass die Frauen sich unterschätzen. Selbst heute, im 21. Jahrhundert, sind es noch zu wenige Frauen, denen ein echter Durchbruch gelingt.

Nun war also dieser Mann in mein Leben getreten, der mir nicht nur half, mein Leben besser zu meistern, sondern der mich verstand und mir beibrachte, dass ich mehr auf mich hören sollte.

Mein Mann hatte mir kategorisch bis diktatorisch verboten, wieder arbeiten zu gehen. Seine Argumente waren, wir hätten ein grosses Haus mit Garten, in dem genügend Arbeit anfalle, ich dürfe meinen Interessen nachgehen und solle für das Kind da sein und ausserdem hätte ich es nicht nötig, zu arbeiten, weil er genug verdiene. Ihm verständlich zu machen, wie das für mich war, plötzlich aus dem Berufsleben ausgesondert zu sein, konnte er nicht nachvollziehen. Seine Argumentation war stärker als meine. Aus früheren Erfahrungen wusste ich, dass er mir keine Ruhe lassen würde, wenn ich mich über sein Gebot hinwegsetzte. Ich fügte mich seinen Forderungen.

Meine Situation wurde für mich belastend und ich immer unzufriedener, weil mir die Arbeit ausser Haus und das Verständnis seitens meines Mannes fehlte. Hausfrau und Mutter zu sein, füllte mich nicht aus. Ich begann Elternbildungskurse zu besuchen, die eine Kinderbetreuung anboten, was eine schöne Abwechslung war. Mir oblag ganz offensichtlich die alleinige Verantwortung für unser Kind und das fiel mir nicht schwer. Darin hatte ich freie Hand und wir waren uns in puncto Erziehung in vielem einig.

Ich hatte das Glück, dass Nena ein sehr zufriedenes Baby war und keine Angst vor Fremden hatte. Sie fühlte sich in den Kinderbetreuungsstätten wohl, die ich im Kurszentrum und in Kaufhäusern nutzte. Mir fehlte die berufliche Betätigung trotz allem schmerzlich, weil die Kurse mich nur kurzfristig befriedigten. Ich versuchte nach Kräften, mich an das neue Leben zu gewöhnen. Ich entschied, das Hausfrauendasein voll auszuschöpfen und mutierte zur perfekten Hausfrau. Ich buk alles selbst, machte Früchte ein, war oft auf dem Spielplatz mit meinem Kind, förderte es, wo ich konnte. Ich putzte viel und sehr gründlich, es gab ja genug zu tun in dem grossen Haus, das wir inzwischen bewohnten.

Mein Mann schlug vor, einen grossen Kräutergarten anzulegen. *»Nein danke, nicht noch mehr Arbeit zu Hause!«* Die Kräuterkistchen, die ich hatte, genügten mir. Die Arbeit im riesigen Garten kam eh nie zum Ende. Die Obstbäume und sein Gemüse- und Beerengarten gaben genug zu tun, obwohl mir nur das Pflücken und Einmachen oblag.

Ich begann Bücher über Ehe und Partnerschaft zu lesen und auch spirituelle Literatur fand wieder vermehrt den Weg zu mir. Ein sehr hilfreiches Buch lieh mir mein Freund. Darin ging es um Selbstliebe. Es war wie eine Bestätigung oder Berechtigung, mich selbst lieben zu dürfen. Bisher war es in meinem Leben immer um die Liebe zum *Du* gegangen. Liebe verwechselte ich auch mit *lieb sein*, bis ich fand, dass *lieb sein* nicht der Weg war.

Mein Mann begründete mein nicht ausgefülltes Dasein damit, dass wir nur ein Kind hatten und drängte auf ein zweites. Ich fühlte mich nicht bereit für ein zweites Kind, fühlte mich einfach nicht zur Mutter berufen. Er erinnerte mich an mein Versprechen und es wäre mir damals nicht eingefallen, dass manche Situationen Klärungsbedarf oder eine neue Entscheidung fordern. Ich dachte, dass man Versprechen immer halten muss. Dem klaren *NEIN* meiner inneren Stimme Gehör zu verschaffen, wagte ich nicht.

Etwas, was mein Mann nicht schätzte, war, dass ich mir immer mal erlaubte, meine Meinung zu ändern. Ich entschied manchmal spontan und nach einer gewissen Zeit wieder anders. Vielleicht war ich anfangs in gewissen Dingen allzu vorsichtig oder auch eher zu schnell ablehnend, bis ich sie mir genau angesehen hatte. Andere Dinge begeisterten mich vom ersten Moment an, was ich nicht begründen konnte. Diese Freiheit, mich problemlos anders zu entscheiden, legte mein Mann mir als Schwäche aus.

Im Kontext unserer Ehe schnürte mich das Muttersein ein wie ein zu enges Korsett. Das merkte ich immer wieder, wenn es darum ging, Prioritäten zu setzen. Bekanntlich haben berufliche Anforderungen bei vielen Männern Vorrang, vor denjenigen einer Frau und Mutter. Ich war viel auf mich allein gestellt und schuf Abhilfe mit einer lieben Babysitterin. So war es mir möglich, Abendkurse zu besuchen und ab und an mal mit einer Freundin auszugehen.

Ich setzte die Pille ab und gemäss Aussage meines Arztes würde ich mich mindestens ein halbes Jahr gedulden müssen. »*Wir werden weitersehen, wenn es so weit ist.*«, dachte ich. Wieder wurde ich auf Anhieb schwanger und es hatte keine zwei Monate gedauert. Zu diesem Zeitpunkt war ich auch seltener mit meinem Freund im Bett, das schwächte jedoch die Gefühle, die wir füreinander hatten, nicht ab. Wieder freute er sich für mich und musste dann doch verwundert den Kopf schütteln, als ich ihm sagte, dass ich dieses zweite Kind im Grunde nicht wollte.

Noch einmal stellte er mir die Frage: »Wer entscheidet über Dein Leben? Besonders bei einer so wichtigen Frage? Es ist doch Dein Körper, und wie ich bemerkt habe, wird es auch zu Deiner Hauptaufgabe gemacht.«

Kurzzeitig verstärkte sich das ungute Gefühl, mich selbst verraten zu haben. Nach einigen Wochen jedoch freundete ich mich mit der Idee an und sah die positiven Seiten eines zweiten Kindes. In der zehnten Woche bekam ich Beschwerden und Blutungen. Der Arzt verordnete viel Ruhe. In der elften Woche wurden die Krämpfe so stark, als hätte ich Wehen. Bei der ärztlichen Kontrolle wurde festgestellt, dass das Herz des Kindes nicht mehr schlug. Das war ein Schock. Es folgt die sofortige Ausschabung. Die Entwicklung des Kindes sei in der neunten Woche stehengeblieben, also musste es auch dann gestorben sein, hiess es. Ich war tieftraurig, denn ich hatte schon begonnen für das Kind zu stricken, hatte gehofft, dass alles gut wird und ich wollte es ebenso willkommen heissen wie das Erste. Auch wenn meine Begeisterung für das Muttersein sich in Grenzen hielt, hatte ich mir nicht gewünscht, dass die Schwangerschaft so endete. Öfters nahm ich Kontakt mit dieser Kinderseele auf und tröstete sie und damit auch mich. Als ich mich in späteren Jahren mit Lemuria befasste, fand ich die Kleine wieder. Da verstand ich: Ob inkarniert oder nicht, Seelenverbindungen existieren. Egal ob jemand physisch manifestiert ist oder nicht, Seelen haben eine Präsenz, die wir wahrnehmen können. Es ist immer eine Verschmelzung auf Seelenebene mit allem und jedem Wesen in tiefer Liebe möglich. Diese Fähigkeit des Fühlens entwickelte ich aber erst viele Jahre danach. Vor allem beim Tod meiner Mutter empfand ich das so stark wie nie zuvor.

Dieses Geschehen hätte mir auch eine Mahnung sein können: »*Überlege Dir gut, was Du tust und ob das im Einklang mit Dir ist.*«

Ich überlegte nicht, es schien klar, dass ich den eingeschlagenen Weg weiter gehen musste.

Drei Monat später befürwortete mein Arzt eine weitere Schwangerschaft. Mein Mann war im Militärdienst und kam nur an Wochenenden nach Hause. Ich konnte mich ungestört mit meinem Freund und Geliebten treffen. Es war Sommer und mein Geburtstag. Wir verbrachten ihn zusammen in *unserer* Wohnung. Er verwöhnte mich in jeder Hinsicht und machte mir ein sehr besonderes Geschenk. Ich erhielt wunderschöne seidene Unterwäsche, die ich mir so nie geleistet hätte und die obendrein perfekt passte. Später gingen wir am See spazieren. Ich liebte diesen See und es machte mich glücklich, mit diesem Mann am Ufer zu sitzen und mir seiner Nähe bewusst zu sein. Er hatte schon länger begonnen, mir wunderbare Liebesbriefe zu schreiben und einen davon erhielt ich zum Geburtstag. Leandro begann vermehrt seine poetische und fantasievolle Seite auszuleben, je länger er mich kannte. Seine Zeilen waren Balsam für mich und eine tiefe Liebe sprach daraus.

Die drei Wochen Militärdienst meines Mannes waren schnell herum, und da er wieder sehr vom Geschäft absorbiert war, verbrachten wir wenig Zeit miteinander. Ich stellte bald fest, dass ich wieder schwanger war. Ganz offensichtlich diesmal nicht von meinem Mann. Ich hatte mit ihm geschlafen, ja, doch die Zeitspanne vom Ausbleiben der Regel stimmte nicht überein mit meinem normalen Zyklus. Es begann ein innerer Kampf und ich fühlte die panische Angst hochkommen, dass mein Mann irgendwann darauf kommen würde! Ich erzählte ihm vom positiven Schwangerschaftstest und verdrängte die Ängste täglich, verschwieg auch meinem Freund, dass er der Vater war. Ich musste also gleich zwei Menschen betrügen. Das würde auf Dauer unerträglich, umso mehr als dass mein geliebter Leandro mir immer wieder beteuerte, wie viel ich ihm bedeutete. Nun hatte ich auch ein Geheimnis vor ihm. Er liess weiterhin seiner träumerischen Seite freien Lauf und sprach sogar manchmal vom Zusammenleben mit mir.

Er meinte: »Träumen, meine liebste Sofia, ist ja erlaubt.«

»Ich erlaube mir solche Gedanken nicht. Nein, das alles wäre viel zu kompliziert und schmerzhaft«, erwiderte ich.

Natürlich wäre es wundervoll gewesen, freier zusammen sein zu können, doch ich mochte keine Hoffnungen nähren.

Dieses ewige Versteckenspielen war auf Dauer sehr anstrengend. Lügen entsprachen nicht meinem Naturell, dafür war ich zu spontan in meinen Aussagen. Ich fühlte etwas in mir krampfen, wenn ich meine Ausflüchte hervorbrachte. Der anfängliche Reiz des Verbotenen wurde zur Belastung. Eine partnerschaftliche Beziehung mit Leandro wies ich ebenfalls weit von mir. Mein Mann entsprach mir in vielen Bereichen, mit seiner Dynamik, seinem Einfallsreichtum, seiner Intelligenz und Klarheit. Er war immer noch der Mann, den ich an meiner Seite haben wollte. Auch war er ein guter Vater, wenn er sich die Zeit dafür nahm. Als Frau wäre ich jedoch menschlich-emotional ohne Leandro verhungert. Er gab meiner Seele Nahrung.

ENT-SCHEIDUNGEN

Unsere Tochter Nena war inzwischen fast zwei Jahre alt und musste gegen Pocken geimpft werden. Meine Mutter hatte mich vor einer Reaktion gewarnt und erklärt, dass diese Impfung scheussliche Narben hinterlassen könne. Es sei vorteilhafter, dies am Bein zu machen, als am Arm. Recht hatte sie. Es entstand prompt als Impfreaktion ein grosser Abszess an ihrem Oberschenkel.

Mir ging es in dieser Zeit weder emotional noch physisch gut – nicht nur wegen Nena. Nebst der Sorge um mein Kind war da die Sorge um den Verlauf meiner Schwangerschaft und dem, was folgen könnte. Ich konnte mich kaum auf dieses zukünftige Wesen einstellen. Zuviel Unbekanntes stand im Raum. Würde es dieses Mal klappen? Würde es für mich machbar sein mit zwei Kindern? Wie würde es sein, meinen Mann mit einem Kuckuckskind zu hintergehen? War es richtig, Leandro nichts zu sagen? Wenn ich es nicht mehr verschweigen konnte, wusste ich bereits jetzt, welche Konsequenzen dies für meine Ehe haben würde. Doch welche Komplikationen würde es geben, wenn Leandro erfuhr, dass es sein Kind war? Würde er erwarten, dass ich Titus aufklärte? All diese Fragen quälten mich.

Kurz darauf stellte der Arzt eine ungewöhnliche Veränderung meines Hormonspiegels fest. Er wies mich zur Abklärung ins Spital ein. Vorher wollte ich jedoch noch meiner kleinen Tochter beistehen. Ihr Abszess musste unter Narkose geöffnet werden. Also begleitete ich sie und war auch die ganze Zeit bei ihr, bis sie aus der Narkose erwachte. Alles war gut gegangen. Einen Tag später, als sie wohlbehalten bei meinen Eltern war, begab ich mich sofort selbst ins Spital. Nach weiteren Tests wurde entschieden, eine Ausschabung zu machen. Ich musste im Spital bleiben. Mein Mann holte zu Hause einige persönliche Dinge für mich, fuhr zu schnell und wurde prompt von einem Blechpolizisten geblitzt. Er, der sonst Ruhe bewahrte, und diese Strecke täglich fuhr, holte sich eine Geschwindigkeitsbusse. Obwohl äusserlich nicht sichtbar, schien er nun doch ein wenig erschüttert. Diesmal akzeptierte ich den angehenden Verlust fast ein wenig erleichtert.

Ostern stand vor der Tür und es eilte, nicht nur wegen den Feiertagen, wie mir gesagt wurde. Am selben Tag wurde ich operiert.

Als ich aus der Narkose erwachte, erklärte mir der Arzt: »Nach der Ausschabung fand ich zu wenig Gewebematerial und zog darum einen Kollegen hinzu. Wir führten zwei Sonden durch die Bauchdecke ein und sahen einen überdimensionierten Eierstock. Sofort verlängerten wir die Narkose und machten einen Bauchschnitt. Es blieb auch keine Zeit, ihren Mann zu informieren. Es musste schnell, sehr schnell, gehen, sonst wäre es für sie gefährlich geworden.«

Durch die starke Narkose fühlte ich mich noch ziemlich benommen und hörte alles wie durch einen Schleier.

Der Arzt berichtete weiter: »Dieser Eierstock platzte sofort, als ich ihn berührte, weil er vollständig vereitert war. Der Eiter liess sich gut absaugen und wir mussten den Rest des Eierstocks entfernen. Wäre Ihnen das zu Hause passiert, wäre es ziemlich gefährlich für Sie geworden. Bis man begriffen hätte, was passiert ist und bis zum Eintreffen im Spital, hätte sich ihr Organismus vergiftet. Sie hatten riesengrosses Glück. Es war wirklich an der Kippe. Ein Tag länger und sie hätten mit grosser Wahrscheinlichkeit nicht überlebt.«

Zur Tatsache eines vermeintlich erneuten Abortes nun noch dies? Langsam drang diese Information zu mir durch. Ich war wie erschlagen, musste mir der Bedeutung des Ganzen erst noch bewusst werden.

Doch in mir pochte ein Satz laut an die Wände meines Gehirns: *»Du wärst fast gestorben.«* – *»Du wärst fast gestorben.«*

Wie ein Mantra brannte sich dieser Satz in mein Gehirn. Ich war zutiefst erschüttert. Mein nächster Gedanke galt meiner Tochter. Sie wäre fast ohne Mutter aufgewachsen, weil ich mich zu etwas hatte überreden lassen und nicht auf mein Gefühl gehört hatte. Dann wurde mir bewusst, dass ich wieder zuletzt an mich gedacht hatte bei der Entscheidung eines zweiten Kindes. Es war nicht nur eine Übergangssituation. Es war nicht nur ein einschneidender Eingriff, es war lebensbedrohlich gewesen.

Ich bekam hohes Fieber, was im Grunde ein positives Zeichen war, weil der Körper Giftstoffe verbrannte. Doch auch der emotionale Stress musste noch verarbeitet sein. Es war alles zu viel für mich gewesen. Ich weinte nur noch und war einem Nervenzusammenbruch nahe. Meine Zimmergefährtin, eine sehr schwatzhafte Frau, strengte mich zusätzlich an. Am liebsten wäre ich geflüchtet, aber wovor und wohin? Ich lag weinend und kraftlos im Bett. Die Bettnachbarin wurde angehalten, mir Ruhe zu gönnen. Ich hatte nicht die Kraft für mich einzustehen.

Mein Mann, der mich besuchte, war froh, dass es überstanden war und wieder einmal hörte ich diesen Satz:

»Das wird schon wieder gut, Du wirst sehen.«

»Du verstehst die Tragweite nicht, ich wäre fast gestorben«, fuhr ich ihn an.

Es war typisch für ihn, wenn es um Kommunikation bei Problemen ging. Er dachte meistens lösungsorientiert, aber was ich brauchte, war Mitgefühl. Zu alledem war Leandro telefonisch nicht erreichbar. Ich fühlte mich total alleine gelassen, sehr unglücklich, erschüttert. Kurz streifte mich der Gedanke, ob ich für etwas bestraft wurde.

Ich weinte immer noch viel und plötzlich kam Wut in mir hoch. Im Grunde war es Wut auf mich, weil ich mir das alles selbst eingebrockt hatte. Ich hätte klarstellen sollen, dass ich kein zweites Kind wollte. Das wäre ehrlicher und mutiger gewesen. Ich aber hatte mich überreden lassen. Auch der Gedanke, ob das nicht eine Prüfung war, kam mir in den Sinn. Vielleicht sollte ich dadurch erkennen, wie viel ich mir selbst wert war. In mir drehte sich das Gedanken- und Gefühlskarussell weiter. Es wechselte von froh, erleichtert, traurig, geschockt, bis hin zum totalen erschöpft sein. Ich konnte keinen klaren Gedanken fassen.

Als meine Eltern mich mit Nena besuchten, war ich so glücklich, sie im Arm zu halten. Es war sehr heilsam. Sie war so drollig, schwatzte schon ein wenig und war mein kleiner Sonnenschein.

Nach zwei Tagen verschaffte ich mir endlich innerlich Klarheit: *»Das war's! Es kommt nicht so, wie Du es meinst, Titus. Ich will kein Kind mehr. Du wirst das jetzt akzeptieren müssen. Ja, ich will lieber eine gute Mutter für ein Kind sein und ein Kind genügt mir.«*

Tatsächlich war die Diskussion, die wir später führten, kurz. Ich erklärte meinem Mann, dass ich nicht mehr bereit war, ein weiteres Risiko einzugehen und wurde gehört.

Manchmal ist es erstaunlich, wie viel es braucht, bis eine Frau ihre wahren Bedürfnisse lebt und zugibt. Dieses Ereignis hatte gezeigt, dass auch mein Körper mir Schranken weist, wenn ich es nicht tue. Es schien einen Lebensplan zu geben, den ich wohl erspürte und unbewusst lebte ich, was von mir erwartet wurde.

Ich wusste nicht, wie ich mich ändern konnte, doch die Absicht wuchs, andere Wege zu gehen und dieser Impuls lief wieder über meinen Körper.

Nach dem körperlichen und emotionalen Stress benötigte ich eine Auszeit und fand im Appenzellerland ein wunderschönes Kurhaus, in welchem auch meine Tochter willkommen war. Wir verbrachten eine wunderschöne Woche in der Natur, bei guter Höhenluft, mit liebevoller Betreuung und gesunder Kost. Da ich die Kleine nicht hochheben durfte, lernte sie geschwind die Treppen hoch und runter zu kraxeln. Wenn ich eine Pause brauchte, durfte sie mit dem fast gleichaltrigen Jungen der Besitzerin spielen.

Die Wunde verheilte gut und da war ja auch mein Freund, der sich besorgt nach mir erkundigte und mich bald einmal besuchte. Nach und nach fand ich meine Kräfte wieder.

Nena und ich bewohnten ein Dachzimmer mit Blick in die Weite, in eine wunderschöne hügelige Landschaft. Eines Nachts kam ein Gewitter auf und der Donner war ohrenbetäubend und blitzte wie wild. Ein Riesenknall mitten in der Nacht weckte uns.

Am nachfolgenden Morgen sahen wir, was geschehen war. Der Blitz hatte die 300-jährige Eiche vor dem Haus getroffen und ein Teil war auf das Hausdach gekracht. Das Dach wurde an einer Stelle durchbrochen, und das nur eineinhalb Meter neben unserem Zimmer. Es war ein Durchbruch und für mich ein Aufbruch in weitere Erkenntnisse, die folgen würden.

Wieder zu Hause, ermahnte mich meine Mutter, dass etwas mit dem Wachstum von Nena nicht stimmte und wir sie abklären sollten. Widerwillig folgend besuchte ich den Kinderarzt, der bestätigte, dass die Extremitäten im Vergleich zum Oberkörper nicht proportional gewachsen waren. Wegen des Umzuges in einen anderen Ort, hatte ich schon länger keinen Kinderarzt mehr aufgesucht und mir war das nicht aufgefallen. Meine Mutter störten die extremen O–Beinchen und dass sie nicht lange gehen konnte, ohne müde zu werden.

Bis alle Untersuchungen gemacht waren, verbrachten wir einige Zeit mit Kontrollen im Spital, was weder für die Kleine noch für mich lustig war. Wir erfuhren jetzt, dass unser Kind eine seltene Stoffwechselstörung hat, die erblich bedingt ist.

Besonders stressbeladen empfand ich, dass wir einen 24-Stunden-Urin sammeln mussten, was bedeutete, ihr ein lästiges Auffangsäckchen anzukleben. Die Blutentnahme wurde jedes Mal zu einer Qual. Manchmal mussten wir sie zu dritt festhalten. Am schlimmsten war, dass wir während der nächsten sechs Monate nicht sicher sein konnten, dass die Medikamente anschlagen würden. Durch diese vererbte Rachitis war das Wachstum der Arme und Beine zum Stillstand gekommen, die Knochen waren zu weich und die

Hüftknochen hatten sich nicht weiter entwickelt. Das erklärte, warum sie O-Beine hatte. Ob die Knochensubstanz den Phosphor aufnehmen würde, den sie in Form von Brausetabletten bekam und gesundete, konnte uns niemand garantieren. Dazu brauchte es Geduld.

Es schien wieder alles an mir zu hängen und ich fühlte mich mit meinen Ängsten alleine. Eines Tages tauchte plötzlich unangemeldet mein alter Freund, der Atemtherapeut, auf. Er sei in der Gegend gewesen und verspürte den Wunsch, nach mir zu sehen. Jetzt bekam ich Tipps und Ermutigung und schöpfte Zuversicht. Wie dankbar war ich dafür. Ausserdem riet er mir, nicht das kranke Kind, sondern meine Kleine mit geraden, gesunden Beinen vor mir zu sehen und das jedes Mal, wenn ich sie beim Gehen betrachtete. Diese Aufgabe und das kurze Aufatmen halfen mir, mit der Situation besser klar zu kommen. Doch kurz darauf geriet ich in den nächsten Strudel.

Mein Mann hatte die Briefe von Leandro gefunden, die gut in einem Schrank, in einer alten Handtasche, versteckt gewesen waren. Er behauptete, er habe sie per Zufall gefunden und nur einen der Briefe gelesen, doch das habe ihm vollauf genügt. Ich wusste also nicht, was er genau mitbekommen hatte, denn er liess mich im Unklaren darüber, war jedoch sehr sauer. Plötzlich verspürte ich eine Art inneren Stoppknopf, eine Aufforderung und das Wissen, dass eine Entscheidung fällig wurde. Ich wandte mich an Leandro, der mir empfahl, mich herauszureden. Ich solle meinem Mann klarmachen, dass er, Leandro, ein Schwärmer sei, der sich in mich verliebt habe, aber genau wisse, dass er keine Chancen bei mir habe.

Damit legte Leandro unbewusst den Grundstein für das Ende. Es schien mir feige, nicht für unser Verhalten und unsere Liebe einzustehen. Ich hatte es satt zu lügen, doch ganz im Klaren war ich mir nicht, was ich tun sollte. Würde ich meinem Mann reinen Wein einschenken, wäre dies das

Ende unserer Ehe, die ja bereits auf wackligen Beinen stand. Das wollte ich auf keinen Fall riskieren.

Vorbei war es mit der befruchtenden und lustvollen Ablenkung vom Familienalltag mit meinem Freund. Es wurde anstrengender, diese Beziehung zu leben. Mein Gewissen meldet sich und wurde immer lauter.

Mein Geliebter, in dessen Leben sich ebenfalls gerade einiges zuspitzte, hatte sich in der Zwischenzeit eine Einzimmerwohnung gemietet. Er erzählte mir, das sei unabhängig von unserer Beziehung geschehen. Es sei für ihn an der Zeit gewesen zu handeln. Ich traute seiner Aussage nicht uneingeschränkt und fragte mich, ob es nicht auch mit mir und meiner Situation zu tun hatte. Wie ich es geahnt hatte, bot er mir umgehend an, bei ihm zu übernachten, weil wir jetzt fast freie Bahn hätten und er würde sich auch um eine grössere Wohnung kümmern, falls ich bei ihm einziehen wollte.

Mein Mann war beruflich wieder einmal auf Reisen, also übergab ich Nena mit einer Ausrede ihrer Patentante und fuhr zu Leandro in die hübsche kleine Wohnung. Wir kochten gemeinsam, assen gemütlich, und als ich mich für die Nacht vorbereitete, fühlte sich das sehr natürlich und doch seltsam an; fast intimer als der Sex. Wir legten uns schlafen, doch ich kam nicht zur Ruhe. Es kam mir nun wirklich wie ein Verrat an meiner Ehe vor. Eine ganze Nacht mit ihm zu verbringen war etwas anderes, als in der Freizeit ein paar schöne Stunden zu teilen. Um ein Uhr morgens packte ich meine Sachen und flüchtete nach Hause.

Mit den neuen Erkenntnissen darüber, dass ich doch nicht so unbesorgt meine Freiheit geniessen konnte, begann für mich ein Dilemma. Zu allem Überfluss fragte mich Leandro einige Tage später, ob wir zusammenziehen wollten und meinte es ernst. Ich bemerkte, dass sich bei ihm gewisse Vorstellungen verselbstständigt hatten, die er umsetzen wollte. Es war bisher nie die Rede davon gewesen, dass ich Solches in Erwägung ziehen würde. Zwei Wochen später hatte er eine wunderschöne Altbauwohnung gefunden.

Bei den nachfolgenden Gesprächen musste ich Leandro versprechen, dass ich ihn nicht als Hauptgrund angeben dürfe, falls ich mich für unser Zusammenleben entschied. Er wollte, dass ich bei der Trennung die Schwierigkeiten in meiner Ehe thematisieren solle und dürfe diese zweite Beziehung nicht als Zuflucht darstellen. Ich solle Titus reinen Wein einschenken, warum ich nicht mehr mit ihm leben könne. Das schien mir mehr als seltsam, fast schizophren.

Gäbe es die Liebe zu Leandro nicht, stünde eine Trennung für mich ausser Diskussion. Ich kämpfte einen einsamen Kampf mit mir. Die Vorgaben von Leandro machten mich kirre, waren mir zu kompliziert. Irgendwann erreichten mich seine Erklärungen, seine Überzeugungsversuche nicht mehr. Im Gegenteil, alles begann sich zu drehen, wenn ich versuchte, klar zu sehen. Es schien, als wollte er sich absichern, möglichst aussen vor bleiben und das war nicht ganz ehrlich. Sein Verhalten machte mir klar, dass ich lieber meine Ehe retten wollte und diese Beziehung beenden musste. Diese innere Zerrissenheit, weitere Lügen, die Schwierigkeiten, die eine Trennung voraussichtlich mit sich bringen würden, davor schrecke ich ebenfalls zurück. Ich musste mich entscheiden, und zwar so schnell wie möglich. Noch zögerte ich es ein paar Tage hinaus bis zu dem Zeitpunkt, wo ich die endlosen Diskussionen, seine Erklärungen und Beschwichtigungen satt – ja, so satt hatte! Sie nahmen mir den Atem. Ich musste endlich einen klaren Schnitt machen, sonst würde ich durchdrehen.

Ich rief ihn an und sagte mit zitternder Stimme: »Leandro, ich kann so nicht mehr weitermachen.«

»Natürlich, das verstehe ich.«

Ich war den Tränen nahe und sagte: »Nur ist es so, dass ich es vorziehe, unsere Beziehung auf Eis zu legen. Ich will Dich in Zukunft weder sehen, noch will ich von Dir hören. Es macht mich sonst fertig.«

Er schwieg und ahnte, dass jedes weitere Wort überflüssig war. Wir hatten alles bereits vorwärts und rückwärts besprochen.

»Du weisst, wie viel Du mir bedeutest und ich weiss nicht, wie ich es aushalte, Dich nicht mehr sehen zu dürfen.«

Gequält antwortete ich: »Glaubst Du denn, mir fällt das leicht? Du hast wenigstens Deine Arbeit, die Dich ablenkt und ich muss mich hier durchkämpfen. Irgendwie muss ich jetzt da durch, und zwar ohne Dich. Ich werde sonst verrückt, wenn das so weiter geht.«

»Ich verstehe.«

»Du weisst, dass ich Dich liebe, doch ich spüre, dass ich zu meinem Mann gehöre. Er ist ein guter Vater und unser Leben passt mir in vielem. Ich liebe Dich und ich liebe ihn, jeden anders aber ich kann mir ein Leben mit Dir zusammen nicht vorstellen.«

Mit von Tränen erstickter Stimme murmelte ich noch: »Es tut mir leid. Ich kann nicht mehr.«

Danach hängte ich den Hörer auf und blieb wie gelähmt lange Zeit sitzen. Mir wurde bewusst, dass ich aufpassen musste, dass mein Mann nichts von meiner Verzweiflung merkte. Ich fühlte mich überhaupt nicht erleichtert und heute weiss ich, dass dann eine Entscheidung nur halbherzig gefällt wurde. Es würde mich einige Anstrengung kosten, mein Leben ohne ihn zu leben. Trotzdem: Aus, Punkt, Schluss. Knallhart war ich Leandro und mir gegenüber und vermied jede Möglichkeit eines weiteren Kontaktes. Nur so konnte ich mich von ihm lösen. Es schien der einzige Ausweg um aus diesem ständigen Hin und Her auszubrechen.

Jetzt kam mir meine Unzufriedenheit in der Ehe voll ins Bewusstsein. Sie wurde jetzt noch verstärkt, da ich kein Ventil mehr hatte. Zum Valentinstag schickte mir Leandro einen wunderschönen Blumenstrauss, den ich weinend in eine Vase steckte und am liebsten weggeworfen hätte. Die giftige Bemerkung meines Mannes folgte umgehend, als er den Strauss sah und er wusste natürlich, von wem er war. Ich wollte nichts mehr von Leandro annehmen, obwohl ich ständig an ihn dachte. Tieftraurig war ich und musste aufpassen, dass niemand etwas merkte. Einzig meine beste Freundin und meine Mutter weihte ich ein, weil ich ihnen diesen inneren Kampf nicht mehr verheimlichen konnte. Zuerst dachte ich, ich wäre mit der Zeit erleichtert, wenn das alles beendet sei, doch der Schmerz wurde stärker und mein Herz unglaublich schwer. Nun wogen die familiären Probleme, meine unbefriedigende Situation noch schwerer. Die grosse Lücke, die das Fehlen von Leandro hinterliess, war unbeschreiblich. Keiner konnte mir durch sein Dasein so viel geben, wie er. Was vorher mein Leben bereicherte, wurde in den letzten Wochen eine zu starke Belastung, deswegen musste dieser Schlussstrich sein. Weder bereute ich meine ausserehliche Beziehung, noch bereute ich, dass ich sie beendet hatte, um unserer Ehe eine Chance zu geben. Ich fühlte mich gefangen in einem Paradoxon.

Mein Schatz fehlte mir unsäglich, ja täglich. Mein Mann schien mir fremd geworden zu sein. Nebenbei erwähnte ich, mit einer lauwarmen Begründung, dass ich Leandro nicht mehr traf, was mein Mann mir nicht so recht abnahm. Irgendwie war er ja doch ständig präsent. Es folgten zwei schlimme Jahre in denen ich trickreich versuchte zu verdrängen, dass ich sehr unglücklich war. Doch ich gedachte an jedem Jahrestag unseres ersten Kusses, ich wusste um all die immateriellen Geschenke, die ich bekommen hatte und da waren auch einige materielle, die ich immer noch besass. Jetzt, da ich keinen Puffer mehr hatte, ergriff mich die Härte der Situation und meiner Entscheidung mit voller Wucht.

Mein Körper begann überall zu schmerzen. Ich konnte mich zeitweise kaum mehr bewegen. Am schlimmsten war es morgens oder nach Gartenarbeiten. Der Nacken, das Kreuz, die Schulterblätter – alles hatte sich total verhärtet. Mit Jazztanz musste ich aufhören, denn ich fühlte mich nach jeder Kursstunde wie gerädert. Als Bewegungsnaturell musste ich jedoch etwas tun. Obwohl ich Yoga von meinem Vater her kannte, wäre es mir vorher nicht in den Sinn gekommen diese Bewegungsform zu wählen, doch wie per Zufall begegnete mir ein Angebot dafür in unserem Dorf. Ich genoss dieses bewusste, langsame Bewegen, kombiniert mit bewusstem Atmen und fühlte mich nach jeder Stunde gut und entspannter.

ALTERNATIV

Es folgten die fünf schlimmsten Jahre meines Ehelebens und ich lebte ständig mit der Hoffnung, dass sich etwas ändern würde, irgendwann. Ich fühlte mich unverstanden und unausgefüllt und hatte keine Ahnung, was für eine Beschäftigung mir Befriedigung schenken könnte. Es war vor allem eine grosse Unzufriedenheit mit mir selbst. Die Umstellung von beruflichem Einsatz zum Hausfrau- und Muttersein nagte immer noch an mir. Ich liebte meine Tochter und hatte auf keinen Fall vor, Vollzeit zu arbeiten, brauchte nur eine zusätzliche Aufgabe, die mich erfüllte. Nur, was konnte das sein? Ich vermutete, es habe mit Menschen zu tun, Menschen denen ich etwas geben konnte. Sollte ich Psychologie studieren? Meine Abklärungen ergaben, dass ich dafür die Matura bräuchte und dass meine Möglichkeiten für ein anerkanntes Studium sehr begrenzt waren.

Seit meine Tochter viermal am Tag Medikamente benötigte, war ich stärker gefordert, mich um sie zu kümmern. Schwierig war es, ihr das jedes Mal plausibel zu machen. Monatlich mussten wir zur Blutabnahme, zu Urintests, für diverse Messung und anderen Untersuchungen ins Spital gehen. Als sie älter wurde, genügte es nur noch alle drei Monate. Das war nicht nur zeitaufwendig, sondern auch sehr nervenaufreibend, weil sie sich massiv dagegen sträubte.

Ich suchte meinen Freund und Atemschultherapeuten auf. Ihm konnte ich mein Herz ausschütten und fand Verständnis, fühlte mich getragen von seiner Aufmerksamkeit. Er schlug vor, dass ich für Nena Homöopathie mit einbeziehe und alternative Heilmethoden ausprobieren solle. Er war selbst durch massive körperliche Probleme hindurchgegangen, von denen er sich nicht hatte unterkriegen lassen. Wieder sprach er von positivem Denken. Das hatte ich alles schon bei ihm gelernt und wieder vergessen. Doch was meine Ehe anbelangte, konnte er mir nicht helfen.

Ich begann mich nebenbei mit alternativen Möglichkeiten zu beschäftigen. Es wäre einfacher gewesen, mein Mann hätte alternative Therapien auch befürwortet, doch er meinte, die Ärzte wüssten, was zu tun sei. Erst viele Jahre später, als er sich mit seinem eigenen kritischen Gesundheitszustand und seinen Behinderungen beschäftigen musste, merkte er, wie oft die Medizin trotz hervorragender Medikamente zu wenig auf die Individualität eines Menschen einzugehen vermag. Der Mensch als eigenständiges Wesen wird kaum mit einbezogen. Es gelten vor allem labortechnische und wissenschaftliche Auswertungen. Unsere Kleine konnte sich leider noch nicht äussern und ich war gefordert, auf meine Intuition zu hören und mich vor allem in Geduld zu üben. Sie wurde diesbezüglich mein Lehrmeister. Ich musste lernen ganz ruhig zu bleiben, wenn sie ihre flüssige Medizin vier Mal am Tag auszutrinken hatte und sich weigerte. Ich brauchte zusätzlich Geduld, weil Resultate für eine Besserung nicht so schnell zu sehen waren und ich musste Verständnis aufbringen, wenn sie beim Gehen schnell ermüdete und wir nicht vorwärts kamen.

Ich fand einen Arzt, der als Nebenfach Homöopathie betrieb und er machte mir einen sehr guten Eindruck. Nicht nur bewirkte das Mittel, das er verschrieb Wunder, sondern auch die Gespräche mit ihm waren sehr aufschlussreich. Zwei Jahre später ergänzte ich Nenas Medikamenten-Gabe mit einigen Akupunktur Sitzungen. Es war mir gelungen, das Einverständnis von ihrem Vater und den Ärzten zu bekommen, solange ich die andere Medikation nicht absetz-

te. Rasant traten Besserungen ein und die Laborwerte veränderten sich so, dass ihre Medikamente fast um die Hälfte
reduziert werden konnten. Die Ärzte stuften das als Zufall
ein und sahen keinen Zusammenhang mit den alternativen
Heilmethoden. Es machte mich stolz, mich durchgesetzt zu
haben und ich wusste, dass es das Gesamtpaket war, welches gewirkt hatte.

Unser Kind entwickelte sich nun in einem erfreulichen
Masse, auch wenn motorisch gesehen das Ganze langsam
vor sich ging. Geistig hatte sie echt was drauf, beobachtete
sehr aufmerksam, sprach schon sehr früh und kompensierte
die fehlende Bewegung mit intellektueller Beweglichkeit. So
hatte das Schicksal für den Ausgleich in ihrer Entwicklung
gesorgt. Mit der Zeit fand ich Vertrauen in ihre Zukunft,
auch wenn uns dahin gehend noch einige Prüfungen bevor-
stehen sollten. Zum Beispiel, als sie massive Kniebeschwer-
den bekam, weil die Kniescheibe sich zu leicht ausrenkte,
brauchte sie Beinschienen, um gehen zu können. Wir wurden damit vertröstet, dass mit achtzehn Jahren, wenn das
Wachstum beendet ist, sich vieles einspielen wird. Tatsächlich meisterte sie als junge Frau später ihr Leben, trotz aller
Nebenerscheinungen erstaunlich gut. Das Handicap hat sie
reifen lassen.

Es war es mir immer noch nicht gelungen, in meiner Ehe
glücklicher zu werden. Von aussen sah alles perfekt, ja wunderbar, aus. Eine ideale kleine Familie eben. Zum ersten Mal
hatte ich das Gefühl in einem goldenen Käfig zu sitzen, der
sehr eng war.

Ich brauchte Ablenkung, um nicht depressiv zu werden.
Immer wieder fühlte ich mich hilflos, weil ich nicht an meinen Mann herankam. Ein Besuch in einer Ausstellung mit
Seelenbildern eröffnete mir neue Horizonte. Ich bewunderte Seelenlandschaften in fliessenden Farben, die einluden,
sich darin zu vertiefen. Je länger ich hinsah, desto mehr
Formen sah ich darin. Ich stand wie gebannt vor den Bildern und war auf einer Entdeckungsreise. Gerade weil es so

wenig Gegenständliches darin hatte, verleitete es mich zum Träumen. Vor meinem inneren Auge entstanden Formen, etwas noch nie da Gewesenes tauchte auf. Ich war so begeistert, dass ich an einem darauf folgenden Morgen nochmals hinging. Bei diesem zweiten Besuch befand ich mich alleine in einem Raum und leise New Age Musik erklang. Es war wieder so, als würde ich eintauchen in eines der Bilder und direkt in eine mir unbekannte Sphäre erhoben. Alles wurde leicht und ich schwebte in Farbe und Klang. Zu meiner Freude bot die Künstlerin Malabende an. Kurz danach begann ich einmal pro Woche mit meditativem Malen. Es wurden Inseln der Leichtigkeit, die mir innere Ruhe schenkten. Malen ohne ein Ziel, ohne Perfektionsanspruch, ist sehr befreiend. Erstaunlich schön und speziell ist der farbliche Ausdruck, der von innen nach aussen kommt.

Die einzigen Verbindungspunkte, die ich noch mit meinem Mann teilte, waren kulturelle Angebote, die wir wahrnahmen. In den Ferien widmete er sich hauptsächlich Nena, was ich in Ordnung fand, weil er sonst so wenig Zeit für sie hatte. Einmal, als schon alles im Auto verpackt war, schickte ich ihn kurzfristig alleine mit ihr ins Ferienhaus in die Berge. Ich brauchte meine Ruhe, um zu mir zu kommen. Meine Eigenständigkeit nahm weiter ihren Lauf.

Ein früherer Arbeitgeber meldete sich bei mir, als hätte er den Zeitpunkt in seiner Agenda notiert, an dem mein Töchterchen im Kindergarten angemeldet wurde. Er wollte mich wieder engagieren. Nein, es machte keinen Sinn, dort wieder einzusteigen. Das technische Gebiet, in welchem er tätig war, interessiert mich überhaupt nicht. Es hätte sich hier eine Chance geboten, dem Hausfrauenalltag zu entrinnen, doch nach reiflichem Erwägen lehnte ich ab. Mein Mann wäre so oder so dagegen gewesen. Er verabscheute nach wie vor den Gedanken, unsere Tochter von jemand anderem betreuen zu lassen.

Als Nena den Kindergarten besuchte, hatte ich mehr freie Zeit zur Verfügung. Sobald sie das Haus verlassen hatte, schien ich in einem Vakuum zu sein. Ich sass einfach da, hatte null Elan und fühlte mich total blockiert. Das machte sich immer mehr physisch bemerkbar. Es ging mir schlechter und kein Tag verging ohne Schmerzen.

Mit Physiotherapie kam ich nicht weiter. Immer noch hatte ich dieselben Rückenschmerzen, speziell beim Aufstehen und nach der Gartenarbeit. Meine Moral war ebenfalls am Boden. Ich unternahm verschiedene Versuche innerhalb unserer Ehe, damit wir einander wieder näher kämen. Es gab sehr gemütliche Sonntage im Garten, es ergaben sich interessante Gespräche über seine Tätigkeit. Jedes Mal, wenn ich glaubte, dass wir etwas geschafft hätten, entglitt er mir wieder. Was die Sexualität anbelangte, genügten mir die seltenen Male, die wir zusammenkamen. Es war nicht mehr und nicht weniger als eine körperliche Befriedigung. Ich las Literatur über Ehe und Sexualität, sprach stundenlang mit Freundinnen. Es änderte nichts an der Tatsache, dass ich mich ungeliebt fühlte, mich eher in der Position der dienenden Haushälterin sah. Unsere Gespräche, die in die Tiefe hätten gehen können, verliefen im Sand oder drehten sich immer wieder im Kreis.

Eine kurze Ehetherapie, zu der sich Titus bereit erklärte, half mir, das Ganze mit anderen Augen zu betrachten und wieder zu akzeptieren. Das Hauptargument der Familientherapeutin war, dass wir uns in der unterschiedlichen Wahrnehmung des Lebens optimal ergänzten und man merken konnte, wie rational mein Mann denkt und wie emotional ich sei. Es war ihr speziell aufgefallen, als sie jeden von uns bat, Lösungsansätze zu formulieren. Er hatte das in fünf Sätzen erledigt. Ich brauchte dazu zwei ganze DIN A4-Seiten. In einer separaten Sitzung erklärte sie mir, dass ich gut daran täte, mein Verhältnis, respektive diesen anderen Mann nicht zu idealisieren. Hätte ich meinen Mann verlassen, wären mit grosser Wahrscheinlichkeit ähnliche oder andere Themen mit meinem Freund entstanden. Er habe als Ausgleich für etwas Fehlendes gedient. Nach vier

Sitzungen fand Titus es lächerlich bis überflüssig, weiterhin zur Psychologin zu gehen. Für ihn schien alles klar zu sein und er sagte, das Ganze nütze ja eh nichts. Die Liebe war irgendwo in mir, doch etwas war auf der Strecke geblieben. Immer häufiger verbrachte ich die Ferien alleine mit meiner Tochter und Freundinnen. Ich konnte mir das Desinteresse meines Mannes nicht erklären. Obwohl ich meinen Verdacht, dass es eine andere Frau in seinem Leben gab, vermehrt äusserte, liess sich das nicht erhärten, da er geschickt auswich.

NEUAUSRICHTUNG

Da weder Physiotherapie, noch die Atembehandlungen meine Schmerzen linderten, Schmerzmittel auch nicht der sinnvollste Weg waren, wurde es an der Zeit für etwas Anderes. In einem Lokalblatt las ich von einer Frau, die eine ganz spezielle Energiearbeit anbot. Mary sah mir fast ein wenig ähnlich. Das fiel mir jedoch erst viel später auf. Sie war mir auf Anhieb sympathisch. Ihr Studio, das sie als Kosmetikerin und Stilberaterin nutzte, war wunderschön eingerichtet. Bei ihr fühlte ich mich gut aufgehoben und konnte sehr gut entspannen. Sie berührte und massierte mich und nutzte zusätzlich ein Gerät, in welches sie Mineralstoffe und Edelsteinfrequenzen einspeiste. Vom Hauptgerät mit Messanzeige gingen Kabel und Metallsensoren oder Platten aus, die sie mir auf den Körper legte, um Schwingungen zu übertragen. Unsere Gespräche waren sehr offen und drehten sich um Lebensthemen. Da sie medial begabt war, erkannte sie vieles ohne Worte. Nicht nur, dass ich in einer ernsthaften Ehekrise steckte, sondern auch irgendwie orientierungslos war, wurde ihr sehr schnell klar.

Auf ihren Vorschlag hin begann ich eine Ausbildung mit dem Lykotronic Gerät, mit welchem sie arbeitete. Es geht um Bioresonanz, darum die Energieschwingungen im Körper zu harmonisieren. Es sollte mir helfen, aber mir auch dienen, danach anderen zu helfen. Diese Ausbildung dauer-te ein halbes Jahr. Wir arbeiteten mit Pendel, Kristallen und anderen Halbedelsteinenergien. Ich lernte zu pendeln und pendelte im Alltag Verschiedenes aus.

Richtiges Pendeln funktioniert nur, wenn man sich vor-her neutralisiert und zentriert. Das bedeutet, dass man kei-nen Gedanken darauf verwendet, welches Resultat man haben möchte. Die Wünsche und Vorstellungen müssen auf null gesetzt werden, der Fokus kann auf einen weissen Punkt gerichtet sein. Mit der Zeit gelang mir das immer besser. Lange Zeit nutzte ich das Pendel, um Informationen zu bekommen, doch mit den Jahren entwickelte ich mein inneres Sensorium und mein eigenes Körperempfinden wie ein Pendel zu benutzen. Später wurde ich fähig, Informatio-nen direkt zu empfangen. Damals war ich noch weit davon entfernt, meiner eigenen Wahrnehmung zu trauen.

Während eines Schulungswochenendes arbeiteten wir zu zweit. Ich lag entspannt auf dem Behandlungstisch und der Behandler deckte mir mit einem weissen Tuch die Augen zu. Man brachte uns bei, dass der Klient dabei besser ent-spannen könne, weil er sich abgeschirmt fühlt. Während er mich nun behandelte, reagierte mein Kopf, als würde er geohrfeigt und bewegte sich heftig nach links und rechts. Mein Körper wand sich und zeigte Reaktionen, als würde er geschlagen. Nun kam ein Jugendtrauma hoch, bei welchem ich mich mit den Aggressionen und Schlägen konfrontiert sah, die ich als Kind erfahrenen hatte. Ich geriet in Panik und war froh, die beruhigende Hand des Therapeuten zu spüren, der mich langsam wieder in die Realität holte. Als ich wieder klar denken konnte, stellte ich fest, dass es sich um total verdrängte Erfahrungen handelte, die in den Zellen des Körpers gespeichert waren und nun an die Oberfläche kamen. Einige Erlebnisse und Situationen, in denen ich mich ungeliebt fühlte, kamen hoch. Durch das Gerät inten-sivierten sich die Sinneserfahrungen und die Wahrnehmungen. Ich verstand nun, dass es da noch einiges zu verdauen und aufzuarbeiten gab.

Zusätzlich zur Schulung sollten wir bei einem der Lehrer Privatstunden nehmen. Die Sitzungen bei ihm bewirkten das Gegenteil von dem, was ich erhofft hatte. Anstatt mich freier zu fühlen, fühlte ich mich schuldig für mein Naturell. Er versuchte mich in eine andere Richtung zu lenken, machte mir Verhaltensvorschläge und dabei verkrampfte ich mich total. Ich entschied nach zwei Sitzungen nicht mehr hinzugehen. Ausserdem wurde die Ausbildung immer komplexer, da auch die Ausbilder neue Erfahrungen sammelten und an uns weitergaben. Die Behandlungsabläufe wurden fast zu einer mathematischen Aufgabe. Ich beendete die Ausbildung mit dem klaren Wissen, dass ich nicht mit diesem, am liebsten mit überhaupt keinem Gerät, Menschen behandeln wollte. Das Ganze erschien mir zu konstruiert. Mary war es gut gelungen, es in ihre bestehende Arbeit zu integrieren, bei mir gab es keine solche. Immerhin eröffnete sich mir nun eine neue Welt: diejenige der Edelsteine, Halbedelsteine und Kristalle. Ich begann, deren Energie wahrzunehmen – auch ohne Gerät. Von da an trug ich immer irgendeinen unterstützenden farbigen Stein auf mir. Lange war es ein Karneol, dann kam der Rodochrosit dazu und mit der Zeit hatte ich eine schöne Sammlung von Steinfreunden, die mich als Talisman begleiteten. Es waren Handschmeichler oder Kristalle, die ich mit mir herumtrug.

Als Bewegungsmensch interessierte mich ein anderes Angebot des Instituts. Sie benutzten und vertrieben einen *Rebounder*, mit Namen Onde Vitale, der Energien in Schwingung brachte. Darunter kann man sich ein rundes Trampolin vorstellen. Die Damen boten mir an, dessen Vertrieb zu übernehmen. Ihnen fehle die Zeit dazu. Das klang verlockend und das Gerät mit der blauen Matte und der Regenbogenumrandung sprach mich an. Um selbst darauf geschult zu werden, organisierte ich einen Kurs mit dem Erfinder, der aus Australien stammt. Im Handumdrehen fanden sich zwanzig Personen, die mitmachen wollten und ich lernte gleichzeitig spielend, das Ganze zu nutzen. Also übernahm ich dessen Vertrieb, kaufte dreissig Geräte, und machte regelmässige Ausschreibung von Kursen, die ich selbst durchführen würde. Diesmal unterstützte mich mein Mann, wo er konnte. Endlich hatte ich Auftrieb erhalten und etwas gefunden, das sinnvoll war. Es war ein erster Lichtblick für die Zukunft. Obwohl ich nicht gewohnt war Gruppen anzuleiten, konnte ich dem Ganzen eine sinnvolle Struktur geben und merkte, wie viel Spass es machte. In der Schule hatte ich jedes Mal Panik gehabt, wenn ich vor Leuten hatte frei reden müssen. Es war nicht nur Nervosität gewesen, es war eine tiefgründige Angst zu versagen, als würde danach eine Strafe folgen. Diese Angst verfolgte mich, bis mich der *Relationship Workshop* davon befreite.

In der Zwischenzeit besuchte ich weitere Kurse im Institut für Erwachsenenbildung, die in Bezug auf Kommunikation sehr aufschlussreich waren. Gleichzeitig arbeitete ich mit anderen Müttern das Buch *Familienkonferenz* von Gordon durch. Das aktive Zuhören praktizierte ich regelmässig mit meiner Tochter und war erstaunt, wie gut es funktionierte. Es war das, was ich später bei Harry und Sue im Workshop wiederfand.

Ich verdankte Mary auch diesen nächsten Input, denn sie war es, die mir vom *Relationship Workshop* erzählte. Sie erklärte mir, dass dadurch ganz neue und gute Erfahrungen auf mich zukommen würden. Sie sei dort als Übersetzerin dabei. Schon das beruhigte mich und ich vertraute ihr.

TEIL ZWEI / RELATIONSHIPS

Nachdem die beiden intensiven Meditationen vom Freitag und Samstagnachmittag einigermassen integriert waren, bestand die nächste Aufgabe darin, dass jeder wieder nach vorne gehen sollte, um seine bisherigen Erkenntnisse mitzuteilen. Es waren berührende Momente, Wahrnehmungen die in grosser Offenheit und teilweise emotional erzählt wurden. Viele konnten ihren Eltern oder Partnern innerlich verzeihen und fühlten sich geläutert. Ich ging als eine der Ersten nach vorne, schaute meine lieben, neuen Freunde an.

Was ich sagte, berührte mich selbst sehr und ich sehe mich heute noch dort stehen und sagen:

»Ich weiss jetzt, dass ich mehr wert bin, als ich immer glaubte, und habe verstanden, dass jeder es wert ist, geliebt zu werden und ich will mich möglichst immer wieder daran erinnern. Ich fühle mich überglücklich, hier mit euch zu sein und bin so dankbar, dass ich all das erleben darf.« Es hatte nicht mehr als diese Worte gebraucht. Ich muss gestrahlt haben wie ein Honigkuchenpferd.

»Man merkt dir an, dass das was du sagst, von tief innen kommt. Du stehst am Anfang eines neuen Lebens.«

Nach fünf Minuten war ich wieder an meinem Platz. Andere versuchten ebenfalls mit ein paar Sätzen ihr Erleben zu formulieren und glaubten, es sei erledigt. Aber bei Harry gab es kein einfaches Durchkommen. Er erkannte sofort, ob etwas nur mental oder vertieft von innen herauskommt.

Dann stand jemand vorne, der geglaubt hatte etwas wirklich erlöst zu haben und da hakte Harry nach und das sehr penetrant. Tränen flossen, Wutausbrüche folgten, Verzweiflung in allen Varianten. Wir Zuhörer wurden berührt, waren auch entsetzt über das Verhalten von Harry. Denjenigen, welchen das Thema vertraut war, liessen sich berühren, litten mit.

Nach diesem intensiven Morgen wurde es Zeit, sich nochmals ganz auf uns selbst zu besinnen, das soeben Erlebte zu verinnerlichen. Es wurde still im Raum und Harry sagte wenig. Meine Sitznachbarin begann plötzlich herzerweichend zu schluchzen. Ich drehte mich zu ihr hin und legte meine Hände auf ihren Körper, eine Hand auf das Herzchakra, die andere Hand auf ihren Bauch und atmete mit ihr. Sofort kam ein Teammitglied, um mich auf meinen Stuhl zurück zu verweisen.

Harry schaute kurz zu uns hin und sagte: »Lasst sie! Sie macht einen guten Job.«

Meine Sitznachbarin beruhigte sich zusehends und begann dann leise zu weinen. Langsam löst sich die Spannung aller Beteiligten und der Prozess nahm seinen Lauf. Ich hatte gehandelt, als wäre ich bereits ein Teammitglied.

Das war sehr spontan und rein intuitiv geschehen. Es war das erste Mal, dass ich mit meinen anderen Fähigkeiten in Kontakt gekommen war, jene Fähigkeiten, die man nicht lernen kann, sondern die in uns sind, sofern wir intuitiv handeln. Zum Abschluss des Tages, es war längst nach Mitternacht, gab es für uns eine sehr schöne Übung mit Kerzenlicht, einem tröstlichen Miteinander, sanften Berührungen und der wundervollen Musik von Eric Satie. Wir fühlten uns einander nahe, wie wohl selten im Leben.

Es folgte ein langer Sonntag. Nachdem Harry uns mit seinen gezielten Witzen zum Lachen gebracht hatte und uns das Thema *in Beziehung sein* in allen Varianten erklärt hatte, ging es weiter mit der *Abschlussprozedur* für jeden einzelnen Teilnehmer. Wir waren wieder gefordert, mit unserer ganzen Aufmerksamkeit bei der Person vor der Gruppe zu sein und zu bleiben, was Harry ständig wiederholte und dabei manchmal ziemlich lautstark wurde.

»Wo seid ihr in Gedanken? Wie stark involviert ihr euch in das Geschehen, um zu verstehen? Wenn die Gruppe schwach ist, ist auch die Person vorne schwach.«

Er liess erst locker, wenn das, was vorgetragen wurde, ihn wirklich überzeugte und bei allen angekommen war. Manchmal fragte er auch die Gruppe.

»Habt ihr die Worte gespürt oder nur gehört, klang das echt?«

So lernten wir mit. Ich begann zu fühlen, wann es bei jemandem echt und aus der Tiefe kam. Wir, die geglaubt hatten, es schon geschafft zu haben, wurden immer wieder mitgerissen, litten mit, bekamen weitere Anregungen. Ich befand mich auf einem Höhenflug. Natürlich war ich sehr froh, dass mein Part so glimpflich und einfach abgelaufen war und nun fühlte ich mit den anderen, die vorne standen mit.

Bei einigen dauerte dieser letzte Prozess zwei, drei Stunden. Wir hörten auch von fünf Stunden, die jemand vorne gebraucht hatte. Diese intensiven Prozesse förderten, dass bei vielen gleichzeitig der Groschen fiel und es dann beim nach vorne gehen der Nächsten schneller ging und auch spürbar wurde. Etwas wurde betont: Der Workshop würde erst zu Ende sein, wenn alle einen wichtigen Schritt geschafft hatten und da Harry da grenzenlos und seine Energie unerschöpflich zu sein schien, wirkte sich das auf die Workshopzeiten aus.

Wenn ein Prozess sehr intensiv wurde, hatte er einen Einfallsreichtum, der uns staunen liess. Manchmal waren wir entsetzt. So musste das Team in Windeseile Hilfsmittel von Klebeband, über Wassereimer, bis hin zu viel Klopapier besorgen. Damit wurde weiter gearbeitet. Es fühlte sich auch für uns entsetzlich an, wenn jemand mit Klebeband rundherum wie eine Mumie eingewickelt und fixiert wurde. Wir durften nicht aufmucken, sonst wurden wir mit einem scharfen Blick oder Wort von Harry zum Schweigen gezwungen. So quälten wir uns durch, mit denen die vorne standen. Am Schluss konnten wir aber jedes Mal erkennen, wie sehr die Einzelnen davon profitierten.

Manchmal ging es wirklich darum, dass die Person spürte, was sie sich selbst antat, indem sie sich keine Freiheiten gab. Alles wurde zu eng, und es war ihre Aufgabe sich wieder selbst davon lösen zu können. Wenn jemand diese Einschnürung durchbrochen und physisch aufgelöst hatte, wurden enorme Energien mobilisiert. Sie sollten dieser Person später dienen, wenn es für sie eng wurde. Zudem konnte sie so erfahren, wie sich die Befreiung anfühlte.

Als wir uns am Schluss des Workshops trennten, waren die meisten von uns in einem Hoch. Tief greifende Dinge waren geschehen und die mussten sich in den nächsten Tagen setzen. Wir wussten, dass wir uns zwei Tage später noch einmal alle sehen würden. Es war eine der Regeln, die am ersten Abend genannt worden waren. Wir durften für diesen Austausch auch Freunde oder Familienmitglieder mitbringen. Dieses Treffen wurde für uns Teilnehmer zu einem weiteren Highlight. Die Energie schwappte auf einige Gäste über. Einigen wurde es zu viel, weil sie nicht nachvollziehen konnten, was abging, wenn wir von unseren Erfahrungen auch in der Zwischenzeit erzählten, andere wurden von der Begeisterung angesteckt. Natürlich wurde unsere Euphorie von einigen sehr skeptisch aufgenommen. Wir verstanden beide Reaktionen, sie hatten ja nicht dasselbe erlebt wie wir.

Ich begann zu Hause täglich zu meditieren und zu entspannen, wie wir es in den Workshop-Meditationen gemacht hatten und es entstanden innere Dialoge, die mich sehr unterstützten. Noch meditierte ich liegend, weil ich dabei einfacher entspannen konnte. Später bemerkte ich, dass im Sitzen die Energien anders flossen.

Mit der Zeit hatte ich das Gefühl ein anderer Mensch zu sein. Ich spürte mich besser, ich war zufriedener und hatte eine Aufgabe als Teammitglied gefunden und engagierte mich für den nächsten Workshop. Die Skepsis, die mir entgegengebracht wurde von meinem Mann, der Familie und meinen Freunden, steckte ich locker weg. Was mich hingegen irritierte war, dass ich zum ersten Mal damit konfrontiert wurde, dass ein Mann, der geniale Menschenkenntnis und Lehrerqualitäten hatte, nebenher eben *doch nur ein Mann* war. Im Grunde eine ideale Voraussetzung, um nicht in ein Guru-Denken abzurutschen. Die bekanntermassen prüde Haltung der Amerikaner zur Sexualität schlägt sich auch in deren Gesetzgebung nieder. Harry liess nichts Persönliches während unseres Workshops durchblicken. Er hatte jedoch keine Hemmungen, die Dinge beim Wort zu nennen und auch mal einen Witz unter der Gürtellinie zu machen. Ja, wir lachten viel, weil er ein guter Schauspieler war. Was Harry anging, deckte er gewisse Bedürfnisse ausserhalb ab, und wie wir erfuhren, suchte er sich dafür frühere Teammitglieder aus. Er nahm in den Pausen, in denen seine Partnerin alleine mit uns arbeitete, Kontakt auf und verschwand. Einige fühlten sich geehrt und vermuteten, Sex mit ihm sei etwas Aussergewöhnliches. Sein Ziel war Sex und nichts weiter, das musste klar sein und den bekam er auch. Alles war freiwillig. Mit meinem heutigen Wissen, ist mir klar, dass er dort auch Energie tankte.

Als wir Neulinge des Teams das erfuhren, waren wir entrüstet bis schockiert. Er nutzte also die Zeit, wenn seine Partnerin, die ihn wunderbar bei der Arbeit ergänzte und mit uns die lange Meditation durchführte, für Schäferstündchen. Im Team selbst liess er öfters anzügliche Bemerkungen fallen, verhielt er sich im Allgemeinen anständig, abgesehen von seiner Wortwahl. So checkte er wohl ab, wer beim nächsten Workshop willig sein würde. Wir ahnten, dass auch seine Partnerin davon wusste. Irgendwie schien sie immun dagegen zu sein. Wir sprachen sie einmal ganz vorsichtig darauf an, und sie sagte, dass sie im Zusammensein mit Harry sehr viel lerne und sie wolle wie er *make a difference in the world*, d. h. etwas in Bewegung bringen, das einen Unterschied im Leben der Menschen macht. Das gelänge ihr am besten an seiner Seite. Harry sei ein eigenwilliger, genialer Mann und sie habe gelernt, ihn zu akzeptieren, wie er sei.

Ich habe ihn nicht ein einziges Mal aufdringlich erlebt bei Teilnehmerinnen während des Workshops, nicht einmal anzüglich, sondern nur sehr direkt in der Wortwahl. Spielereien mit Teilnehmerinnen schienen tabu zu sein. Er hakte ein, wenn er fühlte, dass eine Frau oder ein Mann in der Partnerschaft nicht auf den anderen eingehen konnte. Er kannte keine Scheu, er selbst zu sein. Manche Auserwählte im Team fühlte sich natürlich herausgehoben, wenn er zweideutige Angebote machte und einige gingen darauf ein. Ich hatte nicht im Sinn, das auszuprobieren.

Im Team bekam jeder eine Aufgabe zugeteilt. Jemand war für seine Betreuung zuständig. Jemand kochte ihm sein Essen und brachte es mit, denn er verlangte makrobiotische Ernährung. Er bekam seinen Maté Tee. Er wurde massiert, wenn er angespannt war. Er liess sich gerne verwöhnen, und auch das war jeweils ein kleiner Workshop. Auch davon konnte man von ihm profitieren. Als jemand, der seine Arbeit wirklich gut macht und als schätzenswerter Workshopleiter gönnte ihm auch jeder diesen Luxus. Was er bekam, trug auch zum Gelingen des Workshops bei. Er gab viel Präsenz und verlangte uns einiges ab. Während ich ihn betreute, versuchte er auch mich zu testen. Einmal beleidigte er mich, indem er fragte, ob ich viel Huhn esse. Ich bestätigte es, worauf er sagte:

»Darum redest und gackerst Du wie ein Huhn.« Oder einmal, als ich ihm etwas erzählte, meint er: »Kein Wunder, dass Dein Mann so reagiert. Du bist da zu stur.«

Er fragte dann nach, ob ich einem Mann einen blasen würde. Ich fand, dass ihn das rein gar nichts angehe. Er wollte wissen, ob ich es denn bei meinem Mann tue. Dahin gehend fühlte ich mich selbstsicher genug, um zu sagen, dass mein Sexleben nicht seine Sache sei. Als Mann interessierte mich Harry nicht im Geringsten. Heute mit mehr Lebenserfahrung kann ich sein Verhalten anders interpretieren. Die Energien in diesen Workshops waren immer sehr stark, forderten auch ihn zeitweise, sodass er Sex als Ventil benutzte. Er zwang keine Frau dazu, dessen war ich sicher. Das hatte er nicht nötig. Vermutlich bekam er jeweils, was er wollte oder zumindest meistens.

Ich entschied, solange im Team zu bleiben, wie ich davon profitieren konnte. Die Schulung war hart, forderte alle bis an die Grenzen des Machbaren und bis zur Erschöpfung, doch nach jedem Workshop vertiefte sich etwas vom Gehörten, das sich ja teilweise wiederholte. Menschen funktionieren sehr ähnlich. Mit der Zeit beobachtete ich auch, ob ich die Menschen gleich einschätzte wie Harry, und stellte fest, dass ich da noch etwas lernen konnte.

Teil des Workshopteams zu sein hiess auch, an den wöchentlichen Teamtreffen teilzunehmen, ohne das Leiterpaar. Jemand übernahm die Organisation des Abends und bereitete Übungen vor. Ein Übungsfeld war die Kommunikation. Wie kommuniziere ich, um Menschen für diesen Workshop zu gewinnen? Wie kommuniziere ich im Leben, um das zu erhalten, was ich will? Meine Begeisterung war wohl zu überschwänglich. Ich stiess die Menschen eher ab, als dass ich sie vom Wert des Workshops überzeugen konnte. Mein Bruder und eine Freundin meiner Eltern waren bereit, es auszuprobieren. Auf den Workshops, die in englischer Sprache gehalten wurden, begann ich Sequenzen simultan englisch-deutsch/deutsch-englisch zu übersetzen. In den Meditationen übernahm ich zeitweise ebenfalls die Führung in deutscher Sprache. Mein Leben machte mir Spass, wenn ich im Workshop war oder an den Teamabenden. Ich lernte so viel über mich und andere Menschen und betrieb intensiv Selbstbeobachtung! Jeder Workshop machte es mir möglich, mich besser kennenzulernen, noch mehr Grenzen zu sprengen. Wir wurden alle jedes Mal sehr gefordert – die Teilnehmer wie auch das ganze Team.

Jeder bekam einen Job zugeteilt und war verpflichtet, ihn hundertprozentig zu erfüllen. Es gab angenehmere und schwierigere Aufgaben und ich entschied, wenn ich den für mich anspruchsvollsten Job gewagt hatte, aufzuhören. Dass ich jedes Mal die Meditationen mit leiten und übersetzen konnte, war ein grosses Geschenk für mich und ich kam gut bei den Menschen an. Ich fühlte mich angeschlossen an einen Kanal von etwas unvorstellbar Grossem. Wir erhielten keine Bezahlung. Die Entwicklung auf Persönlichkeitsebene war Entgelt genug. Der für mich beängstigendste und unangenehmste Job war es, den Leuten am ersten Abend die Regeln vorzulesen. Es war dann auch meine Aufgabe eine strenge Strukturordnung und Zeitkontrolle durchzuführen. Normalerweise reagierten einige Teilnehmer sehr aggressiv, wollten frühzeitig aussteigen und es war die Aufgabe des Teams, das in der Pause aufzufangen. Meine Angst davor war so riesig, dass ich vorher therapeutische Unterstützung benötigte. Es war nicht die Angst, es nicht zu schaffen, sondern die Angst, mich unbeliebt zu machen. Die Lehrerin der Energieschule gab mir, obwohl ich die Ausbildung nicht beendet hatte, eine Supervisionssitzung. Als Visualisierungshilfe bekam ich den Tipp, mir vorzustellen, zwischen den Menschen und mir gäbe es eine durchsichtige Pyramide, die alles filtert. Also alles, was mir Angst machen könnte, würde neutralisiert. Ich übte das täglich, integrierte es in meine Meditation. Als ich vor der Gruppe stand, zitterte am Anfang meine Stimme und ich fixierte das Team im Hintergrund, das mich mit seiner Anwesenheit unterstützte. Ich atmete tief durch, stellte mir diese Pyramide vor und fühlte mich geschützt. Im Gegensatz zu früheren Erfahrungen, bei welchen ich wegen meiner Position Schwierigkeiten bekam, hatte ich überhaupt keine Probleme mit den Teilnehmern, als ich die Regeln bekannt gab. Jemand stellte eine Frage und damit war alles akzeptiert. Zum ersten Mal wurde mir bewusst, dass ich eine natürliche Autorität ausstrahle. Ja, während der ganzen dreieinhalb Tage lief es für mich reibungslos mit der Gruppe. Man glaubte mir, dass diese Regeln einen Sinn hatten und niemand muckte auf und ich war um eine wichtige Erfahrung reicher.

Dass ich danach meine Ehe und den Partner mit anderen Augen sah, versteht sich wohl von selbst. Ich liess mir immer weniger vorschreiben. Dann folgte eine Erweiterung nach der anderen. Ich meldete mich für eine Aktiv-Woche, einen Aku-Yoga-Kurs auf dem Stoos an. Es ging darum, während den Hatha Yoga Übungen mit gezieltem Druck Akupunkturpunkte zu aktivieren. Eine ganze Woche lernten wir, was Chakren sind, wie Akupunkturmeridiane unseren

Körper beeinflussen und vieles mehr. Wir meditierten, wir bewegten uns im Freien. Jeder Tag schenkte uns vier Stunden intensive Erfahrungen und immer wieder neue Übungen. Ich nahm alles begierig auf. Noch einmal veränderte sich der Kontakt zu meinem Körper, weil ich ihn ganz konkret energetisch kennenlernte. Wir lernten etwas über die Verbindung der Organe zueinander und über die zugehörigen Gefühle. Die Übungen waren wohltuend und mental unterstützte ich die Organe mit passenden Affirmationen.

Zusätzlich absolvierte ich weitere Workshops mit Harry und Sue. Jeder war einem anderen Lebensthema gewidmet, ich experimentierte und lernte dazu. So ernährte ich mich nach dem *Body-Life* Workshop zwei Jahre sehr bewusst und wählte den makrobiotischen Stil. Ich achtete darauf weissen Zucker, Weissmehl und vor allem E-Zusatzstoffe zu meiden, indem ich sehr bewusst einkaufte und kochte. Diese Ernährung kommt der heute bekannten veganen Ernährungsweise sehr nahe. Unsere Köchin, die während des *Body-Life* Workshops kochte, war nicht gegen tierische Eiweisse. Sie empfahl Fleisch und Fisch in einem verminderten und gesunden Mass zu konsumieren. Mein Körper durchlebte eine starke Läuterung. Ich fand die Themen so faszinierend, dass ich entschied, aus dem *Relationships-Team* auszusteigen und mich vornehmlich dem *Body-Life* zu verpflichten. Der *Body-Life-Workshop* war darauf ausgerichtet, sich mit dem Wohlbefinden im eigenen Körper zu befassen, sich Gedanken über Ernährung zu machen und es ging um die Akzeptanz des eigenen Körpers und es gab auch Meditationen und Übungen draussen. Jeden Morgen mussten wir vor dem Frühstück joggen gehen. Am Kurs sollten alle ungeschminkt erscheinen. Eine der Horrorübungen war, als ein paar Leute, sich im Badeanzug, in einer Reihe vor die Gruppe zu stellen hatten, um vom Rest der Gruppe beobachten zu lassen und das etwa 20 Minuten lang. Ich habe Blut geschwitzt, andere sind in Tränen ausgebrochen. Wir mussten vorne stehen bleiben, während die Sitzenden etwas über jeden von uns sagten und dann war es an uns zu beschreiben, was uns an uns selbst gefiel und was nicht. Da dachten welche, sie hätten zu dicke Beine oder seien zu dick und ich sah das nicht so. Andere fanden sich zu dünn, zu klein, zu gross etc. Die Unzufriedenheit der einzelnen war greifbar und teilweise total unverständlich. Was wir dabei lernten war, dass wir uns immer anders sehen als die anderen.

Während des *Body-Life* Workshops erlebte ich auch eine erste *Rebirthing-Übung*, d.h. Rückführung in den Mutterleib und die eigene Geburt.

Wir lagen entspannt auf dem Boden, hatten uns universell verbunden mit unserer Seelenfrequenz und erlebten die Verschmelzung von Ei und Samen, erlebten die Schwangerschaft und die Geburt. All das lief bei mir reibungslos ab und ich schien frühzeitig am Ziel zu sein, während die anderen noch in starken Prozessen waren. Nicht, dass dieses Ankommen auf Erden wirklich so reibungslos gewesen wäre, was ich eingangs schon beschrieben habe, doch scheinbar war es für mich noch nicht an der Zeit, dieses Geschehen gründlich zu erforschen. Ganz plötzlich verselbstständigte sich in mir das ganze Geschehen nochmals. Ich erlebte die Geburt meiner Tochter und schrie mir den Wehenschmerz von der Seele, den ich damals im Spital zurückgehalten hatte. Befreiung über Befreiung fand statt. Die Sitzung, bei welcher ich damit konfrontiert wurde, wie meine Eltern mich beim ersten und beim zweiten Mal empfangen hatten, fand erst etwa zwei Jahre später statt. Die Weisheit des Körpers ist unglaublich. So bot er mir fast linear zum Erleben dasselbe rückwärts, eins nach dem anderen.

Ein weiterer Workshop, war der *Leadership*, dessen Lernziel es war, Projekte erfolgreich durchzuführen und zu lernen wie man etwas Neues anpackte. Intensiv war er wie alle Workshops, doch die Quintessenz war für mich eine andere, als ich erhofft hatte. Im Grunde hoffte ich auf einen

Input zu neuen Aktivitäten beruflicher Art zu bekommen und dann geschah etwas Erstaunliches.

Ich lernte den Beruf Mutter und Hausfrau anzuerkennen, lernte alles, was ich gerade tat zu schätzen. Ich erkannte, dass die Zufriedenheit einer Mutter auch ein zufriedenes Kind hervorbringt. Letztendlich spielt es keine Rolle, was man tut, sondern es ist das Engagement, das zählt. Es ist wichtig, kreativ und offen zu bleiben mit der Absicht, das Beste zu geben. Die Frage war auch, wie viel Aufmerksamkeit ich dem schenkte, was ich tat.

Im Grunde wusste ich noch immer nicht genau, wohin mein Weg mich führen würde und ob ich zu mehr taugte, als diesen sporadischen Begleitungen von Gruppen. Ich versuchte, mich in meiner Rolle als Frau und Mutter neu zu definieren und auch wertzuschätzen. Ganz offensichtlich genügte ich mir trotzdem nicht. Ich organisierte einmal pro Quartal einen *Rebounding-Kurs*. Das waren Kurse mit höchstens sechs Leuten und ich fühlte mich damit recht sicher. Während des *Body-Life* Kurses hatten wir von einer Shiatsu-Therapeutin einen Einblick in ihre Arbeit bekommen und sie liess uns einige einfache Griffe aneinander ausprobieren. Viele fanden Gefallen daran und so baten wir sie, uns einen Kurzlehrgang in Shiatsu, für Laien, zu geben. Sie bot uns zehn Abende an, wo wir uns gegenseitig behandelten. Dieser Akt des Berührens fühlte sich irgendwie heilig an. Meine Hände waren wie eine Verlängerung meines Herzens und ich war nicht nur physisch, sondern auch energetisch verbunden. Das bestätigten mir diejenigen, die ich massierte und mir wurde gesagt, dass die Art, wie ich berühre, sehr wohltuend sei. Nun erkannte ich eine zusätzliche Fähigkeit, die in mir wohnte.

Wir kannten uns schon ziemlich gut und meine Teamleute wussten von meinen Yoga-Kenntnissen. Einige besuchten meinen *Rebounding-Kurs*, da ich jedes Mal ein Gerät zu den Workshops mitnahm, das gerne genutzt wurde. Meine neuen Freunde traten an mich heran mit der Anfrage, ob ich ihnen Aku-Yoga beibringen würde und das tat ich sehr gerne. Nach sieben Lektionen waren alle begeistert und empfahlen mir, weiter zu machen. Nun war ich auf Kurs und wusste, dass mein Schiff in die richtige Richtung steuerte.

Ein Zentrum, das, wie ich erfuhr, schon viele Jahre mit *Reboundern* arbeitete, wollte ich kontaktieren. Einer von Harry's Workshopteilnehmern ging dort ein und aus. In mir formte sich die Idee, mich dort zu melden, um mein Gerät vorzustellen. Allein der Gedanke in diese Richtung hatte genügt und ohne mein Zutun meldete sich eine der Leiterinnen dieses Zentrums für meinen nächsten Kurs an. Sie kam danach auf mich zu und meinte, dass ich gut in ihr Team passen würde. Es begann sich langsam eine sehr schöne und gute Zusammenarbeit zu entwickeln.

Die Faszination für Energien liess mich nicht mehr los. Ich wollte eine adäquate, therapeutische Ausbildung machen. Aber was genau sollte es sein? Bald fiel mir eine Ausbildungsbeschreibung in die Hände, die vieles beinhaltete, was ich bereits kannte. So entdeckte ich die *Polarity* Therapie nach Dr. Dr. Randolph Stone, die mein Wissen, meine Erfahrungen vertiefte und es zu einem Ganzen zusammenfügte.

Jedes Mal, wenn ich energetisch geschult wurde, mit Menschen arbeitete, fühlte ich eine starke Erweiterung meines Selbstes. Es öffneten sich neue Räume, in welchen ich zu mir fand. Das befreite mich auf der einen Seite, schien mich aber gleichzeitig auch von meinem Mann zu entfernen.

Durch intensive Energiearbeit und die damit einhergehende spirituelle Entwicklung entfremden sich viele Frauen von ihren Partnern. Es ist ein weitverbreitetes Phänomen. Die neue Selbstbestimmung, die Entdeckung dessen, was alles in uns steckt, neue Betrachtungsweisen machen uns zu Fremden für unsere Partner. Die Erkenntnis, dass Lebensziele plötzlich sehr unterschiedlich betrachtet oder gelebt werden können, strapaziert viele Beziehungen. Entwicklungen laufen nie linear und bei beiden gleichzeitig ab. Das macht es oft komplizierter. Das Bindeglied ist die Liebe, die Abhängigkeit oder der Wunsch, gemeinsam weiterzugehen.

Ich traf einen der Lehrer der *Polarity* Schule, der per Zufall in meinem Dorf wohnte. Er sondierte zuerst, wonach ich suchte und hörte sich meine Bedürfnisse an. Danach erklärte mir, wie mit dieser Therapie gearbeitet wird und dass es sich um eine ganzheitliche therapeutische Arbeit mittels Gespräch, Berührung, Übungen und Empathie handelt. Dass es um die Aktivierung der Selbstheilungskräfte geht und darum sich dessen bewusst zu werden, welche Botschaften der Körper aussendet. Das Gespräch überzeugte mich und ich meldete mich für die ersten Seminare an.

Diese fanden in der Regel während vier Tagen in verschiedensten Ausbildungszentren statt, sodass man gezwungen war, das normale Umfeld zu verlassen. Ich genoss diese Tage sehr, obwohl sie überaus intensiv waren. Jeder Kurstag begann mit *Polarity Yoga* Übungen und Meditation. Diese Form von Yoga unterschied sich deutlich von dem, was ich kannte, doch es waren sehr effiziente Übungen. Neue Berührungstechniken und Gesprächsführung wurden uns vorgeführt und wir übten diese dann zu zweit.

In den ersten Jahren wurde diese Therapieform in der Schweiz noch nicht anerkannt. Im Laufe der Zeit jedoch, als die Schule immer strukturierter wurde, nämlich kurz bevor ich meine Ausbildung beendet hatte, waren wir bereits bei 70% der Krankenkassen anerkannt. Das verdankten wir auch der Bildung unseres Berufsverbands und der intensiven Informationsarbeit.

Als wir uns während der Ausbildung mit dem Thema Sucht befassten, wurde mir meine Abhängigkeit von meinem Partner bewusst. Es war eine emotionale, wie es schien, suchtartige Beziehung. Ich stufte mich als beziehungssüchtig ein, denn ich entdeckte, dass ich mich über meinen Mann definiert hatte und süchtig nach Anerkennung in der Beziehung, wie auch im Aussen war. Ich hatte schon jahrelang an meinem Selbstwert gearbeitet und trotzdem definierte ich mich immer noch stark über meinen Mann. So wie er sich über das Geschäft definierte, tat ich es über die Ehe und empfand seinen Erfolg auch als meinen. Nun man kann sich denken, dass ich ihn nicht so einfach aufgeben konnte. Er war für mich der Beweis, dass ich etwas wert war. Vielleicht war es gut, dass ich so wenig Bestätigung von seiner Seite erhielt. Immer wieder warf es mich auf mich selbst zurück.

Ich begegnete während der therapeutischen Ausbildung Männern, die viele weibliche Anteile lebten und Gefühle zuliessen und zeigten. Ich entdeckte, dass es genau das war, was mir bei meinem Mann fehlte. Mich beeindruckte seine willensstarke und intelligente Seite und ausserdem fand ich ihn gut aussehend und interessant. Mit Bedauern stellte ich fest, dass keine Herzintelligenz wahrnehmbar war. Diese Qualitäten schienen tief vergraben zu sein. Die weibliche Komponente mit gelebtem Mitgefühl, Hingabe oder loslassen können, fehlte ihm, wie bei 95 Prozent der erfolgreichen Geschäftsherren, die sich an Karriere, Macht und Verstand orientieren. Eine nicht vom Verstand gesteuerte, liebende Annahme von Menschen scheint in vielen Kaderfunktionen auch heute noch zu fehlen. Ich erkannte und begann die weichere, männliche Wesensart zu schätzen. Leandro hatte bereits weibliche Anteile, die ich hatte geniessen dürfen, doch sie waren noch nicht so ausgeprägt, wie bei diesen Männern, die heilerisch und therapeutisch tätig werden wollten oder bereits waren. Mit meinem neuen Wissen begann ich gewisse Mechanismen unserer Ehe zu verstehen und wollte meinen Mann fördern, indem ich ihm sein Manko bewusst machen wollte und so immer mehr zu seiner Therapeutin mutierte.

Das war ein grosser Fehler, wie ich nachträglich feststellen konnte. Es ist eine der undankbarsten und vielleicht auch sinnlosesten Bemühungen, die eine Frau machen kann, wenn sie sich in einer so nahen Beziehung auf die Ebene einer Therapeutin auf psychologischer Ebene begibt. Anders ist es bei Krankheiten oder wenn es um Pflege geht, das kann einen noch näher zueinander führen. Psychologisch orientiertes Verhalten hingegen dient keiner Liebesbeziehung. Da ich mich ständig hinterfragte und versuchte, meine Schwächen zu erkennen, wurde daraus eine tägliche Aufgabe. Ganz automatisch hatte ich die Erwartung, dass er es auch tun würde und er tat es, doch auf ganz anderen Gebieten. Wie heisst es so schön: Wenn Du Dich änderst, kann der andere gar nicht anders, als sich ebenfalls zu verändern. Doch auch hier lief die Veränderung nicht so ab, wie ich es mir gewünscht hätte. Ich hatte das Ziel, eine gute Ehe zu führen, und ich glaubte, dass er das auch wollte. Es misslang gründlich.

Natürlich verändert sich ein Mensch konstant, doch in welche Richtung? Ein Mensch lebt in verschiedenen Rollen und in einigen ist er festgefahren, in anderen muss er sich bewegen. Bei Männern läuft es hauptsächlich über den beruflichen Weg, wo man mentale Fähigkeiten ausleben kann, wo Strategien gebraucht werden. Ich entwickelte mehr Verständnis, auch Akzeptanz für meine Mitmenschen und es gab Momente, da schien ich mich meinem Mann wieder anzunähern, doch es dauerte nicht lange und er stiess das alles wieder von sich. Ich hatte eine neue Zufriedenheit und Ausrichtung gefunden und war angekommen – in mir – besonders dann, wenn ich meine Kurse gab und die ersten Klienten zu Hause empfing. Es erfüllte mich mit Freude. Unsere Partnerschaft schien davon nicht zu profitieren.

4 AUFBRUCH

ERÖFFNUNGEN

Ich fühlte ich mich für das Wohlergehen meiner Familie voll verantwortlich, wollte, dass es meinem Mann und meinem Kind gut geht, und unterdrückte meine eigenen Bedürfnissen, woraus eine latente Unzufriedenheit unterschwellig lauerte. Gefangen im Helfersyndrom wurde ich depressiv, ohne es zu bemerken. Ich fühlte nur eine stärker werdende Resignation. Meinem Umfeld fiel meine Veränderung auf. Selbst Leute im Dorf, die mich nur oberflächlich kannten, sprachen mich darauf an, ob es mir gut ginge. Weil ich nicht mehr die Kraft hatte, so weiterzuleben, ging ich zum Arzt, der sehr verständnisvoll war und mir eine Auszeit empfahl. Ich wollte jedoch nicht ohne Nena zur Kur gehen. Immerhin fühlte ich mich verstanden und es beruhigte mich ein wenig, dass ich diese Möglichkeit hatte.

Inzwischen war ich fast nur noch glücklich, wenn ich in Ausbildungskursen war. Von einer starken Sehnsucht erfüllt, begegnete ich in einem der Kurse einem Kollegen, der sehr feinfühlig war. Er gefiel mir, war unglaublich liebe- und verständnisvoll. Als wir in einer Übung zusammenarbeiteten, war es um mich geschehen. So einen Mann wollte ich. Jemand, der so feinfühlig und achtsam mit Menschen umgehen kann, ist ein Geschenk. Wir trafen uns danach ein-, zweimal und ich stellte fest, dass er mich mochte, aber nicht auf dieselbe Art wie ich ihn. Seine Haltung mir gegenüber war sehr aufmerksam, doch ohne das Bedürfnis mich berühren zu wollen. Mich zog es mit jeder Faser zu ihm, was ich nicht aussprechen musste, weil er es energetisch wahrnahm. Meine Versuche ihm schriftlich meine Liebe zu gestehen, nahm er in einem einfühlsamen Schreiben dankbar auf, gab mir jedoch deutlich zu verstehen, dass die Tatsache, dass ich verheiratet war, ihn bremste, sich tiefer auf mich einzulassen. Er sei sieben Jahre durch die Hölle gegangen, eine verheiratete Frau zu lieben, die sich nicht entscheiden konnte, ihren Mann zu verlassen. Ausserdem erklärte er mir, – und da erinnerte er mich an Leandro – dass er nicht der ausschlaggebende Grund für eine Trennung sein wollte. Wieder begegnete mir dieses Paradoxon. Diesmal war ich bereit, mich ernsthaft mit einer Trennung auseinanderzusetzen, egal ob es einen anderen Mann in meinem Leben gab oder nicht. Ich hatte Visionen für die Zukunft und meine Arbeit, die sich zu entwickeln begann. Das gab mir Kraft.

Mein Mann und ich stritten uns so oft, dass gar keine Nähe mehr möglich war. Ich entschied, aus dem ehelichen Schlafzimmer in mein kleines Büro, das auch als Gästezimmer diente, zu ziehen und liess meinen sehnsuchtsvollen Träumen von diesem Therapeuten freien Lauf. Meine Sehnsucht entwickelte sich zu einer qualvollen Sucht. Tägliche Gedanken, Hoffnungen, ab und an ein Brief. Ich konnte fast nichts mehr anderes denken. Er verhielt sich weiterhin liebenswürdig, wenn wir uns begegneten und gleichzeitig unnahbar. In dieser Zeit half mir meine tägliche Yogapraxis. Sie war meine Rettung, um nicht durchzudrehen.

Ich organisierte Samstage oder Privatstunden, bei welchen ich den Menschen *Rebounding* beibrachte. Dies und alle Dinge, die dazugehörten wie Werbung, Versand von Briefen oder E-Mail-Korrespondenz, gaben mir Auftrieb. Als die Anfrage des auf *Rebounding* spezialisierten Zentrums an mich gerichtet wurde, griff ich freudig zu. Ich sollte nun regelmässig einen Abendkurs geben und Tages-Workshops begleiten. Auf der beruflichen Ebene lief es durchwegs positiv. Wenn nur die Entwicklung meiner Ehe sich ebenso gestaltet hätte!

Etwas nicht Greifbares stimmte nicht in unserer Ehe. Aber was? Mein Mann wich geschickt aus, wenn ich Fragen stellte. Irritierend fand ich, dass er zum dritten Mal in Folge das Bedürfnis hatte, ohne mich Ferien zu machen, wo er sich doch als Familienmensch bezeichnete. Mit ziemlich fadenscheinigen Kommentaren wollte er mich aussen vor lassen. Wenn es einen Grund dafür gab, wollte ich ihn wissen. Ich wartete auf eine gute Gelegenheit, es in Ruhe anzusprechen. Eines schönen Sonntagmorgens, mein Mann und ich lagen gemeinsam am Swimmingpool, tranken genüsslich Sekt, die Stimmung war locker und alles hätte gut sein können, wäre da nicht meine Wahrnehmung die hartnäckig sagte, dass es anders war. Unsere Tochter spielte zufrieden im Sandkasten. Familienidylle pur, von aussen gesehen.

Einem Impuls folgend entstand folgender Dialog:

»Ich möchte gerne etwas sehr Persönliches von Dir wissen«, begann ich.

Er grinste: »Was soll denn das sein?«

»Wir kennen uns nun seit 20 Jahren und Du weisst, dass Du für mich der erste Mann warst. Wir sind schon so lange zusammen, dass unsere sexuellen Bedürfnisse nicht mehr dieselben sind. Hast Du Dir auch schon einmal überlegt, wie es mit jemand anderem wäre?«

»Ja, das habe ich.«

Ich schluckte, weil mir etwas die Kehle zuschnürte: »... und hast Du es auch mal ausprobiert?«

Er zögerte ...

»Weisst Du, ich wollte es einfach mal wissen, wie das mit einem anderen Mann ist und ich habe es ausprobiert.«

»Aha. Und?«

Schweigen.

Ein schwieriger Moment. Dann versicherte ich mir, dass ich nicht viel zu verlieren hatte. Es war für mich ausserdem wichtig, endlich Klarheit zu schaffen und zu bekommen, alles andere war Gift für unsere Ehe. Da meine Aussenbeziehung schon so lange zurücklag, fühle ich mich frei, zu gestehen.

»Es gab eine Zeit lang einen anderen Mann in meinem Leben, doch das ist schon lange vorbei. Wie sieht es bei Dir aus?«

Schweigen.

»Kenne ich diesen anderen Mann?«

»Spielt das noch eine Rolle?«

»Vielleicht.«

»Ja, es ist Leandro, den ich jedoch seit 3 Jahren weder gesehen noch gehört habe.«

Er schnaubte: »Dachte ich mir das doch. Dieser Ehebrecher!« Letzteres kam ziemlich heftig aus ihm heraus.

Ich besänftige ihn: »Ich habe eingesehen, dass mir unsere Ehe mehr wert war, als der Seitensprung.«

Dann fügte ich hinzu: »Jetzt möchte ich von Dir wissen: Hast Du schon mit einer anderen Frau geschlafen, seit wir zusammenleben?«

»Ja.«

»Ist das schon lange her?«

Zögernd: »Nein.«

Mir wurde eisig kalt ums Herz. War es Angst, Angst vor der Enttäuschung? Plötzlich machten gewisse Verhalten Sinn.

»Also sag schon, läuft das noch?«

»Ja«

Obwohl ich schon lange etwas Ähnliches vermutet hatte, war ich doch wie erschlagen.

Als ich ihn eindringlich anschaute, nannte er mir den Namen der Frau. Schlimmer als diese Eröffnung war, als ich später feststellen musste, dass seine ganze Familie und seine Freunde davon wussten. Es war eine Erleichterung endlich zu wissen, warum meine Bemühungen die Ehe zu verbessern nicht fruchteten. Ich wusste natürlich, dass auch ich meinen Teil dazu beigetragen hatte. Nun galt es mit der neuen Erkenntnis klarzukommen.

Er eröffnet mir des Weiteren: »Sie hat kürzlich von mir verlangt, Dir klaren Wein einzuschenken oder sie würde unsere Beziehung beenden. Sie will endlich eine Entscheidung von mir.«

Also hatte ich intuitiv diesen Druck wahrgenommen und eine Lösung war in Sichtweite. Doch was jetzt? Ich wartete mit Tränen in den Augen ab, bis er sagte:

»Für mich hast Du Gewohnheitsrecht. Ich will unsere Familie nicht zerstören.«

Wie nannte er es noch? Ich glaubte, mich verhört zu haben: *Gewohnheitsrecht?*

Er fuhr fort: »Ich kann Dir auch gleich sagen, dass wir schon daran sind, diese Beziehung aufzulösen.«

So war das also. Kein Wort von: »Ich will bei Dir bleiben, weil ich Dich auch liebe, weil Du eine gute Frau für mich bist.«

Nein, nichts dergleichen kam. Den Ausdruck *Gewohnheitsrecht* empfand ich als ziemlich demütigend.

Er sagte: »Du hast unsere Ehe mit Deinem Verhältnis zu Leandro zerstört. Darum bin ich auch fremdgegangen. Es wird lange dauern, bis ich Dir wieder vertrauen kann.«

»Ich hatte also zerstört? Ich war schuld?« Es machte keinen Sinn, das ausdiskutieren zu wollen. Ich musste diese Erkenntnisse erst mal verdauen.

Wie schon so oft gab ich unserer Ehe noch eine Chance, jetzt da Klarheit herrschte. Ich konnte gar nicht zählen, wie viele es in den vergangenen 5 Jahren gewesen waren. Mein Mann sagte mehrfach, er wolle unsere Ehe aufrechterhalten, doch ich war gar nicht mehr so sicher, ob ich das noch wollte. Kurz nach diesem Gespräch besuchte er mich eines Abends in meinem Zimmer. Inzwischen hatte es sich eingespielt, dass wir so alle 3-4 Monate einmal miteinander schliefen. Wir kamen uns dadurch nicht näher. Es war wohl eher eine Alibiübung und eines der Zeichen für die unsichere aber doch beständige Fortführung dieser Ehe. Dieses Mal geschah etwas völlig Unerwartetes für mich. Wir liebten uns intensiv und dieses Mal bedeutete der Akt ein verzweifeltes Suchen nach etwas, was nicht mehr da war. Gegenseitige Liebe, Vertrauen, Zusammengehörigkeitsgefühl, waren wie weg geblasen. Wider Erwarten gipfelte der Akt in einem starken, gleichzeitigen und beiderseits erlebten Orgasmus, wie wir ihn schon lange nicht mehr erlebt hatten. Leider kein Glücksgefühl, sondern Schluchzen erschütterte mich danach. Es war eine tief gefühlte Verzweiflung, die für mich eine Art Schlusspunkt bildete. In dem Moment war mir das noch nicht klar, doch ein anderer Teil von mir wusste, dass es das letzte Mal war, dass ich mit meinem Mann geschlafen hatte.

Wenn ich nachträglich diesem Erleben auf den Grund gehe, dann ist die Intensität vergleichbar mit der Verzweiflung um das innere Wissen einer sehr grossen, tiefen Liebe, die auf der normalen Ebenen nicht gelebt werden kann.

Einige Tage später sass ich eines Morgens, nachdem mein Töchterchen in die Schule gegangen war, auf unserem Ehebett, in welchem es für mich keinen Platz mehr gab. Ziemlich verzweifelt fühlte ich mich und total leer. Etwas in mir schien auf Empfang zu sein. Aus heiterem Himmel hörte ich eine sehr laute Stimme, die zu mir sprach. Nur drei Worte, doch so klar und deutlich, dass ich sie nicht überhören konnte:

»Geh, geh, geh!«

Mir war auch sofort klar, was gemeint war. Ich bekam Angst – grosse Angst vor einer definitiven Entscheidung, denn ich wusste, wenn ich ginge, dann würde es das Ende unserer Ehe sein.

Sehr bald darauf entdeckte ich, dass mein Mann den Kontakt zu der anderen Frau weiter pflegte und es mir weiterhin verheimlichte. Es fühlte sich für mich nie so an, als hätte er es beendet. Durch puren Zufall erhielt ich die Bestätigung. Traurig war, dass es am selben Tag Anzeichen einer Annäherung gab, die vielversprechend schienen und wohl nur dem schlechten Gewissen seinerseits entstammten. Das liess mich vollends die Hoffnung aufgeben. Später freundete ich mich mit dieser Frau an und sie bestätigte mir, dass auch sie immer das Gefühl hatte, dass er sie nicht aufgeben wollte, mich, seine Familie aber auch nicht.

Ich hatte vor einiger Zeit begonnen, Loslösungsrituale zu praktizieren. Es waren Visualisierungen, wie ich mich von Dingen und Menschen löse, um meine Ängste zu reduzieren. Es war eine sehr konkrete Übung, die ich nun mit allem tat, was ich loslassen wollte.

Als unsere Gespräche sich wie so oft im Kreise drehten, konnte ich es nicht länger ertragen.

Ich fragte ganz konkret: »Wenn wir uns trennen, wer geht aus dem Haus?«

»Du bist doch diejenige, die hier nicht zufrieden ist. Mir gefällt es hier.«

Es wurde schnell klar, dass ich etwas unternehmen musste, sonst würde sich nichts verändern. Es fiel mir schwer und doch machte es Sinn, wenn ich es war, die auszog. Ich hätte mir das Haus nicht leisten können, ganz zu schweigen vom ganzen Umschwung der gepflegt werden musste. Ich suchte nach einer Wohnung im näheren Umkreis und nahm zu Besichtigungen Nena mit. Ihre Hauptsorge war, dass sie die Schule würde wechseln müssen, darum bemühte ich mich, eine Wohnung im Ort wo wir wohnten zu finden. Bereits die dritte die wir anschauten, passte. Ja, alles schien bereit zu sein, damit es schnell klappte und das, obwohl ich keine Sicherheiten hatte. Mein Einkommen war nicht der Rede wert, Garantien konnte ich dem Vermieter keine bieten und ich hatte auch keine Ahnung, wie viel Geld ich zur Verfügung haben würde. Das kümmerte mich nicht wirklich und den Vermieter scheinbar auch nicht. Er vertraute mir – schloss den Mietvertrag ab, ohne eine Kaution zu verlangen, ohne Garantien, auch ohne mich zu kennen. Ich entdeckte ein Jahr später in meinem Traumtagebuch, dass mir genau diese Wohnung eines Nachts erschienen war. Sie hatte auf mich gewartet.

An Pfingsten zog ich aus unserem gemeinsamen Haus aus und hatte Hilfe von lieben Freunden. Es ging alles ganz einfach. Ich war überrascht, wie einfach! Von den Möbeln nahm ich nur das Allernotwendigste mit. Ich wollte neu anfangen. Mein Mann war für das Wochenende verreist und wollte weder dabei sein, noch helfen.

Am nächsten Morgen, als ich in meinem neuen Heim erwachte, war es, als würde sich ein Ring um meine Brust lösen – ich atmete freier, mein Herzchakra wurde weit, sehr weit! Obwohl das Leben mich jetzt noch mehr forderte, weil die ganze Verantwortung auf mir lastete, war ich zufrieden. Zum ersten Mal lebte ich ohne einen Mann an meiner Seite. Bald feierte ich meinen vierzigsten Geburtstag. Die Yoga-Tätigkeit und die therapeutische Arbeit entwickelten sich bestens und meine Tochter blühte auf. Für sie war der Stress zwischen den Eltern eine Belastung gewesen, was sich erst jetzt zeigte. Sie entwickelte sich vom ruhigen in sich gekehrten Kind zu einem fröhlichen und lebhaften Mädel.

Diskussionen, die meinen Mann und mich nicht weiterbrachten, bestärkten mich, den eingeschlagenen Weg weiter zu verfolgen und die Scheidung einzureichen. Ein Jahr später wurden wir geschieden. Für mich begann ein ganz neues Kapitel meines Lebens. Nach der Scheidung war für mich ganz klar, dass ich eine längere, nicht definierte Zeitspanne, ohne Beziehung zu einem Mann leben wollte. Mich selbst neu finden, heilen, was zu heilen war, meine neue Freiheit kennenlernen.

Als Yogalehrerin bot sich mir die Option, Askese zu leben. Beim Auszug hatte ich bewusst nur das mitgenommen, was absolut notwendig oder mir wichtig war. Meine eigene Wohnung sollte ein rundum neuer Lebensabschnitt werden. Ich schlief auf einer Matratze am Boden, wie mit zwanzig. Im Wohnzimmer hatte ich weder ein Sofa noch Sessel, nur Kissen am Boden. Den antiken Esstisch hatte ich mitgenommen, der meinem Mann nie wirklich gefallen hatte.

Vollkommene Askese schien nicht mein Lebensweg zu sein. Etwas daran widerstrebte mir – nämlich, auf alles zu verzichten, was schön oder wohltuend ist. Warum auch, ich wollte mich doch nicht bestrafen! Für mich ist ein schönes Zuhause wichtig und nach einem Jahr hatte ich mich so eingerichtet, wie es mir gefiel und entsprach. Auch qualitativ gutes, gesundes und schmackhaftes Essen war mir wichtig. Ich besass schönen Schmuck aus Edelsteinen, meistens Erbstücke oder Geschenke meiner Eltern, mein Auto, das ich nicht missen wollte und ich hatte auch genügend Geld, um mit meiner Tochter in die Ferien verreisen zu können. Die Askese konnte sich also am ehesten auf die Sexualität beziehen und für den Rest verzichtete ich gerne auf Schickimicki-Dinge. Was Sex anbelangte glaubte ich, nichts zu verpassen. Heute kann ich über meine Einfalt lachen. Ja, ich war trotz einer langen Ehe, trotz einer weiteren innigen Beziehung immer noch ziemlich unbescholten. Mir wurde bewusst, wie belastet dieses Thema allgemein ist und wie viele Ehen genau da einen Knackpunkt haben. Also würde ich in Zukunft darauf verzichten. So dachte ich. Doch wäre das Thema für mich tatsächlich beendet gewesen, wäre dies auch das Ende dieses Buches gewesen.

Es gab noch zuviel zu erforschen. Als Nächstes stellte sich für mich die Frage: »Ist Vermeidung von etwas, das schwierig ist, die Lösung?«

Ich denke, die Antwort kennen wir alle. Du liebe Leserin/lieber Leser bist nicht per Zufall hier in meinem Leben *gelandet*. Du weist, wovon ich spreche. Zudem war da meine Neugierde, *»wissen und erfahren wollen«*. Zum Beispiel, warum in der indischen Mythologie und ihren Monumenten die Vereinigung von Mann und Frau ständig vorkommt und sogar abgebildet ist? Warum finden sich Beispiele von körperlicher Liebe und Begehren in der Kunst, kommen in der Dichtung vor? Letztendlich: Gilt es da noch etwas zu erlösen, was unerlöst ist? Etwas zu erkennen?

Vermeidung ist nie die Lösung, bei keinem Thema. Sexualität zu verneinen bedeutet, sich auch auf keinen Mann oder Menschen mehr einlassen zu wollen. Wir alle sind sexuelle Wesen und können auf physischen Sex verzichten, doch die sinnliche Erfahrung, wenn Freude, Glück durch unseren Körper strömt, hat, wenn auch indirekt, mit Sexualität zu tun. Damals schien es mir ein Leichtes, die körperliche Liebe mit vierzig Jahren zu verabschieden.

Es gelang mir tatsächlich, meine sexuellen Gelüste umzupolen, sie nicht mehr nach aussen zu projizieren. Wenn ich meditierte, dann erfüllte mich eine Energie, die mir Ruhe schenkte und ausgleichend wirkte. Ich gönnte mir regelmässig entspannende Massagen. Immer noch schmerzte mein Körper, mal war es der Nacken, mal die eine Schulter oder das Knie. Ich war auf der Suche nach Erlösung.

Vorläufig hatte ich keine finanziellen Probleme. Ich konnte mich also meiner Entfaltung in diesem neuen Lebensabschnitt widmen und gut für meine Tochter und mich sorgen. Später, als es dann so weit kam, wurde ich doch noch mit dem Thema Existenzangst konfrontiert. Momentan jedoch ging es darum, mich neu zu organisieren.

Oft dachte ich an Leandro, den ich nach wie vor liebte und oft vermisste. Mir fehlte der Mut, ihn zu kontaktieren. Was hätte ich denn sagen sollen: »*Du, ich bin jetzt frei, willst Du mich noch?*«Wollte ich wieder eine Beziehung mit ihm oder wäre es einfach nur schön, ihn wieder zum Freund zu haben?

Oder sollte ich sagen: »*Jetzt würde mir keiner mehr in unsere Beziehung reinreden, ist das nicht schön?*«Ich war ziemlich sicher, dass ich es verbockt hatte. Sein Vertrauen wieder zu gewinnen, käme einem Wunder gleich. Nur eine winzig kleine Hoffnung war da noch.

Auch alleine mit meiner Tochter lebte ich auf, baute mir in vielerlei Hinsicht eine Eigenständigkeit, die mir neu war. Tägliche Meditationen mit Affirmationen und ein Buch von Melody Beattie, das mich schon in der letzten Phase meiner

Ehe begleitet hatte – *Kraft zum Loslassen* – waren mir eine grosse Unterstützung. Ursprünglich wurde das Buch für die Anonymen Alkoholiker geschrieben, die oft Beziehungsprobleme haben und wo sich dieselben Symptomen zeigen, wenn es sich um Abhängigkeiten handelt.

Es gab sie, diese traurigen und verzweifelten Momente der Überforderung und dann wandte ich mich wie schon früher so oft an meinen geistigen Geliebten: Jesus Christus. Ich lud ihn ein, bei mir zu sein und fühlte mich getröstet. Ich nannte ihn *meinen Geliebten* und wusste, dass diese Liebe mich nie enttäuschen würde. Ich kaufte mir ein Bild seines Antlitzes. Wenn ich ihn eindringlich anschaute und dann meine Augen schloss, blieb ich in Verbindung mit ihm. Er war mir näher als Gott und ich sah ihn auch nicht als Gottes Sohn, sondern als Verkörperung von etwas sehr Heiligem auf Erden, ja etwas sehr Mutigem. Es schien mir erstrebenswert, seinem Denken zu folgen, sein Handeln zu würdigen, sein Wort zu vertiefen in mir. Ich hatte als Kind eine Jugendbibel geschenkt bekommen und las tief beeindruckt seine Gleichnisse. Er wurde nun der männliche Part in meinem Leben.

Mein kleiner Meditationsaltar nahm Formen an. Da gab es eine weiche Yogamatte mit einem sehr schönen Seidenkissen, worauf ich mich setzen konnte, eine Kerze, es gab Räucherstäbchen, schöne Steine und meine Affirmationsbücher.

Täglich praktizierte ich Yoga und unterrichtete auch regelmässig. Ich begann im CHI-Zentrum *Yoga kombiniert mit Rebounding* zu unterrichten. Zusätzlich konnte ich Meditationskurse geben, auf die ich mich ebenso gewissenhaft vorbereitete wie auf meine Yoga-Stunden. Der im Zentrum tätige Arzt gab mir die Möglichkeit therapeutisch zu arbeiten und schickte mir Patienten. Ich hatte meine Ausbildung noch nicht abgeschlossen, doch er vertraute meinen Fähigkeiten voll und ganz. Üben konnte ich vorher schon zu Hause mit Freunden, mit meinem Atemschullehrer und einer Kundin, die sich alle regelmässig von mir behandeln liessen. Jetzt hatte ich offiziell den Status einer Therapeutin und das ohne jegliches Diplom. Mit grösster Wahrscheinlichkeit war anzunehmen, dass es nicht mein erstes Leben war, in welchem ich für Menschen heilerisch tätig war.

Eine wichtige Episode widerfährt mir in dieser Zeit. Ich sitze eines Abends ganz gemütlich im Wohnzimmer auf meinem improvisierten Sofa am Boden, gedämpftes Licht umgibt mich und ich schaue hinaus in den Abendhimmel, der sich mir darbietet. Mein Wohnzimmer erlaubt einen weiten Blick in die Berge und es ist mir, als würde ich selbst hoch oben auf einem Ast wohnen mit schönem Rundblick.

Es ist still und ich horche in diese Stille hinein. Da drängt sich mir eine Frage auf. *Wer oder was kann mir jetzt weiterhelfen?* Plötzlich nehme ich die Präsenz eines männlichen Wesens vor mir wahr. Ich kann seine Gesichtszüge nicht erkennen, doch ich höre eine Stimme, die ganz langsam und deutlich sagt:

»Yogananda.«

Ich frage zurück: »Yogananda?«

Ich höre die Stimme sagen: »Ja.«

Innerlich frage ich zurück: »Wer bist du, wer ist Yogananda?«

»Ich bin Sai Baba und verkörpere Christus auf Erden, geh und suche nach Yogananda.«

Ich empfinde seine Präsenz als sehr wohltuend, bedanke mich und weg ist die Erscheinung.

Ich kenne weder diesen Sai Baba noch habe ich je etwas von einem Yogananda gehört. Ich habe nie einen Guru gesucht und war auch nie einem gefolgt. In solchen für mich heiligen Momenten vertraue ich meiner Wahrnehmung. Also schreibe ich mir beide Namen auf. Zum ersten Mal erlebe ich eine solche Erscheinung und empfinde ein tiefes Gefühl von Verbindung und Dankbarkeit. Am nächsten Tag mache ich mich auf den Weg in eine grosse Buchhandlung und frage nach. Beide Namen sind dort bekannt.

Ich kaufe die *Autobiographie eines Yogi* von Yogananda und ein Buch über den noch in Indien lebenden Sai Baba. Das Buch von Sai Baba ist schnell gelesen und ich spüre tatsächlich eine Kraft von diesem Menschen ausgehen. Natürlich bin ich freudig erregt, dass er mich besucht hat. Viele Jahre später werde ich in der Nähe seines Ashrams sein, doch ich werde weder das Bedürfnis empfinden dorthin zu gehen, noch ihn leibhaftig zu treffen. Wenn einer schon zu mir ins Wohnzimmer kommt, warum sollte ich ihn dann noch aufsuchen? Massenansammlungen sind nicht mein Ding und es sind Massen von Leuten, die zu ihm hin pilgern.

Ich begann mich mit Yogananda zu befassen und jedes Mal, wenn ich, auch heute noch, in diesem Buch lese, ergreift mich eine Schwingung, als würde ich in eine andere Ebene katapultiert. Ich verstand einiges nicht und anderes sofort. Es war mir jedoch klar, dass hier etwas Mystisches geschehen war. Er hat ein Jahr, bevor ich geboren wurde den Körper verlassen und ist mir so nah, als würde er noch leben, wenn ich seine Zeilen lese. Eine weitere Gestalt beeindruckte mich in ihrer Konsequenz tief, sein Lehrer Sri Yukteswar. Seine weisen Worte erfüllten meine Seele, weil ich darin tiefste Wahrheit erkannte.

Je mehr ich in diesem Buch las, desto mehr fühlte ich mich zu Hause und verstand oder glaubte, zu verstehen. Es gibt die Heimat, in welche wir hineingeboren werden und es gibt eine geistige Heimat. Indien ist ganz offensichtlich meine geistige Heimat.

EIGENLEBEN

So wie ich früher Männer bewunderte, so lehnte ich sie jetzt mehrheitlich ab. In den Jahren nach meiner Scheidung holte ich sie sukzessive vom Thron, auf den ich sie gesetzt hatte.

Nach zwei Jahren der spirituellen Erfahrungen und nachdem mein Leben in neuen und ziemlich geregelten Bahnen verlief, entstand das Bedürfnis auszugehen, Vergnügen zu haben, auch ohne spirituellen oder therapeutischen Hintergrund. Das Ganze begann mit einem schönen Ausflug ins Elsass mit Jahrgängern aus meinem Ort. Es wurde ein schönes und interessantes Wochenende mit Besichtigungen und gutem Essen. Am Abend gingen wir tanzen und es machte so viel Spass, dass ich einen meiner Bekannten fragte, ob er eventuell jemanden kenne, der gerne ab und zu mit mir tanzen gehen würde. Sofort wusste er, wer da infrage käme. Zwei Wochen später entstand der erste telefonische Kontakt mit Ami, der wirklich nett wirkte am Telefon. Wir trafen uns zum Abendessen und waren einander sofort sympathisch. Beim zweiten Treffen gingen wir tanzen. Nach dem Tanz fuhr er mich heim, und wir verabredeten uns für weitere Treffen. Er erzählte mit Begeisterung von den USA. Alles aus Amerika, besonders amerikanische Autos, Frauen, *Lifestyle* allgemein, Texas im Besonderen und *Cowboy-Lifestyle*, sagten ihm zu.

Schon bei unserem zweiten Treffen spürte ich eine zurückhaltende und schöne Sinnlichkeit von ihm ausgehen, sanft und sexy zugleich. In seinen Armen zu tanzen fühlte sich wunderbar an und er roch so gut. Er brachte meine Widerstände *gegen Mann* zum Schmelzen. Ami erzählte mir von seiner letzten Geliebten, einer Amerikanerin, in die er sich zwei Jahre vor unserer Begegnung unsterblich verliebt hatte. Für ihn war sie *DIE* Idealfrau. Das bewirkte, dass er sich von seiner Frau trennte. Als er seine Traumfrau ein Jahr später wieder besuchen wollte, war sie unauffindbar. Als ich ihn kennenlernte, litt er immer noch unter diesem Verlust. Da er kein Frauenverächter war, liess er sich bald auf andere amerikanische Frauen ein. Er wünschte sich, einmal mit zwei Frauen gleichzeitig zu schlafen. Als es dann soweit war, reagierte er zum ersten Mal mit Impotenz. Er war zutiefst in seiner männlichen Würde getroffen. Die seelische Narbe bewirkte, dass seine Potenz für längere Zeit stark eingeschränkt war. Sein allergrösster Wunsch war nach Amerika auszuwandern und dort ein eigenes Geschäft aufzubauen. Das war der Stand, als ich ihn kennenlernte. Beruflich ging er gerade durch eine ziemlich schwierige Zeit hindurch und so war natürlich das Ausgehen mit mir eine willkommene Abwechslung.

Ich staunte nicht schlecht, was Ami sonst noch alles erlebt hatte. Vielschichtig waren seine Erfahrungen in Bezug auf Sexualität. Einmal heuerte er über ein Inserat bei einem Ehepaar als Callboy an. Der Mann, ein älterer, gebildeter Herr, erlaubte seiner Frau einen Liebhaber, weil er nicht mehr fähig war, ihren Bedürfnissen gerecht zu werden. Die Bedingung des Ehemannes war, dass sich seine Frau nur mit Ami traf, wenn er dabei sein konnte. Das Ganze wurde, wie er mir erzählte, sogar gefilmt und diente der Lustförderung. Als der Mann starb, habe die Frau die Filme vernichtet und sie hätten sich nicht mehr getroffen. Ich war erstaunt, wie klar hier die Abgrenzung geklappt hatte. Sex als genussvolles Abenteuer und nichts weiter. Ami erklärte mir, es sei ein schöner Job gewesen, in welchem er seine Fähigkeiten ausleben konnte.

Auch nach dem zweiten Tanzabend endet alles harmlos und liebevoll. Nach weiteren schönen Telefongesprächen trafen wir uns erneut zum Tanzen. Ich konnte seine charismatische Ausstrahlung sehr geniessen und immer deutlicher wuchs eine sehr natürliche Erotik und Sinnlichkeit in mir. Es war noch keine Liebe, auch keine Verliebtheit, sondern ich fühlte mich als Frau sehr wohl in seiner Gesellschaft.

Er war durch und durch Geniesser, das merkte ich. Er liebte schöne Formen, Autos, gutes Essen, erotische Frauen, *Country Music*.

Seine Hände waren fest und weich zugleich, man sah ihnen an, dass er zupacken konnte, seine schön geformten Lippen waren weich. Sein Körper war kompakt, ohne füllig zu sein, erlaubte Anschmiegsamkeit. Sein ganzes Wesen war sinnlich und ich voll dafür empfänglich. Ich fühlte ein tiefes Wohlbehagen und Aufgehobensein in seiner Nähe und genoss seine Berührungen.

161

Als wir das erste Mal miteinander schliefen, geschah das in einem schönen Einklang und Einverständnis und sehr befriedigend für mich. Obwohl er die Erektion nicht lange halten konnte, war ich vollkommen erfüllt von dieser anschmiegsamen Nähe, seiner Wärme, seinen sinnlichen Küssen, den zärtlichen und erregenden Berührungen. Vielleicht bin ich unvorsichtig zu nennen, doch ich lehnte es ab mit Kondomen zu schlafen, weil das die Wahrnehmung sehr beeinträchtigt. Er hatte mir erzählt, dass er, ausser mit seiner Frau, mit jeder anderen Frau Kondome benützt hatte. Bei mir fühlte er sich sicher und ich vertraute meinem Gefühl, dass alles gut gehen würde. Wenn wir uns körperlich liebten, fühlte ich vorher und nachher eine ruhige Geborgenheit, in die ich mich hineinfallen lassen konnte. Nach dem Orgasmus empfand ich eine tiefe Glückseligkeit, bei der die Zeit stillzustehen schien. Da war nie ein Stress etwas zu müssen, kein Drängen seinerseits, sondern eine gemeinsame Reise zu unserer Erfüllung. Er war von sich enttäuscht, wenn seine Erektion nur einen Orgasmus lang durchhielt. Für mich stellte das überhaupt kein Problem dar. Egal, ob sein Penis gross oder klein, ob aktiv oder ruhig war, die Energie, die von ihm ausging, war sinnlich-liebevoll und doch intensiv. Er machte mich glücklich und schien mich zu geniessen, was beim Zusammensein und beim Orgasmus unüberhörbar war.

Seine Spielereien, wenn er an meinen Zehen saugte, wenn er die Fusssohlen küsste, alles wirkte unverkrampft, nicht auf ein Ziel ausgerichtet, sondern nur dem Genuss dienend. Dieses leise Kitzeln war für mich unglaublich erotisch und strömte auf der Innenseite der Schenkel direkt ins Zentrum meines Unterleibs. Nun war ich diejenige, die nicht genug bekommen konnte. Zum ersten Mal in meinem Leben wurde ich fast süchtig nach Sex, weil es so schön und harmonisch war. Es war ein gemeinsames Fliessen bis zum Höhenflug, dessen Landung immer in einer umfassenden Befriedigung endete. Ich glaube, das Wichtigste war, dass er sehr einfühlsam auf meine Bedürfnisse eingehen konnte. Nie hatte ich das Gefühl, mit ihm schlafen zu müssen. Sein Sensorium war perfekt auf mich eingestimmt und seine Absicht diente keinem anderen Zweck, als mich glücklich zu machen und die Begegnung zu geniessen. Es war schön zu erleben, dass es für ihn kein vorgeschriebenes Ziel gab.

Eines Sonntagmorgens, nachdem wir uns intensiv und ausgiebig geliebt hatten, stand ich auf, um den Frühstückstisch zu decken und zündete Kerzen an. Ganz plötzlich sah ich die Aura der Flamme. Ich schaute weg und wieder hin und immer noch sah ich die Flamme in ihrer feinstofflichen Erweiterung, von Regenbogenfarben umgeben. Mein drittes Auge hatte sich geöffnet. Ich war einem Meister auf der energetischen Ebene begegnet. Er hatte diese natürliche Fähigkeit des Fühlens, des Mitschwingens. Von meinem Wissen über Chakren hatte er keine Ahnung, ich hingegen wusste, dass diese Aktivierung durch alle Chakren hindurchgegangen war. Mein Herz war schon lange geöffnet und jetzt war vom genitalen bis ins höchste Energiezentrum alles aktivert. Er war ein Naturtalent, was das *sich einlassen* angeht. Er erspürte und erkannte die Bedürfnisse des Gegenübers genau. Ein weiteres Phänomen wurde erkennbar, nämlich, dass ich angeschlossen war an ein sehr hohes Liebespotenzial, das wir beide verkörperten und das viele Barrieren auflöste. Es war nicht dieses sehnsüchtige, leidenschaftliche Sehnen, das sich entfaltete. Es war eine offene und interessanterweise auch unverbindliche Art des Liebens, die wir lebten. In mir entwickelten sich bald tiefere Gefühle für diesen Mann, der mir so viel Wonne und Glück schenkte. Ich konnte darüber hinweg sehen, dass wir in intellektuellen und kulturellen Bedürfnissen sehr weit auseinander lagen.

Je länger unsere Beziehung dauerte, desto mehr überwand er seine Depression und begann, gewisse Dinge in seinem Leben zu ändern. Unsere Gespräche bewirkten, dass sich die Beziehung zu seiner Mutter verbesserte. Er besuchte mit mir Kunstausstellungen und verstand sie zu interpretieren, genoss das Visuelle. Interessiert, wenn auch skeptisch, hörte er mir zu, wenn ich über Reinkarnation sprach. Weniger angenehm für ihn war, wenn ich ihn auf gewisse Benimmregeln hinwies. Insbesondere bat ich ihn, Kraftausdrücke zu unterlassen, die in unserem Haus nicht gebräuchlich waren – vor allem aus Rücksicht auf meine Tochter, die keine solche Umgangssprache zu Hause hören sollte.

Nenas Eifersucht machte ihm mehr zu schaffen als mir. Sie war nicht gewohnt, mich zu teilen. Ich liess mich nicht davon abhalten, diese Beziehung auszuleben, denn ich war unbeschreiblich glücklich. Er wohnte nicht bei uns, sondern war sporadisch da und ich freute mich immer sehr, wenn er kam. Ich war dann vielleicht auch eine Spur strenger mit Nena, um mir Zeitinseln mit Ami zu schaffen.

Ami, der schon länger von seiner Frau getrennt lebte, liess sich, wie geplant, scheiden. Seine Ehe war kein spezielles Thema für uns. Ich kannte die wichtigsten Eckpunkte und spürte, wie freundschaftlich und friedlich die beiden diese Ehe auflösten. Später als wir uns öfter über Beziehung und Partnerschaft austauschten; was sie bedeutet, was man lernen oder überwinden kann, stellte er fest, dass er eine echte Auseinandersetzung über Probleme in seiner Ehe gescheut hatte. Was er mit mir durchlebte, half ihm zu erkennen, dass Auseinandersetzungen nicht gefährlich sind, sondern dazu dienen können, Menschen einander näher zu bringen.

Ich genoss den Sex mit ihm nach wie vor – unsere Sinnlichkeit, die mal weich und sehr intuitiv ablief, war dann wieder intensiv und kraftvoll. Die männliche Kraft in seinen Stössen genoss ich spürbar, bis sie mich zum Höhepunkt brachten. Zum ersten Mal erlebte ich einen inneren Orgasmus. Ich kam sogar gleichzeitig mit ihm zum Höhepunkt, als er in mir war. Von früher war ich klitorale Orgasmen gewohnt, die durch Reibung entstanden und ich konnte mich meistens erst dann hingeben, wenn der Mann schon befriedigt war. Eine andere Variante, die ich sehr mochte, war, wenn ich auf ihm sass, sein erigiertes Glied sich längs in meiner Scheide befand und ich mich so daran reiben konnte. Es war dann meine Führung, die mich und ihn zum Orgasmus brachte.

Mich selbst zum Orgasmus zu bringen, fiel mir nie schwer. Ich kannte schon als Kind dieses Kribbeln, das sich steigerte bis hinein in das spannende Zusammenziehen, Anschwellen und nass werden, das mir sehr gefiel. Ich hatte jedoch nur phasenweise das Bedürfnis nach Selbstbefriedigung gehabt. Es war erfreulich, dass meine Eltern nie versucht haben, etwas zu unterbinden, sollten sie es je bemerkt haben. Es war die Entdeckungsreise zu meinem Körper und in die Lust. Im Erwachsenenleben stand mir meistens ein Mann zur Verfügung, wenn mir nach Sex war. Lusterfüllung war also immer in irgendeiner Form verfügbar. Bekannt ist, dass eine Frau am meisten Lust hat, wenn der Hormonspiegel hoch ist, also einmal im Monat besonders und genau dann war auch ich für Sex sehr empfänglich. Wöchentlich einmal Sex zu haben genügte mir früher vollends, bis ich diesem Mann begegnete. Diese Art des Verschmelzens wie mit ihm, kannte ich bisher nicht. Diesbezüglich war ich irgendwie jungfräulich geblieben. Mit ihm begann das Erleben umfassender zu werden.

Es war seine Geduld, seine Fähigkeit auf eine Frau einzugehen, die mir neue Möglichkeiten eröffneten. Das schien ihm im Blut zu liegen. Mit einem gewissen Goodwill und Übungen kann das von fast jedermann erlernt werden, vor allem wenn man fähig wird, eigene Empfindungen wahrzunehmen und nicht vom Verstand gesteuert zu handeln. Es sind keine klaren, sich wiederholenden Abläufe, es sind zärtliche Spiele, solche, die spontan entstehen, solche die einladen, mehr zu wollen oder einfach zu geniessen.

Ami spürte mich so gut, wusste, in welcher inneren Haltung er mich berühren, umarmen und nehmen konnte, dass meine Lust erwachte. Ich erkannte mich selbst nicht wieder.

Mein Wunsch nach yogischer Askese hatte sich ganz klar und vollständig verflüchtigt. Ich genoss diese Entfaltung meiner Weiblichkeit mit zweiundvierzig Jahren!

Obwohl Ami immer noch die Amerikanerin im Hinterkopf hatte, fühlte ich mich nicht als zweite Geige und empfand diese andere Frau auch nicht als Bedrohung. Sie schien mir eher ein Phantom zu sein, das ihn emotional in Bewegung hielt. Für mich war klar: Er trauerte einem Idealbild nach, das auf Dauer der Realität nicht standgehalten hätte. Er war nicht bei mir eingezogen, tauchte einmal pro Woche mit frischen Brötchen auf. Die Wochenenden verbrachte er bei mir, ohne seinen Sonntags-Stammtisch zu vernachlässigen, der alle vierzehn Tage stattfand. Ich liess ihn ziehen und wenn er kam, um die Autorennen zu schauen, genügte mir seine Anwesenheit. Es gab Anknüpfungspunkte, auch wenn wir sehr unterschiedliche Interessen hatten. Wir fanden uns in anregenden Gesprächen über Gott und die Welt, über unsere Ziele und Wünsche wieder und gingen noch ab und zu tanzen. Ich liebte und war sehr glücklich.

Meine natürliche Emotionalität überforderte ihn manchmal. Er war nicht an Streit gewohnt und schon gar nicht daran, etwas Gegensätzliches so auszudiskutieren, dass man dabei auch laut werden durfte. Was er mit Nena und mir erlebte, war für ihn komplett ungewohnt. Dass bei Nena und mir manchmal die Fetzen nur so flogen, natürlich in Worten, Türen knallten und wir offensichtlich sauer aufeinander waren, entsetzte ihn und er hatte Mitleid mit meiner Tochter. Erst viel später erkannte er darin auch die grosse Liebe, die uns verband.

Was Herzensqualität anbelangt, war er ein echter Meister! Ja, er hatte immer ein grosses Herz, für Menschen und Tiere, ein Gespür für Schwingungen, was in dem Umfeld in welchem er arbeitete, nicht passte. Er sehnte sich danach, selbständig zu werden.

Nach und nach, fand er wieder zu seiner gewohnten Libido. Nun wünschte er sich von mir einen stärkeren erotischen Reiz oder Kick. Seine Vorstellung nach erotischen Spielchen konnte ich nicht in jedem Punkt abdecken, was er sehr bedauerte. Stetig schlichen sich bei mir Unsicherheiten ein, ob er wohl auf Dauer mit mir zufrieden sein würde, in der Schweiz. Die Ferne lockte und mir war bewusst, dass ich ihn irgendwann loslassen musste, wenn sich für ihn eine Gelegenheit bot. Die hinderte uns jedoch nicht, viel Schönes zu geniessen. Ich war ausgefüllt mit meiner Arbeit im Zentrum und der Arbeit an den diversen Workshops mit Harry.

Es war wieder einmal ein gemütlicher Sonntagmorgen. Wir lagen im Bett, voller Genuss unsere Nähe wahrnehmend, einander streichelnd. Er setzte sich zu meinen Füssen hin, begann sie zu massieren, dann zu küssen und dann liebevoll an den Zehen zu saugen. In einer leidenschaftlichen Anwandlung ergriff er meine Knie und zog meine Beine hoch, sodass meine Unterschenkel auf seinen Schultern zu liegen kamen. Dann umfasste er mein Becken, um es hochzuheben, sein Gesicht meiner Vagina zu nähern und sie mit seiner Zunge zu begrüssen. Es war eine Zärtlichkeit, die ich kannte, aber diese Stellung war mir fremd, ebenso der Ablauf. Bei ihm geschah das ganz natürlich und ich hatte keine Hemmungen es zuzulassen und zu geniessen. Doch irgendetwas war diesmal seltsam. Zuerst wurden meine Beine steif und ich bog mich in grosser Abwehr nach oben durch. Auch mein Körper versteifte sich und plötzlich überfiel mich ein Gefühl von Hilflosigkeit und Panik. Dann sackte ich in mich zusammen. Obwohl er nichts weiter machte, fühlte ich mich ausgeliefert. Er liess meine Beine nach unten gleiten, umarmte mich und hielt mich ganz fest. Das Ganze hatte nur einige Sekunden gedauert, doch ich zitterte am ganzen Körper. Ein Schluchzen erschütterte mich. Ich war aufgewühlt und verstand meine Reaktion nicht!

»Was ist los, was habe ich falsch gemacht? Habe ich dir wehgetan?«

167

»Nein«

»Was ist denn passiert? Hast du Schmerzen?«

Nur langsam beruhigte ich mich. Ich versicherte ihm, dass er nichts falsch gemacht hatte »Irgendetwas ist mit mir passiert, aber ich kann es nicht einordnen. Ich werde mich schon davon erholen. Es geht jetzt schon wieder besser.«

In der nächsten Zeit verdrängte ich es, mich näher damit zu befassen. Mich bekümmerte eher die Tatsache, dass er immer wieder Zweifel äusserte über das Leben das er führte und vom Auswandern nach Amerika sprach und natürlich häufiger von der Amerikanerin schwärmte.

MEDIALES WISSEN

Schon länger teilte ich den Praxisraum mit einer anderen Therapeutin, die eine spezielle chinesische Bauchmassage anwandte und mediale Fähigkeiten hatte. Sie massierte die Menschen, legte die Hände auf den Körper und bekam Durchsagen von Engeln, wie sie sagte. Ich stand solchen Durchsagen skeptisch gegenüber und sagte ihr das auch. Ich wollte ausprobieren, wie diese Bauchmassage sich anfühlt. Einen Versuch war es wert.

Wir unterhielten uns zuerst über Gott und die Welt und dann erzählte ich von meinem Freund und meiner Unsicherheit, ob das gut gehen könne.

Sie begann mich zu massieren und nach 5 Minuten sagte sie, es würden ihr Informationen zufliessen, ob ich diese hören wolle. *Warum auch nicht?« dachte ich und sagte:*

»Ja, du machst mich neugierig.«

Die Engel hiessen mich willkommen und dann kamen sie zum Thema, das mich beschäftigte: »Er ist ein Freund, nur ein Freund, nicht mehr. Er braucht Freiheit und ist nicht bereit für eine Beziehung, will keine Verantwortung übernehmen. Im Grunde ist es schade, Ihr wärt ein wunderbares Paar gewesen. Doch sorge dich nicht, es gibt einen

Partner für dich. Habe Geduld und sorge dich nicht. Sorgen machen alt.«

Hier wurde mir also bestätigt, was ich bereits wusste.

Ich hatte meiner Kollegin auch von einem Haus erzählt, das ich ein halbes Jahr vorher angeschaut hatte und einfach nicht vergessen konnte. Nachdem ich schon drei Jahre damit verbracht hatte, mir Häuser oder Eigentumswohnungen anzuschauen, hatte mir dieses ein Déjà-vu beschert. Ich war bei der Besichtigung durch die Haustüre in einen schmalen, dunklen Korridor getreten, der absolut unspektakulär war, doch plötzlich kamen ein starkes Gefühl und ein Gedanke in mir hoch: *Hier bin ich zu Hause.* Als ich die Treppe ins Schlafzimmer hochging und den Lichteinfall und die herrliche Aussicht sah, war ich hin und weg. Leider waren alle Voraussetzungen, das Haus zu erwerben schlecht, der Preis war eher hoch. Ausserdem hatten insgesamt 36 Interessenten das Haus besichtigt. Der gegenwärtige Mieter mit seinen drei Kindern hatte nicht die geringste Lust auszuziehen und versuchte später per Gericht eine Mietverlängerung zu erwirken, was ihm nicht gelang. Als ich das Haus besichtigte, gab es keine Bankschätzung, an welcher ich mich hätte orientieren können.

Ich sagte zum Verkäufer: »Sobald sie eine Bankschätzung vorweisen können, ziehe ich das Haus näher in Betracht.«

»Sie können ja selbst eine machen lassen.«

»Wie doof war denn das? Seit wann ist das die Aufgabe des Käufers?«, dachte ich, sagte jedoch nichts weiter, sondern verabschiedete mich.

Ich schaute mir im Verlauf der nächsten Monate noch diverse Häuser an und immer wieder erschien mir das Bild dieses doch eher unscheinbaren Flachdachhauses, das nicht mein Traumhaus war und sich doch so stimmig angefühlt hatte.

Ohne Nachfrage meinerseits kamen die Engel auf dieses Thema zu sprechen: »Alles wird gut mit diesem Haus. Doch handeln musst du selbst, jetzt.«

Am nächsten Tag rief ich den Besitzer an, um nachzufragen. Er klärte mich darüber auf, dass er daran war einen Kaufvertrag mit einem anderen Käufer aufzusetzen, dies, zu einem niedrigeren Preis, als demjenigen der bei der Besichtigung im Gespräch gewesen war. Ebenso hatte jemand inzwischen eine Bankschätzung machen lassen. Als Beweis faxte er mir alle Unterlagen und bot mir an, mir und meiner Tochter das Haus für einen etwas höheren Betrag zu verkaufen. Er habe geglaubt, ich sei schon lange fündig geworden und habe sich darum nicht mehr bei mir gemeldet. Seine Frau dachte noch mehrfach an mich. Sie hätte mir und meiner Tochter gerne dieses Haus überlassen, da ich ihr sehr sympathisch gewesen sei und es meiner Tochter dienlich wäre im selben Ort zu bleiben. Für 1.000 Franken über dem momentanen Verkaufspreis war er sofort bereit, den Vertrag mit mir abzuschliessen.

Ich war überglücklich und dankte insgeheim den Engeln für diesen Schubs. Das war für mich ein klarer Beweis dafür, dass meine Kollegin über einen echten Draht zu wichtigen Informationen verfügte.

EIN NEUES ZUHAUSE

November 1997. Nun durfte ich endlich in mein Zuhause einziehen. Ich schien angekommen zu sein an einem Ort, den meine Seele schon gekannt hatte; so fühlte es sich an. Meine Eltern kamen und begutachteten Haus und Garten, schlugen ein paar bauliche Änderungen vor und dankbar nahm ich ihr Angebot an, mich finanziell dabei zu unterstützen. Endlich, endlich konnte ich mir ein Heim schaffen, das Ausdruck meines Wesens und meines Geschmacks war. Tatsächlich bestätigten mir Freunde wie Besucher, dass dieses Zuhause mich widerspiegelte und sie sich sofort darin wohlfühlten. Nena schien plötzlich entdeckt zu haben, dass ein ordentlich aufgeräumtes Zimmer mehr Spass machte und unser *Zweimäderlhaus* füllte sich mit unserer Energie.

Mein Schlafzimmer wurde zu meiner Oase, der Garten, mit dem Seerosenteich, zu meinem kleinen Paradies und der Weitblick hin zum Drachenberg war traumhaft schön. Er bot auch Trost für schwere Stunden, die noch folgen sollten. Der Ausblick aus den oberen Fenstern liess mich mit den Milanen kreisen und mit meiner Seele fliegen.

Leider ging es meiner Mutter schlechter, sodass sie wegen Herzproblemen ins Krankenhaus gebracht wurde. Sie hatte zwei Jahre zuvor fast eine Woche im Koma gelegen und wir wussten damals nicht, ob sie es schaffen würde. Sie kam zurück ins Leben und hielt uns auf Trab.

Eines Abends ging es ihr zu Hause sehr schlecht. Den Arzt den wir zu Hilfe riefen sagte bedauernd, sie werde die Nacht nicht überleben, weil ihre Hände bläulich angelaufen waren. Mein Bruder und ich wachten an ihrem Bett, indem wir uns ablösten. Gegen Mitternacht, als wir nebeneinander schlummerten, entschied sie, dass sie noch einige wichtige Dinge zu regeln hätte und wollte sofort telefonieren. Ich stellte ein Telefonat zu meiner Kusine nach Paris durch. Sie war die einzige Tochter ihres verstorbenen Bruders, mit welcher ein inniger Kontakt bestand. T. war nicht erreichbar und Mama beschloss, dass wir es am nächsten Morgen nochmals versuchen sollten.

Tatsächlich hatte ihr Pflichtgefühl sie überleben lassen. In den darauffolgenden Tagen, begann sie langsam und bestimmt sich von allen Freunden und Bekannten zu verabschieden. Ihr Zimmer glich einem Blumenmeer. Bei allen deponierte sie letzte Wünsche und erklärte, sie könne dann in Ruhe gehen.

Ausserdem lag ihr noch etwas auf dem Herzen was mich betraf.

»Als ich damals, nach unserem grossen Streit, und unserer längeren Funkstille, im Koma lag, warst du es, die mich aus dem Koma zurückgeholt hat. – Ich sah mich schon drüben, war umgeben von viel Liebe und Leichtigkeit, sah meinen geliebten Vater und dann hörte ich deine Stimme. Ich spürte, dass ich noch etwas zu erledigen hatte und war sofort wieder in meinem Körper; wach und zurück im Krankenzimmer. Als man die Geräte abstellte, war das kein Problem, selbstständig weiter zu atmen.«

Ich erinnerte mich, dass ich nichts anderes getan hatte als mich während einer Meditation mit ihrer Seele zu verbinden.

»Mami, wenn du jetzt gehen musst, dann ist das für mich in Ordnung. Jede Entscheidung ist gut. Ich liebe dich und lasse dich gehen, auch wenn wir zuletzt nicht in Frieden gewesen sind. Es gibt keinen Grund einander böse zu sein.«

Wir hielten uns an den Händen und ich habe noch selten einen so tiefen und innigen Moment mit meiner Mutter erlebt.

Sie bat mich dann noch, an ihrem Grab die Abschiedsrede zu halten. Sie wolle keinen Pfarrer und keine grosse Beerdigung.

Sie verlor zunehmend ihren Lebenswillen und nach einem weiteren Krankenhaus Aufenthalt übersiedelte sie in eine schöne Altersresidenz, wo sie die ideale Pflege bekam. Geistig war sie meist klar, doch körperlich schritt der Zerfall voran. Sie schien sich aufgegeben zu haben und hatte uns während des letzten Krankenhausbesuches erklärt, sie werde mit 80 Jahren sterben.

Ich besuchte sie und schmunzelte, wenn sie sich darüber beklagte, mit so alten Leuten im Speisesaal zusammen essen zu müssen, das verderbe ihr den Appetit. Sie war 79 und inzwischen eine ziemlich gebrechliche Dame im Rollstuhl, abgemagert doch gepflegt. Geistig hatte sie noch viele klare Momente, nur manchmal war sie ein wenig wirr und konnte diese Realität nicht mehr von der ihren unterscheiden.

Eines frühen Abends, es war im Dezember und ich war noch bei ihr geblieben, als mein Bruder und Vater schon gegangen waren, hatte sie Lust, sich schick zu machen. Also zog ich ihr eine schöne Bluse über, gab ihr Schmuck, den sie anlegte und Lippenstift. Dann kämmte ich sie und besprühte sie mit ihrem Eau de Toilette.

Sie erhob sich mühsam, hielt sich am Bettgestell fest und liess sich in den Lehnsessel beim Fenster fallen. Ich setzte mich ihr gegenüber auf einen Hocker. Wir hatten den Fernseher angemacht und stiessen auf ein Vorweihnachtskonzert von André Rieu. Wunderschöne Walzermelodien füllten den Raum. Wir genossen das Zusammensein mit diesen Walzerklängen. Sie schien ganz erfüllt von der schönen Musik zu sein.

In diese schöne Stimmung hinein erklärte sie mir, warum ihr Leben nicht mehr lebenswert war. Sie kam mit der Demenz von Vater überhaupt nicht zurecht und vertraute mir noch viel privatere Dinge an.

Des Weiteren sagte sie: »Du bist immer eine sehr eigenwillige Tochter und Frau gewesen und bist deinen Weg gegangen. Ich deutete manches als Lieblosigkeit und fand dich der Familie gegenüber oft rücksichtslos. Seit ich dem Tod nahe bin und seit dem Erlebnis im Koma verstehe ich plötzlich, wie gross deine Liebesfähigkeit ist, wie sehr du in vielem recht hattest. Du hast versucht mir wichtige Dinge aufzuzeigen, die ich nicht sehen oder annehmen wollte. Jetzt verstehe ich dich und ich möchte dir sagen, dass ich dich über alles liebe.«

Tief berührt hielt ich ihre Hände. Und dieser Moment ist derjenige, der in meinem Herzen weiterlebt, wenn ich an sie denke. Es war das grösste Geschenk, das sie mir als Tochter machte.

Am übernächsten Tag meldeten die Betreuerinnen, sie verweigere jegliche Nahrungsaufnahme, jegliche Pflege und Berührung und es wäre besser, wenn sie jetzt im Kreise ihrer Familie die letzten Tage erleben könne. Mein Bruder, der mit ihnen zusammenwohnte, holte sie nach Hause, wofür er meinen grossen Respekt hatte. Ich fuhr ebenfalls hin und verbrachte den Tag mit ihnen. Gegen Abend musste ich jedoch heim, weil meine Tochter alleine zu Hause war.

Ich konnte getrost gehen, denn inzwischen hatte sich auch eine Tante und beste Freundin meiner Mutter eingefunden und versprach uns zu unterstützen.

Das war am 13. Dezember abends. Ich setzte mich, bevor ich zu Bett ging, auf mein Meditationskissen und sank immer tiefer in einen meditativen Zustand hinein. Plötzlich befand ich mich in der recht dunklen Eingangshalle meiner Grosseltern. Dort hing ein grosses Gemälde mit einer Frau, die ihre Tochter umarmt hält und beide winken mit einem Taschentuch jemandem ade. Mich hatte dieses Bild immer fasziniert. Gleichzeitig konnte ich jetzt in der Ecke dieses dunklen, hohen Raumes einen weissen Schleier wahrnehmen, der sich langsam Richtung Decke und Himmel entfernte. Ich blieb in Gedanken still, ohne es deuten zu wollen. 10 Minuten später rief mein Bruder an und teilte mir mit, unsere Mutter sei soeben friedlich eingeschlafen.

»Ich habe in meinem Zimmer für sie gebetet und unsere Tante lag neben ihr als sie den letzten, langen Atemzug tat.«

Die drei folgenden Tage behielten wir Mutter noch im Hause um uns verabschieden. Wenn ich an ihrem Bett sass, war es als stünde sie neben mir, so als würde sie sich nicht mehr im Körper befinden, der vor mir lag. Ich fühlte, dass es ein Leichtes für sie gewesen war, zu gehen. Sie war uns so nahe, dass ich kaum weinen musste. Am Schwierigsten war es für meinen Vater, der dauernd vergass, dass sie schon tot war und jedes Mal fast zusammenbrach vor Trauer, wenn wir es ihm und er sich dessen wieder bewusst wurde.

Als ich bei der kleinen Beerdigung im Familienkreis die Grabrede in meiner Muttersprache (französisch) hielt, brach meine Stimme zweimal und ich schluchzte. Es war ein trauriger und doch sehr inniger Moment und ich spürte die Berührtheit rundum.

Es war das erste Mal, dass ich so nah und bewusst den Tod eines Menschen begleiten durfte und ich betrachtet es heute noch es als grosses Geschenk.

FRAGEN ÜBER FRAGEN

Wieder einmal gönnte ich mir eine entspannende Bauchmassage bei meiner Kollegin. Es ging mir darum, zu erfahren, warum mein Myom immer grösser wurde, welchen Sinn mein Leben denn hatte und warum ich mich so überflüssig fühlte.

Ganz zuerst bat sie um Heilung für mich und legte ihre Hände auf meinen Körper. Nach einigen Minuten der Massage begann sie, im Namen der Engel zu sprechen.

Sie meldeten, dass ich hier etwas Wichtiges erfahren würde. Ich sei jetzt bereit, es zu verstehen.

»Dein Körper absorbiert negative Kräfte, die dieses Myom produzieren. Mehrmals hast du Missbrauch erlebt mit Männern die seelisch nicht mit dir verbunden, sondern dich und deinen Körper benutzt haben. Du musst lernen dich abzugrenzen. Es liegt noch ein langer Weg vor dir und der ist steinig und wird dich fordern. Werde noch eigenständiger und lasse es nicht mehr zu, benutzt zu werden. Sei nicht traurig, denn du wirst Erfüllung finden; grössere als du ahnst und im Alter wirst du einen weiten Weg für dich gegangen sein. Geniesse dein Heim, deine Arbeit, die dich und andere bereichern wird. Du wirst Hilfe finden in Form von Büchern, Farben, Symbolen, Gesprächen und Begegnungen. Du wirst auch Männern begegnen, die Dir etwas geben können. Deine Arbeit wird dir nicht viel Geld einbringen, doch für dich ist gesorgt. Du stehst an einer Weggabelung und du kannst wählen. Du bist eine reife, schöne Seele und wir lieben dich und begleiten dich.«

Pause.

»Am Missbrauch, daran war auch dein Erzeuger beteiligt. Er konnte sich nicht kontrollieren und hat seine Probleme an dir ausgelebt, als du noch klein warst. Finde zu dir und lasse nur zu, was dir guttut. Auch wenn du deswegen traurig bist, verzage nicht, Dein Weg geht aufwärts, denn Deine Suche und Dein Wunsch zu lernen, bringen Dich weiter.

Du wirst noch vielen Menschen damit Gutes tun. Erwarte den Erfolg nicht sofort.

Wir dürfen dir auch mitteilen, dass es deiner Mutter gut geht. – Möchtest Du mehr wissen?«

»Nein, das genügt«, sagte ich.

Es gab nun so viel zu verdauen und ich hatte Angst weitere Fragen zu stellen. Ich nahm sofort an, dass es sich um eine Form von sexuellem Missbrauch seitens meines Vaters handelte, weil diese Panik während eines sexuellen Zusammenseins mit Ami entstanden war. Was genau mich in einer Schutzposition erstarren liess, reimte ich mir nun zusammen. Es passte auch gut zum spröden Verhalten meiner Mutter, das nicht wirklich zu den Bedürfnissen meines Vaters zu passen schien.

Der Vater ist der erste und wichtigste Mann im Leben eines Mädchens. Ganz automatisch bewundert, liebt das Kind ihn und will seine Anerkennung. Das Wichtigste war für mich als Kind, von ihm wahrgenommen zu werden, ihn zu spüren, seine Liebe zu bekommen. In meiner kindlichen Art forderte ich sie trotzig heraus und in seiner Hilflosigkeit und Unbeherrschtheit, hat er mich dann oft angeschrien und geschlagen. Nun sollte noch ein sexueller Missbrauch hinzukommen? Das waren alles Dinge, die ich verdrängt hatte.

Ich ging durch ein Szenario des Hasses hindurch. Verfluchte das, was mir als unschuldigem Kleinkind angetan worden war. Ich war in einer starken Verurteilung. Doch meine innere Stimme riet mir loszulassen.

Die emotionale Veränderung gelang dank einer *Polarity*-Sitzung, in welcher ich alle Emotionen zuliess: Wut, Hass, Enttäuschung. Ich hätte ihn umbringen können!

Mein Therapeut erlaubte mir diese Gedanken und Gefühle und rutschte kurzzeitig ins Mitleid. »Ja, bring den Mann dafür in Gedanken um und spüre was es mit Dir macht«, sagte er.

Dasselbe hatte ich in einer viel früheren Sitzung mit meiner Mutter gemacht. So krass das jetzt klingen mag, es ging hier nicht um Mord, sondern es ging um Abtrennung von emotionalen Bindungen. Ich musste das tun, um es intensiv zu spüren. Nach dieser Sitzung verspürte ich eine riesige Befreiung in mir, weil ich diese Gefühle von Wut und Hass zugelassen hatte. Das eröffnete mir einen ganz neuen, inneren Zugang zu meinen Eltern.

Die erste Begegnung mit meinem Vater nach den Eröffnungen des Mediums war für mich ziemlich herausfordernd. Ich sah ihn mit ganz neuen Augen und kurz stieg eine Welle der Ablehnung in mir hoch. Das Interessante daran war, dass er bereits länger an Alzheimer litt und alles sehr schnell vergass, also war kein richtiges Gespräch mehr möglich. Es hätte nichts genützt, es auch nur zur Sprache bringen zu wollen, ja und auch sonst, was hätte es uns gebracht? Befriedigung meinerseits, ihn im Nachhinein zu demütigen, ihn zu entlarven, ihm ein schlechtes Gewissen zu machen? Hätte ich es zu einem anderen Zeitpunkt gewagt? Ich hatte keine Beweise dafür, auch weil ich alles verdrängt hatte. Hätte ich ihm geglaubt, wenn er es abgestritten hätte? Wäre unser Verhältnis, das sich in den letzten Jahren gut anfühlte dann noch dasselbe gewesen? Vielleicht hätte er danach nie mehr mit mir gesprochen.

Ich erlöste es nochmals in mir. Ich schaute mir diesen Menschen an, den ich so sehr liebte und dachte, dass er sich wohl einen anderen Lebensabend gewünscht hätte, als den jetzigen. Ausgleich geschieht irgendwann, irgendwo. Das Leben bestraft nicht, denn nur wir Menschen bewerten und wünschen uns Bestrafung für die Täter. Seine Demenz hatte Gutes, seit er sich ihrer nicht mehr bewusst war. Er war so oft im Berufsleben und durch seinen Vater gestresst worden. Vieles hatte sich dank des Vergessens aufgelöst. Ich musste nichts mit ihm besprechen, sondern konnte in mir erlösen, was mich plagte. Ich erinnerte mich an unsere Mittagsschläfchen, als ich bereits elf oder zwölf Jahre alt war.

Ich hatte mich sehr geborgen an ihn kuscheln können. Nie hatte ich die geringste unsittliche Annäherung wahrgenommen. Ich atmete tief durch und übergab alles nach unten in die Erde zur Transformation.

Ich nahm Kontakt mit dem Boden unter meinen Füssen auf und stellte mir vor, die Energie fliesse hinab wie durch Wurzeln, tief in die Erde hinein und würde dort bereinigt und dann als neue Kraft wieder hoch in mein System getragen. Mir wurde auch bewusst, dass er, obwohl sehr streng, doch immer da gewesen war, wenn ich ihn brauchte. Ausserdem hatte er mich immer viel besser verstanden, als meine Mutter, die eine ganz andere Mentalität gehabt hatte. Plötzlich überwog eine grosse Dankbarkeit ihm gegenüber und das andere wurde unbedeutend und kleiner. Ich kam damit in Frieden.

Interessanterweise suchten mich während dieser Zeit Klientinnen in meiner Praxis auf, die genau dieses Thema hatten. Durch eigene Erfahrung geschult konnte ich ihnen dazu verhelfen, durch ihren Heilungsprozess zu gehen.

Diese stille Auseinandersetzung mit meinem Vater hatte vieles bereinigt, doch tauchten im Laufe der folgenden Jahre vermehrt Fragezeichen auf. Was war wirklich geschehen?

ÜBER DEN GROSSEN TEICH

Die Beziehung zu Ami dauerte bereits zwei Jahre. Eine wirklich ernsthafte Krise bahnte sich dadurch an, dass ich mich nicht entscheiden konnte, meine gesamte Ferienzeit in Texas zu verbringen. So flog er für einen Monat alleine nach Amerika in die Ferien. Ich konnte seine Faszination für die Staaten nicht teilen und hätte wissen können, dass er mir nicht treu sein würde. Mit keinem Gedanken zog ich solches in Betracht, bis ich eines Tages spürte, dass er mit einer andern Frau zusammenkam. Ich verspürte eine ungeheuer starken sexuelle Sog und Lust aus heiterem Himmel, die auf den abwesenden Ami gerichtet war. Dann sah ich im

Traum, wie er mit einer anderen Frau Sex hatte. Ich war nun ein wenig misstrauisch geworden, doch verdrängte ich das Gefühl geschickt, um mich nicht unnötig zu quälen.

Seine Telefonate klangen distanziert, doch ich wusste auch, dass er nicht gerne telefonierte. Ich holte ihn am Flughafen ab, und als er mich küsste, stand etwas zwischen uns, was sich nicht verdrängen liess, nämlich meine Wahrnehmung und sein schlechtes Gewissen. Noch im Flughafengebäude gestand er mir, dass er mit einer anderen Frau zusammen gewesen war. Er versuchte mir klar zu machen, dass das mit mir etwas ganz anderes sei. Das glaubte ich ihm sogar. Trotzdem nagte Eifersucht an mir. Sein Wunsch nach Amerika auszuwandern hatte sich, durch die Begegnung mit dieser Frau, nochmals verstärkt. Schon vor seiner Abreise hatten sich unsere Gespräche darum gedreht, dass er unbedingt in den USA leben wollte und sich dafür eine Partnerin wünschte. Mehr als einmal und erneut, fragte er mich, ob ich denn bereit wäre, mit ihm auszuwandern. Nicht einmal die Tatsache, dass unsere Beziehung dadurch auf sehr wackligen Beinen stand, änderte meine Meinung.

Alles in mir sträubte sich dagegen auszuwandern. Zu stark war ich in der Schweiz verankert. Meine Eltern fanden ihn sehr nett, doch meine Mutter warnte mich schon ganz am Anfang, dass ich auf die Dauer mit diesem Mann nicht zufrieden sein würde. Ich wollte das damals nicht hören. Darum hat wohl das Schicksal nachgeholfen.

Wir waren in den Bergen Skiferien gewesen und nach ein paar harmonischen Tagen fuhren wir im Schneegestöber nach Hause. Er sass am Steuer meines Wagens und fuhr zügig auf der verschneiten Strasse. In einer Kurve geriet der Wagen ins Rutschen, prallte an eine harte Schneewand, danach auf der Gegenfahrbahn an einen Strassenpfeiler. Es gelang ihm, das Auto wieder in die Spur zu bringen, nachdem wir heftig durchgeschüttelt waren. Aufatmend hielt er an und wir stellten fest, dass uns nichts passiert war. Wir hatten grosses Glück gehabt – auch dass uns kein anderes

Auto entgegengekommen war, nur der Wagen war auf der Fahrerseite stark zerbeult. In einer nahen Autowerkstatt liessen wir das Auto untersuchen. Die Lenkung hatte Schaden genommen, doch der Mechaniker meinte, wenn wir vorsichtig führen, schafften wir es bis nach Hause. Nun übernahm ich das Steuer. Ich fuhr wie auf Eiern, sehr langsam, sorgfältig und beschämt über die gut sichtbare Beule am Auto. Bei der Ankunft zu Hause war ich so angespannt, dass ich ziemlich emotional wegen einer Lappalie reagierte. Für den Schaden am Auto machte ich ihn nicht verantwortlich, das hätte mir ebenso geschehen können, das wusste ich. Er war ebenfalls angeschlagen und fühlte sich irgendwie schuldig. Dazu noch mein emotionaler Ausbruch, das war dann einfach zu viel. Kommentarlos verliess er meine Wohnung. Erst langsam kam ich zu mir.

Am nächsten Morgen fühlte mich nach einer erholsamen Nacht wieder zentriert und gut bei mir. Zweifel nagten an mir, was er als Nächstes tun würde. Meine Besorgnis war berechtigt, denn er meldete sich kurz per Telefon und erklärte mir, dass ihm die Beziehung mit mir zu anstrengend sei und ich ja sowieso kein Interesse daran hätte auszuwandern, also würde er die Amerikanerin von seinen letzten Ferien einladen und schauen, ob aus ihnen beiden ein Paar werden könne. Er habe es genossen mit diesen Frauen Erotik pur zu leben, sexy und animierend, das fehle ihm ein wenig bei mir. Diese Frau hatte seine Sehnsucht wieder voll entfacht und jetzt hatte er einen Grund gefunden, mich in die Wüste zu schicken. Vielleicht hoffte er ja auch, irgendwann seiner Traumfrau wieder zu begegnen, die er nicht vergessen konnte. Er trauerte einer Zeit nach, die er als die besten Wochen seines Lebens bezeichnete.

Die neuste Ferienbekanntschaft lud er zu Weihnachten in die Schweiz ein. Ich weinte mir die Augen aus, als er es mir erzählte.

Er versuchte mich ein wenig zu trösten, es sei doch nur ein Versuch herauszufinden, ob sie sich gut verstehen würden und für ihn eine Chance, seinen Traum nach Amerika auszuwandern zu verwirklichen. Er liebe sie nicht. Sein Vorschlag, ich solle sie kennenlernen und wir könnten ja auch zusammen ausgehen, entstammte seiner unkomplizierten Art mit Frauen und Sex umzugehen. Er kannte keine Eifersucht. In den nächsten zwei Wochen weinte ich jeden Tag, wie ich schon lange nicht mehr geweint hatte.

Zum Glück hatte ich bereits eine Ferienreise gebucht und stand kurz vor der Abreise zu einem Malseminar nach Zypern. Ich würde also nicht mit dieser Frau konfrontiert werden, sondern die Festtage mit Gleichgesinnten verbringen und das war gut. Im Gefühlsstress vergass ich meinen Pass einzupacken, den man für die Einreise nach Zypern braucht. Als ich im Flugzeug die Einreisepapiere ausfüllen musste, fehlten mir die Passdaten. Eine Identitätskarte genügte nicht und nur mit viel Geschick konnte mich die Kursleiterin am Zoll als Teilnehmerin ausweisen und garantierte, dass ich wieder mit ihr ausreisen würde. Das genügte und schien in diesem heiklen Moment ein gutes Omen zu sein.

Ich freute mich auf Zypern und auf den damals noch kleinen Ort Pissouri, der mir nach mehreren Besuchen sehr vertraut war. Ich kannte dort einige Leute und ging bei jedem Aufenthalt im Restaurant oberhalb des Strandes ein und aus. Auch dieses Mal wurde ich sehr herzlich willkommen geheissen. Es war ein wenig, wie nach Hause kommen. Etwas Erstaunliches geschah, als ich aus dem Flugzeug stieg. Kaum hatte ich den Fuss auf zypriotischen Boden gesetzt, fühlte ich eine Leichtigkeit in mir hochsteigen und alle Trauer war wie weggeblasen. Das Gefühl der Befreiung war unglaublich stark im ganzen Körper spürbar.

Diese Insel mit der schroffen Natur, den weissen Kalkfelsen, den herrlichen Weinbergen und den Orangenplantagen hat eine ganz besondere Energie. Für mich ist sie eine wahre Götterinsel, die ein hohes Liebespotenzial ausstrahlt. Sie zieht immer noch viele Menschen an. Sehr viele Herrscher haben sie besetzt, weil sie strategisch wichtig gelegen ist. Bedauerlicherweise trennt eine Grenze den nördlichen türkischen Teil ab.

In den südlichen griechischen Teil der Insel reisten wir ohne Probleme ein und bewegten uns frei, doch um in den türkischen Bereich, zu gelangen, benötigte man ein Visum. Ich fuhr eines Tages alleine hin. Die Teilung dieser Stadt fühlte sich wie ein Bruch an, der schmerzte, als ich diese Grenze überqueren musste. Nikosia, das zweigeteilt ist, hat eine sehr schöne, historische Altstadt und ist die Hauptstadt der Insel. Der Ausflug dorthin hatte sich gelohnt. Ich konnte mir jetzt noch besser vorstellen, dass diese Insel eine wichtige Verbindung zu den Ahnen darstellt.

Pissouri war damals ein kleiner, unscheinbarer, in den Hang gebauter Küstenort, nicht sehr bevölkert und ohne eigenen Hafen, dafür mit einem sehr schönen Sandstrand, einem einzigen Hotel, einigen Appartements und einem kleinen Kaufladen. Er liegt zwischen Limassol und Paphos in einer Sackgasse und wird von der Hauptstrasse durch einen Hügelzug abgetrennt. Wir hatten einzelne Wohnungen gemietet und konnten einen idealen Raum vom Hotel direkt am Meer benutzen, wo wir meditieren und malen konnten. Es war eine heilende, fast heilige Zeit, die wir dort miteinander verbrachten.

Auf dem Weg nach Paphos fährt man eine kurvige Küstenstrasse entlang und sieht die steil abfallenden Kalkfelsen, die schneeweiss leuchten. Gegenüber wogen bewachsene Hänge und einige Orangenplantagen. Unterwegs fährt man an einem kleinen Strand vorbei, wo ein einzelner, grosser Felsen steil aus dem Meer ragt. Hier soll Aphrodite, die Göttin der Liebe, Schönheit und sinnlicher Begierde, den Wellen entstiegen sein. Ich badete in diesen Energien, wenn wir jeweils dort einen Halt machten, und fühlte mich ein wenig wie Aphrodite. Weiter oben im Gebirge gibt es einen kleinen Ort, der an den Tessin erinnert. Dieselben Steinhäuser und engen Gassen, Reben und eine traumhaft schöne

Sicht in die Weite. Im kleinen Gasthof wurden wir bewirtet wie Könige, denn die Besitzerin, die selbst in der Küche wirkte, kannte uns von früheren Besuchen.

Ich liebe das wunderschöne Kloster im Troodos Gebirge. Erstmals besuchte ich es mit meinem Mann 1976. Mangels richtiger Strassenkennzeichnungen hatten wir uns verfahren, landeten im Zentrum eines kleinen Dorfes und wurden dort sogleich vom Dorflehrer empfangen, der uns zu sich nach Hause einlud. Seine Frau ging in die Küche, um für uns zu kochen. Wir durften eine Gastfreundschaft jenseits von Worten erfahren. Von ihm und seiner Familie wurden wir ein paar Tage später zu einer grossen Familienfeier eingeladen.

Zypern ist ein Kraftort und hat eine sehr hohe Schwingung. Mein Zellsystem reagierte auf die Energie und es fühlte sich an, als würde in mir einiges neu geordnet. Ob ich oben in den Hängen spazieren ging, den Sonnenaufgang betrachtete oder tief versunken ein Bild malte, die Dimensionen verschwammen hier. Wir malten Seelenbilder, besprachen, was wir darauf entdeckten und feierten gemeinsam die entstandenen Synergien, die für viele von uns befreiend wirkten.

Zu Silvester sassen wir besinnlich am Strand um ein Feuer herum, über uns ein wunderschöner Sternenhimmel. Alles, was wir loslassen wollten, hatten wir auf Zettel geschrieben und diese Papierschnitzel verbrannten wir in einem Ritual. Danach genügte es in der Stille das Herz und die Hände zu öffnen, um zu empfangen. Ich empfing Glück-SEELIG-keit und innere Gelassenheit. Nach Mitternacht begaben wir uns in den Kursraum und tanzten ausgelassen. Das Leben konnte ja so schön sein.

Die Tage waren angenehm warm. Beim Malen, draussen in der Sonne, das Meer im Rücken, war ich glücklich, losgelöst von allem. In diesem Jahr war es am 1. Januar warm genug, um im Meer schwimmen zu können. Es war eine Neugeburt symbolischer Art, einzutauchen und zu fühlen, wie die Tropfen auf der Haut abperlten. Lichter tanzten auf den Wellen, wie tausend kleine Lichtwesen, die uns umgaben. Sich im Sonnenlicht zu wärmen und so das neue Jahr zu begrüssen, war herrlich. Danach tranken wir im Café oberhalb des Strandes Cappuccino und assen dazu frisch gebackene *Vasilopit*a, eine Art süsses Brot, das es nur an Festtagen gibt.

Eine Freundin der Kursleiterin, eine Architektin, lebte in Larnaka. Sie lud uns in ihre gediegene Wohnung ein. Nach dem Essen legte sie denjenigen, die es wünschten, die Karten. Sie sah, dass mein Freund sehr unglücklich war und dass da jemand anderes auf mich wartete, dem ich noch begegnen würde. Nun war ich natürlich neugierig, was genau geschehen war. In ein paar Tagen würde ich es wissen. Damals hatte ich noch kein Handy und somit keinen Kontakt in die Schweiz.

Ami holte mich am Flughafen ab. Tatsächlich war er moralisch am Boden zerstört. Die Zeit mit der Amerikanerin sei das reinste Fiasko gewesen. Ich hatte noch viele, wenn auch gedämpfte Gefühle für diesen Mann. Inzwischen war ganz klar geworden, dass eine partnerschaftliche Beziehung nicht mehr zur Diskussion stand, obwohl die Vertrautheit nach wie vor da war. Wir fuhren in seine Wohnung, um uns in Ruhe darüber auszutauschen, was wir in der Zwischenzeit erlebt hatten.

Seine *Neue* hätte den Aufenthalt in unserem kalten Land überhaupt nicht geniessen können. Sie sei gelangweilt zu Hause herumgesessen und habe seine Bar leer getrunken, weil er nicht immer zur Verfügung war, sondern arbeiten musste. Interesse für unser Land habe sie gar keines gezeigt. Sie war nicht einmal bereit sich Winterschuhe von seiner Schwester zu borgen, um die Gegend zu erkunden. Von gutem oder spannendem Sex waren sie jetzt weit entfernt. Sie sei auch früher als besprochen abgereist.

Natürlich tat er mir leid, wenn auch ein Funken Schadenfreude mitschwang. Ich liess mich immer noch gerne von ihm in die Arme nehmen. Seine Wärme fühlend und die sinnlichen Berührungen geniessend, liebten wir uns, diesmal mit Kondom, was das Auseinanderdriften weiter besiegelte. Warum sollte ich mir das Schöne, das uns verband, nehmen lassen, solange da keine ernsthafte Konkurrenz war? Es gab keinen anderen Mann in meinem Leben, mit dem ich lieber zusammen war, also genoss ich seine Nähe, seinen Geruch, seine weichen Lippen – nun anders, jedoch nicht weniger intensiv.

Wir trafen uns so ungefähr alle zwei Monate, und wie es schien, konnten wir beide nicht ganz voneinander lassen. Wir kamen, egal was wir unternahmen, jedes Mal sexuell zusammen, was nach wie vor sehr schön war. Um nicht unter einem nachfolgenden Verlustgefühl zu leiden, musste ich mich innerlich jedes Mal wieder ganz bewusst von ihm lösen und praktizierte Visualisierungsübungen, die helfen, wieder eine innere Distanz aufzubauen. Ich liebte ihn nach wie vor und nahm in Kauf, dass wir keine gemeinsame Zukunft hatten. Nach einem weiteren Jahr wurde es Zeit für einen Schlussstrich, also definitiv loszulassen. Er war wieder offen für eine neue Beziehung, die sich bald einstellte. Es spielte keine Rolle mehr für mich, wir blieben freundschaftlich verbunden.

Ein Zufall erlöste ihn von der Fixierung auf seine Traumfrau. Seine grosse Liebe, wie er es nannte, traf er Jahre später bei einem Aufenthalt in Amerika wieder. Ganz einfach beim Benzin tanken, stand ihr Wagen plötzlich neben seinem. Sofort erkannten sich beide.

Er liess nicht locker, als sie sich abwenden wollte und verlangte eine Aussprache, wollte wissen, warum sie einfach aus seinem Leben und dem Job verschwunden war. Sie lud ihn zu sich nach Hause ein und erzählte ihm von der Ausnahmesituation, in welcher sie sich damals befunden hatte. Sie habe ausbrechen wollen aus einem alten Schema. Das habe er ihr ermöglicht. Interesse an ihm als Partner habe sie nie gehabt. Diese Aussprache war schmerzhaft, doch sehr klärend. Endlich konnte er sie loslassen.

WEIBLICHE LUST ADE?

Einige Zeit später erfuhr ich, dass meine Gebärmutter entfernt werden musste. Lange hatte ich gezögert, doch inzwischen war das Myom schon so gross, dass ich oft morgens die Blase nicht mehr entleeren konnte, weil das Myom auf den Harnleiter drückte. Bei den Yogaübungen konnte ich schon gar nicht mehr auf dem Bauch liegen, weil es wie ein Stein auf die Organe drückte. Dieses Etwas hatte sich an der Gebärmutter festgesetzt. Man konnte es nicht mehr abtrennen und es hatte sich innerhalb eines halben Jahres massiv vergrössert. Ami fuhr mich ins Spital, herzte mich und wünschte mir alles Gute.

Ich hatte eine etwas wagemutige Entscheidung getroffen, denn ich wollte die Operation ohne Vollnarkose erleben, und hatte entschieden, dass eine lokale Anästhesie genügen sollte. Meine Erfahrung von der letzten Operation mit doppelter Narkose war noch allzu präsent. Ich hatte mich danach kaum mehr konzentrieren können, war sehr vergesslich gewesen und hatte unglaublich viel Zeit benötigt, um mich zu erholen. Der Frauenarzt hatte Kenntnis davon und war einverstanden, obwohl das überhaupt nicht üblich war. Ich hatte mich gut informiert und diese Entscheidung getroffen, weil ich wusste, dass es möglich ist. Sehr bewusst wollte ich mich von meiner Gebärmutter verabschieden.

Der Arzt, in dessen Praxis ich tätig war und dessen Patienten ich behandelte, bestätigte mir, dass er mir diese Operation bei Wachbewusstsein zutrauen würde.

Am Vorabend der Operation versuchte der Narkosearzt mich zu überreden:

»Wissen Sie, es kann sehr unangenehm für Sie sein, alles mitzubekommen und es wird während der Operation ziemlich viel Druck auf ihren Magen geben, der Übelkeit verursachen kann. Es ist ein grosser Eingriff und nicht bloss eine Blinddarmoperation.«

»Ja das ist schon möglich, doch ich möchte keine Narkose. Ich habe eine sehr gute Beziehung zu meinem Körper und will mich von meiner Gebärmutter verabschieden können.«

»Sie wollen sie also sogar noch sehen?«

»Ja, wenn das nicht zu blutig ist. Sie ist ein Teil meines Frauseins, von dem ich mich verabschieden möchte.«

»Es wird wenig Blut fliessen. Ich zweifle trotzdem, ob das für Sie das Richtige ist.«

Ich entgegnete voller Überzeugung: »Ich bin bereit und mein Vertrauensarzt traut es mir ebenfalls zu.«

Der Narkosearzt schien nicht vollends überzeugt, doch was sollte er machen: »Also gut, ich bin einverstanden. Wir werden Ihnen vorher eine Beruhigungstablette geben. Wenn Sie während der Operation bemerken, dass es zu heftig ist, können wir die Betäubung sofort verstärken.«

Das war für mich in Ordnung.

Wenig später betrat eine Physiotherapeutin das Zimmer, setzte sich an mein Bett und wollte wissen, ob ich Fragen hätte. Das Gespräch verlief harmonisch, denn sie erklärte mir, wie das Ganze ablaufen würde und dass tiefes Atmen wichtig sei. Sie übte mit mir die Bauchatmung. Ich erklärte ihr, dass ich das vom Yoga her kannte, und freute mich natürlich, dass solches in einem Spital vermittelt wird. Als sie meine Aura Soma Fläschchen auf dem Nachttisch sah, erkundigte sie sich, wozu diese hier wären. Ich erklärte, dass diese Pomander heissen und dass der Inhalt aus Kräutern und Steinessenzen hergestellt werde. Sie seien eine Unterstützung in vielerlei Hinsicht, also für mich wie feinstoffliche Freunde.

Ich hatte einen violetten, orangefarbenen, smaragdgrünen, goldenen, blauen und weissen Pomander dabei. Diese würden über meine Aura wirken, wenn ich sie tröpfchenweise zur gegebenen Zeit in meine Aura hinein fächelte

187

oder auftrug. Zuerst solche mit beruhigender Wirkung und danach jene, die den Heilungsprozess fördern.

Ich hatte ehrlich gesagt schon ein wenig Herzklopfen, aber nicht wirklich Angst vor dem morgigen Tag. Ich lehnte den Kaffee zum Nachtessen ab und bat um Lindenblütentee, den sie im Spital literweise ausschenken. Alles, was nervös machen konnte, wollte ich vermeiden und Kaffee wirkte nun mal auf mich sehr aktivierend. Als Schlafenszeit war, besann ich mich auf die Anregungen der Therapeutin und war froh, dass mich jemand daran erinnert hatte. Ich atmete tief und entspannt. Die einfachsten Dinge gehen in Extremsituationen oft vergessen. Dinge, die ich eigentlich genau wusste und – oh Schande – die ich in meinen Kursen x-fach weitergegeben hatte.

Am Morgen wurde ich als eine der Ersten in den Operationsraum geschoben. Interessiert beobachtete ich den Raum und sah die Anwesenden, die mich begrüssten. Mein Frauenarzt war ebenfalls da. Man gab mir Kopfhörer, um Musik zu hören. Die Spritze begann schon zu wirken und von der Taille abwärts nahm ich nichts mehr wahr. Ein Tuch war so gespannt, dass ich nur die Köpfe des Operationsteams sehen konnte. Wahrscheinlich war der Bauchschnitt schnell gemacht, denn davon merkte ich nichts. Doch die Klammern, welche die Bauchdecke noch oben fixierten, übten einen unangenehmen Druck auf den Magen aus.

»Ich befürchte, dass mir schlecht wird,« sagte ich leise.

Sofort bekam ich eine weitere Dosis Lokalanästhetikum. Der Druck blieb, doch der Brechreiz verschwand und ich spürte, dass an mir gerüttelt, gezerrt und gearbeitet wurde. Ich hörte schöne Musik und schloss die Augen. Mein Zeitgefühl löste sich auf, ich war in Halbtrance und hoffte, dass es bald vorbei sein würde. Jetzt war es recht gut auszuhalten. Als die Operation beendet war, näherte sich der Arzt mit einer silbernen Schale und zeigte mir einen Klumpen in Kugelform, der ziemlich gross war und aussah, als hätte er

Adern. Es war nicht die Gebärmutter, sondern das Myom, das eine ansehnliche Grösse hatte und 3,5 kg wog – ganz wie der Arzt es vorausgesagt hatte. Innerlich verabschiedete ich mich, bedankte mich bei meiner Gebärmutter, die nun winzig klein war und erfuhr, dass das Ganze nun zur Untersuchung in die Pathologie gesandt wurde, um zu testen, ob Krebszellen darin enthalten waren.

Zwei Tage später kam dann die Entwarnung: Alles war bestens. Der Arzt erklärte mir, dass das Myom das Gewicht eines Babys bei der Geburt gehabt habe. Irritierend war, dass die Krankenschwester, die meine Narbe betreute, erklärte, dass vieles schneller heilt, wenn man keine Vollnarkose bekommt. Sie würde jeder Frau empfehlen, eine solche Operation mit einer periduralen Anästhesie machen zu lassen, falls diese es sich zutraute. Leider wurde das von keinem Arzt vorgeschlagen.

Nun liess auch sie sich erklären, wie Aura Soma funktioniert und ich zeigte ihr die Anwendung. Täglich rieb ich einige Tropfen der Pomander in beide Handflächen, verteilte sie in meiner Aura. Den weissen tupfte ich auf den Verband und später direkt auf die Narbe. Erfreulicherweise verheilte alles gut und schnell.

Ich hatte nicht nur die Pomander als Unterstützung. Eine Polarity-Kollegin, die Krankenschwester ist, besuchte mich kurz nach der Operation. Mit ihr hatte ich vorher ebenfalls das Thema Gebärmutterentfernung eingehend besprochen und sie erklärte mir, dass die Entfernung, da ich ja keine Kinder mehr wollte, auf mich wenig oder keinen negativen Einfluss haben würde, wenn ich mich geistig darauf vorbereitete. Der Körper würde damit umgehen können. Eine Craniosacral-Behandlung kurz nach der Operation würde mir helfen, schneller gesund zu werden. Diese wirkte auf das Nervensystem beziehungsweise auf die Gehirnströme, damit sich der Körper an die neue Situation gewöhnen konnte. Ich erlebte diese Behandlung als sehr entspannend und wohltuend. Kurz kam das Trauma der lange zurückliegenden Operationen hoch, um dann abzuebben. Es wäre sehr wertvoll, wenn häufiger Polarity- oder Craniosacral-Behandlungen bei Frischoperierten angewendet würden.

Ich empfehle jedem, sich vor einer Operation über die diversen Möglichkeiten zu orientieren, insbesondere, sich bewusst mit der Entfernung eines Organs oder Tumors zu befassen. Man müsste sich die Zeit nehmen, auf die innere Stimme zu hören.

Ich erinnere mich an ein früheres Erlebnis.

In einer Polarity-Sitzung mit einer Klientin führte ich sie an den Punkt kurz vor der Operation, um sich die Ängste die da waren anzuschauen. Immer klarer kam zum Vorschein, dass ihre Intuition ihr riet, sich entgegen aller Prognosen, nicht operieren zu lassen. Daraufhin gönnte sie sich eine Bedenkzeit, während derer sie plötzlich Blutungen bekam. Bei der darauffolgenden Kontrolle hatte sich die tumorartige Geschwulst aufgelöst.

Ich fühlte mich rundum gut betreut im Spital. Es war ein kleines Wunder, dass ich ein Einzelzimmer bekommen hatte. Da ich nur halbprivat versichert war, betrachtete ich das als Geschenk. Man merke: Für uns ist gesorgt, wenn wir achtsam bleiben. Ich hatte meine Ruhe und der Heilungsprozess verlief so gut, dass ich mich in der Routine des Spitals langsam zu langweilen begann.

Ami und seine neue Freundin besuchten mich und brachten mich auch nach einer Woche wieder nach Hause. Dieser Liebesdienst berührte mich sehr. Zu Hause war ich noch sehr erschöpft. Das merkte ich nun, als ich nicht mehr rund um die Uhr betreut wurde. Ausserdem durfte ich weder etwas hochheben, noch Schweres tragen und sollte meine Narbe pflegen, die sehr gut verheilte. Ohne die Spitexbetreuung wäre der Haushalt mit Kind nicht zu meistern gewesen. (Die Spitex Organisation ist gesamtschweizerisch tätig und betreut betagte oder rekonvaleszente Menschen zu Hause. Die Betreuung beinhaltet pflegerische Dienste, Hilfe im Haushalt wie Essen vorzubereiten, putzen oder auch sonstige Handreichungen. Die Kosten werden von den Krankenkassen übernommen.)

Ami kam, um Schnee zu schaufeln, damit ich mein Auto problemlos aus der Garage bekam und machte grössere Besorgungen für mich. Es lief also alles bestens. Wenn ich Hilfe benötigte, war er der Mann, der mir ganz praktisch zur Seite stand. Wir konnten uns alles anvertrauen und lebten diese Freundschaft noch einige Jahre bis zu einem endgültigen Bruch. Grund war meine schonungslose Offenheit, aber auch seine Unklarheit, doch davon später.

Wenn ich mich auf meine Weiblichkeit einstimmte, fühlte ich eine ruhige Zufriedenheit, ja fast Erleichterung. Ich musste keine unerwünschte Schwangerschaft mehr befürchten, bekam keine Periode mehr. Der Verlust der Gebärmutter konnte gefeiert werden. Ein Lebensabschnitt ging zu Ende und ein neuer begann. Mit 46 Jahren fühlte ich mich in den besten Jahren und war bereit für weitere Abenteuer.

5 DAS ABENTEUER INTERNET

EINE NEUE ÄRA

Es war ein Jahr mit vielen Neuerungen. Jetzt kam endlich ein Computer ins Haus. Schon länger redete sich meine Tochter den Mund fusselig, ich solle doch einen Computer anschaffen. Damals war für mich alles mit Bildschirm und Tasten ein Computer, doch was ich mir anschaffte, war ein iMac.

Nena hatte bei ihrem Vater Zugang zum Internet und das *Chatten* entdeckt. Sie konnte die Wochenenden bei ihm kaum erwarten, durfte jedoch nur sehr begrenzt chatten und erhoffte sich bei mir ausgedehntere Möglichkeiten. Ich begann mich mit dem Gedanken anzufreunden, nachdem ich ziemlich bearbeitet worden war. Vermutlich könnte mir das auch beruflich von Nutzen sein. So viel ahnte ich bereits. Alsbald kaufte ich einen hübschen runden, orange-farbenen iMac, der aussah wie ein geköpftes Ei, machte sich aber ganz hübsch auf meinem Pult. Ich besuchte Kurse und lernte die technische Handhabung kennen. Meine Tochter führte mich ins Chatten ein.

Eine grosse Tageszeitung hatte online einen Zürcher Chat eingerichtet. Darin tummelten sich die verschiedensten Leute. Es gab nur sechsunddreissig Zugänge und somit war der Chat schnell bis auf den letzten Platz besetzt. Wenn man zu spät dran war, musste man warten, bis jemand sich ausklinkte und den Platz freigab. Wir schreiben das Jahr 1999.

Ich begann nun intensiv zu kommunizieren und erschuf mir einen neuen Bekanntenkreis. Tagsüber hatte ich freie

Bahn, die Abende mussten meine Tochter und ich uns einteilen.

Bei mir begann damit eine Art Chat–Sucht. Meine Tochter durfte von 20 bis 21 Uhr den iMac benutzen, danach musste sie ins Bett. Ausnahmen gab es an den Wochenenden. Ich hingegen gab mir *open end* und es konnte vorkommen, dass ich zwei bis vier, im Extremfall sechs Stunden am Stück chattete. Ich lernte viele Menschen kennen und schulte so meine Wahrnehmung, um zu erspüren, was für ein Mensch sich hinter dem Pseudonym verbarg. Im grossen Chat liefen die unterschiedlichsten Themen. Manchmal war es recht lustig, dann wieder langweilig oder ziemlich fies. Wenn einer ausfällig wurde, versuchte ich zu neutralisieren oder herauszufinden, was sein Problem war. Ich zog es jedoch vor, persönlicher zu kommunizieren und war immer öfters mit einer oder zwei Personen in einem privaten Chat, im Hintergrund am Schreiben. Wir redeten über Gott und die Welt, über Probleme und Wünsche, Männer wie Frauen. Ich lernte, mich über das Netz in Menschen hineinzuspüren und merkte sehr schnell, wie jemand sich fühlte, auch wenn es unausgesprochen blieb. Bei den Männern waren die Energien manchmal sexueller Art. Obwohl ich keine Gedanken lesen konnte und sie es nicht schrieben, begann ich, durch ein Ziehen im Unterleib oder innere Bilder physisch zu spüren, wann die Fantasien der Männer sich hochschaukelten. Es wurde für mich wichtig zu erkennen, ob es Sympathie war oder ein anderes Interesse. Sie schätzten den Austausch, erzählten von sich und ich begann *Beratungsgespräche* zu führen. Dank meiner therapeutischen Schulung, filterte ich sehr schnell die Schwachstellen heraus und fand ein gutes Übungsfeld für schriftliche Kommunikation.

Einige Männer aus dem Chat wollten mich unbedingt kennenlernen. Längere Zeit zögerte ich, doch dann nahm die Neugierde überhand. Ich begann zu selektieren. Wenn mir jemand besonders sympathisch war oder mich seine Ausdrucksweise oder Intelligenz beeindruckte, begann ich einen direkten Mailkontakt. Danach war ich bereit für ein Telefonat auf dem anonymen Handy und gab bald meine genauen Daten, wie Name und Wohnort bekannt. Ich habe viele Blind Dates gehabt, mit denen ich schöne Nachmittage mit Kunst oder Kino, eine nette Essensbegegnung verlebte und danach ging jeder wieder seiner Wege. Es gab sie, die tieferen oder lehrreichen Begegnungen und von denen soll hier die Rede sein.

MEIN ERSTES BLIND DATE

Der erste Mann, für den ich mich wirklich interessierte, hat mir über eine Zeit von zwei Monaten, sehr nette und liebevolle Mails geschrieben. Er überraschte mich mehrmals durch seine feine, offene Art und verwöhnte mich mit schönen Gedichten. Für einige Männer scheine ich tatsächlich so etwas wie eine Muse zu sein. Auch die Briefe von Leandro wurden inniger, je länger wir zusammen waren. Nun musste ich feststellen, dass ich nicht nur chat-, sondern wirklich internetsüchtig war und beschloss Pfingsten im Tessin zu verbringen, wo ich mich bewusst vom iMac und dem Chat für vier Tage fernhalten konnte. Es gelang mir erstaunlich gut, meinen Aufenthalt ohne Computer zu geniessen.

Das Folgende möchte ich Dir liebe Leserin/lieber Leser wieder schildern, als würde es gerade erst stattfinden.

Sass Da Grüm ist ein einmalig starker Kraftort auf dessen Anhöhe sich ein Hotel befindet. Das Hotel liegt inmitten von Wald auf einem kleinen Plateau, wie ein Adlerhorst, und wir haben herrliche Sicht auf den See. Das ganze Hotel hat eine anthroposophische Qualität. Alle Wände und Stoffe sind aus natürlichen Materialien und sanften Farben. Es hat viel Holz, überall Blumen und sehr wenige elektrische Apparate. Das Essen ist überaus liebevoll gekocht und die Menschen, die hier Ferien machen oder arbeiten, verbreiten eine meditative, friedliche Stimmung. Passend dazu bietet das Haus spirituelle Kurse, Behandlungen mit Energiearbeit und Meditationen an. Es passt alles.

Zum ersten Mal empfinde ich keine Einsamkeit, obwohl ich ohne Partner in den Ferien weile. Die Tage verbringe ich mehrheitlich alleine und fühle mich wirklich gut. Ab und zu ergibt sich ein nettes Gespräch mit anderen Gästen oder ich mache einen Ausflug ins Tal, bummle in Ascona, mit den schönen Boutiquen und einer recht grossen Touristenschar. Danach kann ich den friedlichen Aufenthalt auf dem Berg oben doppelt geniessen. Vom Parkplatz aus muss man 20 Minuten durch einen schönen Wald bergauf laufen und schon befindet man sich auf einer anderen Ebene. Auf dem Platz des Hotels gibt es einen wunderschönen Baum nahe am Abgrund, an den ich mich sehr gerne anlehne. Die Menschen hier leben sehr energiebewusst und ziehen ebensolche Gäste an. So erklärt mir einer der Gäste, dass der Fleck, auf dem ich mich befinde, ein sogenannter Null-Punkt sei, der am wenigsten Energie hat. Der Meditationsplatz weiter hinten habe eine der höchsten Bovis-Strahlungen der Schweiz. Ich beschliesse mich zu Hause mit den Bovis-Strahlen näher zu befassen. Warum mir ein sogenannter Null-Punkt zusagt, erschliesst sich mir später. Mein Energiepegel ist oft sehr hoch. Mein Energiefeld verbindet sich sehr leicht mit dem Feld anderer Menschen und vermischt sich, sodass ein Ort mit neutraler oder einer Null-Energie für mich wahre Erholung bedeutet. Es ist ein natürlicher Vorgang bei sehr sensiblen Menschen, dass sie empfänglicher sind für das Umfeld. Hilfreich war diese Empfindsamkeit, wenn ich therapeutisch arbeitete. Ich spürte körperlich, also an mir die Schwachstellen der anderen Person. Dies diente mir als Information. Da ich sehr zentriert und im Fluss der Energien war, blieb nichts an mir hängen, wenn es nicht mit mir zu tun hatte. Im Alltag geschieht es unbewusst, aber es geschieht. Vor allem Kinder reagieren sensibel und sind manchmal den Energien ausgeliefert, Tiere reagieren instinktiv ebenso. Erwachsene, die schon gefestigt sein sollten, erleben immer wieder Momente, wo sie sich nicht mehr spüren. Manchmal ist es so subtil, dass man nicht unterscheiden kann, was zu wem gehört. Mir ging das lange Zeit auch so. Aus Erfahrung weiss ich heute, dass Frauen solchen Energien stärker ausgeliefert sind, während Männer eher mit den sexuellen Energien konfrontiert werden.

Dieses sogenannte Energieloch erlaubt mir, mich selbst ohne Fremdenergien zu spüren. Frei von jeglicher menschlichen Beeinflussung zu sein fühlt sich sehr erholsam an. In den Meditationen gelingt es mir immer wieder, diesen Raum zu erschaffen. Es ist wie Urlaub und ich öffne mich dann für das, was mir guttut.

Zurück von den schönen Tagen im Tessin, finde ich zu Hause einen Brief von diesem Mann aus dem Chat im Briefkasten. Ich fühle mich überrumpelt, frage per Mail nach, was das soll. Er erklärt entschuldigend, er habe es fast nicht ausgehalten ohne den Austausch mit mir und hätte wissen wollen, wo und wie ich wohne. Das ist einerseits ein starkes Stück, andererseits auch schmeichelhaft. Es ist wohl an der Zeit, ihn persönlich kennenzulernen. Damals tauschte man noch nicht so problemlos digitale Fotos aus, also hatte ich keine Ahnung, wie er aussieht.

Ich lade ihn zum Essen ein. Mein erstes Blind-Date – und das gleich zu Hause! Einige werden mich auch heute noch für verrückt erklären, doch ich vertraute meinem weiblichen Instinkt und meiner Intuition. Ich hatte keinerlei Bedenken und fühlte auch keine Bedrohung.

Er erscheint pünktlich, beladen mit sehr schönen Geschenken und wir geniessen einen Abend bei einem guten Nachtessen. Er versucht sich mir anzunähern, doch ich distanziere mich. Wie es scheint, hat er sich bereits in mich verliebt, doch ich kann diese Gefühle nicht erwidern. Er ist ein echter Softie, körperlich füllig bis schwammig. Als Mann gefällt er mir gar nicht und ich spüre weder Anziehung noch Lust, ihm näher zu sein. Wir beenden den Abend friedlich.

Am folgenden Tag im Chat lobt er mich. Ich sei eine sehr angenehme, weibliche Frau. Das gefalle ihm sehr. Einen Satz später beklagt er sich über die Härte und Kälte seiner Frau und sagt, sie sei kühl wie ein Eisschrank. Ich erkläre ihm, er sei dafür ein sehr weicher Mann und seine Frau die Ergänzung zu ihm. Mir gefalle es nicht, wenn er so von seiner Frau spreche. Was sich zwischen ihnen entwickelt habe, sei auch das Resultat seines Verhaltens. Dann gebe ich ihm einige Verhaltenstipps.

Er hat sie tatsächlich angewendet und bestätigt mir später, dass er so seiner Frau wieder nähergekommen sei und bedankt sich bei mir. Damit findet dieser Kontakt sein Ende.

Danach folgt ein Näherkommen mit einem Mann vom Schweizer Fernsehen, einem wortgewandten, lustigen und sehr kreativen Mann. Wir schreiben uns täglich lange Mails und bald viele SMS. Zwischendurch wird es ein bisschen erotisch. Ich mag seinen Humor sehr und natürlich auch seine Aufmerksamkeit. Er ist verheiratet und geniesst meine Fähigkeit, mich auszudrücken und ihn anzusprechen. Ich bin ebenso begeistert von ihm. Unser Kontakt beflügelt mich und beide halten es keinen Tag ohne eine Message aus. Ich bemerke, dass unsere Interessen doch ziemlich unterschiedlich sind. Ihm gefällt es, auf der Love Parade die ganze Nacht durchzutanzen, Piercings findet er toll. Einiges, was mir persönlich gar nicht zusagt, gehört zu seinem Lebensstil. Unser Lebensinhalt unterscheidet sich beträchtlich. Weil es zwischen uns immer mehr knistert und er sich ganz offensichtlich nach mir sehnt, vereinbaren wir ein Treffen. Ein wenig Unsicherheit meinerseits ist dabei, denn er muss ein wirklich toller Mann sein. Soviel ich weiss ist er Kameramann und gestylte Frauen gewohnt.

Ich kleide mich dezent und elegant, doch nie übermässig gestylt. Heute ziehe ich eine grüne Seidenhose und ein schwarzes Top an, schminke mich möglichst natürlich und mache mich so auf in die Stadt. Kaum hat er mich gesehen, sagt er:

»Du bist überhaupt nicht mein Typ. Ich weiss nicht ob ich jetzt bleiben oder gehen soll?«

Ich muss ihm wohl vorgekommen sein wie die Unschuld vom Lande. Kein Piercing, keine hohen Absätze, keine enge anliegende Hose oder Minirock, auch keine langen, blonden Haare. Dass er nicht augenblicklich kehrt macht, erscheint im Nachhinein wie ein Wunder. Eine solche Ablehnung hatte ich so direkt noch nie erfahren. Von diesem Schock muss auch ich mich kurz mal erholen.

Da uns andere Werte voneinander bekannt sind, frage ich: »Können wir nicht, wie Erwachsene, trotzdem einen netten Abend verbringen und wenigstens miteinander essen?«

Damit ist er einverstanden. Es gelingt uns ganz gut, den Abend harmonisch zu verbringen, jetzt wo die Situation geklärt ist. Zum Abschluss begeben wir uns in eine gemütliche Bar auf ein letztes Glas Wein. Er kennt sich gut aus in Zürich, mit Bars, besser als ich.

Wie oft wird das wohl noch geschehen? Ein Mann der mein Wesen, das er schriftlich kennengelernt hat, mag und sich dann nur vom Aussehen leiten lässt? Seinen Vorstellungen, wie eine tolle Frau auszusehen hat, habe ich nicht entsprochen. Also lohnt sich ein weiterer Kontakt nicht? So einfach machen es sich die meisten Männer. Es macht mich traurig, wie viel Oberflächlichkeit es gibt. Ich benötige einige Zeit, um mich von diesem Erlebnis zu erholen und träume noch des Öfteren von ihm. Ich vermisse seine Aufmerksamkeit. Nach einer Woche fasse ich mir ein Herz und erkläre ihm schriftlich, dass ich ihm nicht böse bin, es sei ja doch ein ganz netter Abend gewesen. Er gesteht mir sein schlechtes Gewissen, sich so verhalten zu haben und es erscheine ihm nun lächerlich, dass er sich von seinen Sehnsüchten habe leiten lassen. War es nur die Illusion, die er sich selbst aufgebaut hat? Oder habe ich sein Herz berührt?

Als sehr visuell orientierter Mann kommt er nicht damit klar, dass ich seinem Bild nicht entspreche.

Liebeskummer quält mich nicht, es ist eher das Unerwartete der Entwicklung, das mich überrumpelt hat und natürlich fehlt mir der Austausch mit ihm. Nach dieser Klärung entscheide ich, mich nicht mehr so schnell von einem Mann begeistern zu lassen. Gewiss nicht, solange der Kontakt nur schriftlich ist.

FENG SHUI

Es ist Messezeit und in meiner Funktion als Messebeauftragte bin ich an der Gesundheitsmesse tätig. In der Cafeteria begegnet mir ein Mann, dessen Energie mich in ihren Bann zieht. Er ist damit beschäftigt, Notizen durchzulesen und schenkt mir keine Beachtung. Bei einem Rundgang in der nächsten Pause sehe ich ihn, einen Vortrag über Feng Shui halten und ich höre ihm zu. Ein interessanter Mann, spirituell, klug und noch dazu gut aussehend. Ich möchte ihn näher kennenlernen und würde ihn um eine Beratung bitten. Ich lasse mir seine Visitenkarte geben und lade ihn ein, um mein Haus nach Feng Shui Kriterien zu beurteilen.

Zuerst benötigt er die Geburtsdaten der Bewohner, den Grundriss und die Lage des Hauses. Dadurch stellt er einen Bezug zwischen dem Haus und den Bewohnern her.

Ich freue mich sehr auf seinen Besuch und bin gespannt. Er kommt mit seinem Pendel, Papieren und seine wachen Augen blicken konzentriert. Wir trinken eine Tasse Tee und er erzählt mir, dass er Architekt sei und sich weitergebildet habe. Wir gehen dann durch das Haus. Einiges, was er mir während der *Führung* sagt, erstaunt mich sehr, weil er damit ins Schwarze trifft. Anderes habe ich intuitiv harmonisierend früher schon angepasst.

Er fragt mich zum Beispiel: »Hast Du Rückenprobleme?«
»Ja, warum?«

»Weil Du sehr grosse Fensterfronten hast im Bereich des Hauses, der Deinem Rücken entspricht und das zieht viel Energie ab. Da wo der Schaukelstuhl steht, ist eine Kreuzung von Energien, die ebenfalls schwächend wirkt und Energie abzieht. Also kein günstiger Ort zum Verweilen.«

»Das erklärt mir, warum ich immer wenn ich dort sitze, gierig auf Schokolade bin«.

Jahre später ist dieser Platz ein beliebter Platz meiner Katzen, von denen sagt man, dass sie Energien ausgleichen und sich energiearme oder überladene Plätze aussuchen. Die andere Katze legt sich oft in meinem Büro ans Fenster, als müsste sie die Energien lenken.

Ich frage ihn eher zögerlich: »Kann ich mit Hilfe von Feng Shui einen Partner finden?«

»Es kann Dich unterstützen. Momentan wundert es mich nicht, dass keiner da ist. Es ist als wolltest Du unbewusst einen Mann fernhalten.«

Er erklärt mir die Details: »Am Eingang zum Schlafzimmer ist das Anschauungsskelett Deiner Kurse aufgestellt. Das ist nicht gerade eine einladende Energie für ein Liebesnest, ebenso wenig der Staubsauger hinter dem Schrank. Er steht genau an dem Platz im Raum, wo gemäss Feng Shui sich die Beziehungsecke befindet. Im Wohnzimmer hast Du in der Beziehungsecke ein Büchergestell und Deine Musikanlage. Das sind multiple Dinge, die in die Weisheitsecke passen würden. Dort fehlt ein ruhiges zentrierendes Bild. In der Weisheitsecke befindet sich Dein Sofa, wo Du Dir Weisheit aneignen kannst, aber für Zweisamkeit ist es nicht ideal. Das bedeutet nicht, dass Du alles umstellen musst. Du solltest diese Orte mit passenden Objekten oder Bildern ergänzen.«

Daraufhin verändere ich einige Dinge. Der Staubsauger kommt weg aus dem Schlafzimmer, das Skelett in den Schrank. In die Beziehungsecke hänge ich ein Plakat auf mit einem Paar, das sich halb nackt und sinnlich an einem

Strand küsst. Ich lege meine Kristalle bewusst an Orte, die er mir empfohlen hat, und fühle in den darauf folgenden Tagen gewisse Veränderungen in puncto Energie. Meine Vergesslichkeit verringert sich. Ein interessantes Phänomen erlebe ich, als ich an den grossen Fenstern auf Anraten kleine schwarze Sinus-Wellen (eine liegende S) oder Kristalle anbringe. Es wird augenblicklich fühlbar wärmer, was nicht mit der Raumtemperatur, sondern mit der Energie zusammenhängt, die gebündelt wird.

Der Feng Shui Mann lebte mit seiner Partnerin in einem schönen Haus am See, wo ich ihn erneut treffe. Da er auch Webseiten konzipiert, hilft er mir, meine eigene neu zu gestalten. Daraus ergibt sich eine langjährige, schöne Zusammenarbeit und Freundschaft.

Mit einem der nächsten Chat-Kontakte entwickelt sich über einen längeren Zeitraum ein sehr freundschaftlicher, schöner Dialog. Ich frage ihn, ob wir uns zu einem Kaffee im Grünen treffen könnten. Diesmal bin ich gefasst auf alles, was da kommen mag und bleibe ganz neutral. Auf der Hinfahrt wiederhole ich ständig: »*Bleib ruhig, es ist nur ein Treffen, nichts weiter.*« Ich steige aus meinem Wagen und schon kommt er auf mich zu. Wir schauen uns kurz an und fallen uns um den Hals, als würden wir uns schon ewig kennen. Während eines langen Spaziergangs dem Wasser entlang, führen wir ein schönes Gespräch über unsere Interessen, unser Leben und viele andere Dinge. Auf einer kleinen Brücke, etwas abseits, küssen wir uns innig auf den Mund. Er strahlt unglaublich viel Herzenswärme aus. Da er eher beleibt ist, entspricht er vom Aussehen her nicht meinem Typ, aber ich bin vollkommen überrumpelt von seiner herzlichen Ausstrahlung und geniesse seine Nähe und seinen Charme. Es wird eine kurze Liebschaft daraus. Wir verabreden uns über den Chat oder per SMS und treffen uns mehrmals zu gemütlichen Mahlzeiten bei mir zu Hause. Nach dem Essen folgt regelmässig das sexuelle Zusammensein. Es ist so gesehen nichts Spektakuläres, sondern tut mir einfach gut. Mit ihm ist Sex wie ein leckeres Dessert. Ja – locker und leicht fliesst dieser Kontakt. Die Essenz dieser Hingabe ist, dass ich mich von der äusseren Erscheinung, die nicht meinem Idealbild entspricht, lösen kann und das verdanke ich wohl nicht zuletzt dem Fernsehmann, der mir eine klare Lektion erteilt hat. Das, was zwischen diesem Mann und mir läuft, kann ich geniessen, bis mir klar wird, dass er zu Hause eine wunderbare Frau hat. Er spricht wenig von ihr, doch er beklagt sich, wie beschäftigt seine Frau mit den zwei kleinen Buben sei. Eines Tages, als ich ihn anrufe, geht sie an sein Handy. Eine helle, offene und sehr freundliche Stimme klingt mir entgegen. Ich leiste nun innerlich Abbitte und weiss, dass ich das Verhältnis zu ihrem Mann beenden muss. Einige Zeit später geht mein Temperament mit mir durch, es brauchte nur noch einen Stupser und ich beende diese Beziehung. Da meine Gefühle für ihn nicht tief gingen, war ich schnell darüber hinweg.

Meine Neugier für weitere Begegnung ist geweckt. Was es wohl noch für mich zu erleben gibt? Ich halte weiterhin Kontakt mit diversen Männern, über den Chat, auch per Mail. Immer wieder ergibt sich im Chat eine gefühlvolle Intensität mit dem einen oder anderen und manchmal geht es in den Gesprächen auch um Sex. So auch mit einem jungen Unternehmer, der sehr aktiv und interessiert nachfragt, was und wie ich lebe. Er will wissen, ob in meiner Spiritualität auch Sexualität Platz habe und ob diese anders ist, als das was man kennt. Er will viel von mir wissen und trotz der sehr direkten Fragen empfinde ich ihn nicht als aufdringlich. Ja, er scheint ein sehr sympathischer Mann zu sein. Mit ihm beginne ich nun per Mail über vieles intensiver zu philosophieren. Ich erzähle auch von meinen diversen Bekanntschaften und Freundschaften und er teilt mir seine Ansichten bezüglich Ehe und Beziehung mit. Was er von sich erzählt, klingt mehr nach einem Junggesellen-Dasein, als nach einer dauerhaften Beziehung.

Es wächst eine schöne gegenseitige Wertschätzung, auch wenn er mich öfters wegen meines esoterischen Gedankenguts auf die Schippe nimmt. Gleichzeitig interessiert es ihn. Mit ihm dauert der schriftliche Kontakt an, ohne dass einer von uns auf ein Treffen drängt.

DUALSEELE

Zur selben Zeit werde ich überwältigt von der Energie eines Mannes, der sehr wenig Zeit im Chat verbringt. Er fällt mir durch seine stille Anwesenheit auf. Er ist energetisch spürbar für mich. Ausserdem hat er ein Pseudonym, das mich sehr anspricht, nennt sich *Träumer*. Vielleicht ist er auch ein verkappter Romantiker. Meistens ist er mittags, wenn er Pause hat, im Chat anwesend. Ich werde wieder zur Dauerbesucherin. Bereits nach dem Frühstück beginne ich, mittags geht es weiter und abends bis tief in die Nacht hinein. Wieder entwickle ich eine regelrechte Sucht, hoffe vor allem, ihn nicht zu verpassen. Wir fühlen uns einander sehr nah, wenn wir chatten. Da ist eine unglaubliche Affinität spürbar. Nennen wir ihn Theodor. Er schreibt mir, er sei geschieden, was mich beruhigt. Ich bin bereit, mich auf jemand Neuen einzulassen. Bald simsen wir uns. Die Telepathie ist so gross, dass wir uns oft gleichzeitig eine Nachricht simsen. Er blockt ab, wenn ich davon spreche, ihn sehen zu wollen. Er könne mich nicht treffen, weil er zeitlich so unter Druck stehe. Ich fühle, dass er mir etwas verschweigt, kann es aber nicht einordnen. Er ist offensichtlich kein Draufgänger, das merke ich bald. Einverstanden ist er damit, dass wir telefonieren. Also beginnen wir abends stundenlange, innige Telefonate. Ich erfahre, dass er seit vielen Jahren keinen Sex mehr gehabt hat und keine Zeit für Beziehungen findet. Ausserdem mache er eine Schulung und sei beruflich sehr eingebunden. Ich glaube ihm, weil ich glauben will. Es beginnt eine intensive Zeit für mich. Es sind Tage, an denen ich den Abend herbeisehne. Er erzählt einiges über sein Familienleben, nur einen wichtigen Punkt lässt er aus.

Obwohl Theodor spürbar zurückhaltend ist, scheint genau das bei mir eine Anziehung zu bewirken. Die Energien fliessen so stark zwischen uns, dass ich ihn jetzt erst recht fast physisch spüren kann. Dabei habe ich ihn bisher noch nie getroffen. Unbenennbares fasziniert mich. Wir beide üben eine offensichtliche Faszination aufeinander aus. Es ist als würden hier zwei Seelen aufeinandertreffen die sofort verschmelzen, wenn sie in Kontakt sind oder aneinander denken. So etwas hat bestimmt eine tiefere Bedeutung und ich frage mich, was das sein könnte. Einem Impuls folgend beginne ich mich mit Dualseelen zu beschäftigen. Ich fühle ihn so nah, dass keine Sehnsucht aufkommt. Ich spüre ihn bei mir, energetisch erreichbar. Da wir ganze Abende und stundenlang telefonieren, entstehen mit der Zeit sehr sinnliche Gespräche.

Ich beginne ihn mit Worten zu streicheln und er stöhnt, reagiert darauf und will mich stoppen. In mir wird eine Glut entfacht, die zu einem Feuer wird. Die Energie steigt vom Unterleib hoch und formt Worte. Ganz automatisch beginne ich mich während des Gespräches selbst zu streicheln, als würde er es tun. Natürlich weiss er was meine Pausen bedeuten und atmet selbst schwer. Ich beschreibe, was ich tue und lade ihn ein, dasselbe in Gedanken bei mir zu tun. Ich beschreibe, wie ich ihn berühre und streichle. Es ist alles so real, als hätten wir wirklich Sex miteinander und das per Telefon. Wir befriedigen uns gemeinsam und uns selbst und haben beide einen Orgasmus. Manchmal fällt mir der Hörer aus der Hand oder ich presse ihn an meine Brust. Wenn er auch mein Herzklopfen nicht hören kann, er fühlt es. Einmal gesteht er mir, dass er sich gegen die warme Radiatorenwand drücke und sich vorstellt, es sei meine Wärme. Die Vertrautheit ist angenehm und ich weiss, dass es ihm guttut und mir gefällt es. Es ist ein innerer Antrieb, den ich nicht hinterfrage. Dieses gegenseitige starke Fühlen ist eine Grundlage, bei welcher Unmögliches möglich scheint.

Pfingsten ist nah und ich entscheide wegzufahren. Ich brauche dringend eine Luftveränderung und fahre für ein paar erholsame Tage in die Ostschweiz in ein spirituelles Zentrum, wo ich mich sofort integrieren kann. Fühlbar braut sich im Laufe der Tage energetisch etwas zusammen, was mich bedrückt. Dann wird mir klar, dass es mit Theodor zusammenhängt. Erneut beginnt eine starke Zurückhaltung seinerseits. Wir schreiben einander SMS, telefonieren jedoch nur kurz. Karge Worte ohne jede Zärtlichkeit gelangen zu mir und seine Stimme klingt gepresst. Ich muss es ertragen, kann es nicht einordnen. Meine Gefühle ihm gegenüber werden diffuser und ich werde sehr unsicher. Die Leiterin des Zentrums, eine lebenserfahrene ältere Dame, die medial veranlagt ist, erklärt mir in einem Beratungsgespräch, es gäbe einen guten Grund, warum er mir etwas verheimliche. Als ich ihr erzähle, dass ich ihn noch nie getroffen habe, weil er ständig Ausflüchte hat, beunruhigt sie mich noch mehr. »Was Sie von ihm erfahren werden, wird Sie nicht freuen, es ist nicht schön angelogen zu werden.«

Ich bedränge ihn nun am Telefon: »Bitte, sag mir, was los ist.«

»Ich kann nicht. Nicht am Telefon. Es ist etwas Unerwartetes geschehen.«

»Dann wird es Zeit, dass wir uns endlich treffen. Wann und wo?«

Nun lasse ich nicht mehr locker. Ich sage ihm, dass ich mich nicht länger mit dieser Ungewissheit quälen will.

Als ich tags darauf auf der Heimfahrt bin, treffen wir uns am See, wo er ziemlich schuldbewusst auf einer Bank auf mich wartet. Ihm zu begegnen ist für mich überwältigend. Es ist, als würden wir uns kennen und schon seit Ewigkeiten lieben. Ich hatte bisher kein Foto von ihm gesehen, und es überrascht mich, dass er genau mein Typ ist, gross, schlank, dunkelhaarig. Ich sehe in seinen Gesichtszügen eine fehlende Lebendigkeit, wie etwas das eingefroren, ja erstarrt ist. Es scheint mir gelungen zu sein etwas davon zu durchbrechen, dass wir so weit miteinander gekommen sind. Nachdem wir uns innigst geküsst haben, beginnt er zu erzählen.

Nun rückt er mit der Wahrheit hinaus, sagt mir, dass er nach wie vor verheiratet sei, sich jedoch überhaupt nicht mehr so fühle, weil er die längste Zeit des Jahres alleine lebe. Seine Frau verbringe viele Monate in einer Klinik und er müsse ständig verdrängen, wie hilflos ihn ihr Zustand mache, als wäre er mitschuldig. Dass er ihr nicht helfen könne, verstärkt das Schuldgefühl. Trennen könne er sich nicht von ihr. Sehr verhalten und stockend spricht er über seine Beziehung und sein Dilemma. Es ist neu für mich, dass ein Mann der Grund zur Klage hätte, es nicht tut. Trotz des anfänglichen Schocks bin ich auch angenehm überrascht, dass er kein Mann ist, der sich bei mir ausheulen will und auch keiner, der sich über seine Frau beklagt. Er erklärt mir, dass an eine normale Ehe mit ihr schon lange nicht mehr zu denken sei. Er habe sich damit abgefunden und sich in die Arbeit gestürzt. Nun sei sie nach vier Monaten Klinikaufenthalt wieder einmal entlassen worden. Für wie lange weiss er allerdings nicht.

Er ist also nicht frei, wie er mir weismachen wollte. Ich stelle fest, dass ihn unser Kontakt aus der Bahn geworfen hat. Da sind nun auch Schuldgefühle mir gegenüber, Ohnmachtsgefühle, Sehnsucht, ein Wust von Eindrücken, wie er mir gesteht. Ich habe Verständnis, weil seine Situation alles andere als einfach ist und auch, dass er sich seiner Frau gegenüber verpflichtet fühlt, ehrt ihn. Ja, ich verstehe seine Beweggründe, auch wenn ich ungemein enttäuscht bin. Ich liebe ihn schon zu sehr, als dass ich mich nun einfach abwenden und gehen könnte.

Es ist kalt am See, seine feingliedrigen Hände sind klamm. Im Moment gibt es nichts mehr zu sagen. Es zieht mich zu ihm. Ich öffne meine Bluse, nehme seine Hände und wärme sie an meiner Brust. Er stöhnt auf und ich weiss, wie sehr er sich danach sehnt mit mir zu verschmelzen. Nach diesen Eröffnungen brauche ich jedoch Zeit, um das zu verdauen. Wir verabschieden uns und ich habe keine Ahnung, ob das nun das Ende ist.

Warum nur ist immer alles so kompliziert?

Wir führen unsere langen Telefonate nicht fort, nur ab und zu erlauben wir uns ein kurzes Gespräch oder einen Kontakt per SMS. Theodor ist Verzicht gewohnt, ich nicht. Ich bestehe darauf, dass wir uns wiedersehen. Ich habe mir überlegt, dass ich bereit wäre, die Beziehung auf Sparflamme mit ihm zu leben, obwohl das nicht meinem Naturell entspricht. Vielleicht wäre es auch eine Lösung, die mir die Freiheit gibt, die ich benötige, ohne etwas zu vermissen?

Endlich kann ich ihn überreden, mich zu besuchen. Als er in mein Haus eintritt, ist wieder diese Zurückhaltung da und doch empfinden wir beide die starke Sehnsucht nach Nähe, die greifbar im Raum steht. Sehr liebevoll und sanft beginnen wir uns zu berühren. Als wir im Schlafzimmer sind gibt es kein Halten mehr. Ich liebe alles an ihm, als wäre er für mich geschaffen. Er hat eine helle, für einen Mann sehr zarte Haut. Er ist schmal gebaut und seine Hände sind unendlich zärtlich. Als er in mir ist spüre ich mein Herz rasen, obwohl wir uns kaum bewegen. Die Energie der Verschmelzung fliesst durch mich hindurch, als würde sie alles in mir weit werden lassen und mich noch mehr mit ihm vereinen.

Ich flüstere: »Spürst Du mein Herz? Fühle in Dein Herz hinein.«

Ein wenig atemlos antwortet er nach einer Weile in die Stille hinein: »Das halte ich fast nicht aus, das ist so stark.«

In seiner Stimme höre ich tiefe Verzweiflung, als hätten wir eine Grenze überschritten, die für ihn Neuland bedeutet. Für mich ist eine solche Zurückhaltung auch neu, denn langsam zieht er sich in sich zurück. Nachdenklich ziehen wir uns wieder an und trinken gemütlich eine Tasse Tee im

Wohnzimmer. Meine Tochter kommt gerade nach Hause und schaut kritisch zu uns hin. Sie kennt ihn nicht und nimmt wahr, dass etwas Besonderes in der Luft liegt. Kaum hat sie ihn begrüsst, ist sie auch schon in ihrem Zimmer verschwunden. Als er mich verlässt, fühle ich mich erfüllt und glücklich, geliebt und liebend, wenn auch mit einigen Fragezeichen behaftet. Nenas Kommentar über Theodor ist sehr unfreundlich bis respektlos. Sie kann nicht verstehen, was ich an dem Mann toll finde. Sie könne ihn nicht ausstehen. Meine Tochter hat eine präzise Wahrnehmung, was Menschen anbelangt. Sie ist vom Naturell her skeptisch, wo ich eher gutgläubig bin. Sie ist kritisch bis abwägend und recht klar, wenn sie Situationen oder Menschen einschätzt. Leider endet es noch oft in Verurteilungen. Was sie hier unbewusst wahrnimmt, ist, dass dieser Mann ähnliche Züge wie ihr Vater hat. Nämlich eine grosse Fähigkeit Emotionen zu kontrollieren und zu verdrängen. Auf ihren Vater ist sie auch nicht gut zu sprechen, was jedoch eine andere Geschichte ist.

Trotz oder auch gerade wegen der neu erlebten Innigkeit hält Theodor mich weiterhin auf Distanz. Obwohl wir nur wenige Kilometer voneinander entfernt wohnen, will er mich nicht öfter treffen. Ich ertrage dieses erzwungene, distanzierte Verhalten kaum. Ich erinnere mich daran, dass Leandro immer Zeit für mich fand, weil er mich liebte. Er nutzte weder den grossen Arbeitsanfall, das Geschäft noch persönliche Gründe als Ausrede. Im Gegenteil, sehr oft sagte er mir, dass unser Zusammensein ihn beflügelt und dass die Arbeit danach besser läuft.

Sehr unerwartet kommt mein Geliebter doch noch einmal zu Besuch. Wir verbringen wieder eine kurze, doch sehr harmonische und schöne Zeit zusammen, während welcher wir es vermeiden über Probleme sprechen. Nach zweieinhalb Stunden hetzt er richtiggehend weg. Ja, ich merke, dass er flüchtet. Er spricht danach in einer Mail davon, dass er sich bei mir wie auf einer Insel fühle und dann wieder ins

kalte Wasser tauchen müsse, um in sein anderes Leben zu-
rückzuschwimmen. Er empfinde das als unglaublich anstrengend. Am liebsten würde er seine Koffer packen und
ganz bei mir bleiben, aber seine Skrupel seien zu gross. Er
wisse nicht mehr, was er tun solle.

Ich beginne ihn zu bedrängen, dass er sich im Leben
mehr Freiraum schaffen solle für sich und seine Bedürfnisse. Erkläre, dass die Kurzschlusslösung, einfach zu mir zu
ziehen nicht dienlich sei. Da ich einige Beziehungserfahrung
habe, weiss ich, dass eine solche Flucht uns beiden das Leben schwer machen würde. Ich bezweifle, dass wir die Prüfungen, die wegen seiner Trennung auf uns zukämen, ver-
kraften können. Dafür kennen wir uns noch nicht gut
genug. Im Nachhinein fragte ich mich, ob es Angst oder
meine Intuition war, die mich leitete?

Mich ergreift ein sehr ungutes Gefühl und ich bekomme
seine grosse Unfreiheit am eigenen Leib mit. Es schnürt mir
den Magen zu. Kurze Zeit später beendet er mit einer Mail
unsere Beziehung. Er sei hin und her gerissen und nicht
dafür gemacht, zwischen zwei Frauen weiterzuleben, Verpflichtung auf der einen Seite und freie Liebe auf der anderen, das sei ihm zu anstrengend. Das reibe ihn so sehr auf,
dass er bereits massiv an Gewicht verloren habe. Er könne
nicht mehr essen und habe das Gefühl langsam draufzuge-
hen.

Eine tiefe Traurigkeit, dass nun alles zu Ende ist, erfasst
mich, jedoch bleiben die Tränen aus. Eine ebenso tiefe
Dankbarkeit für das Erlebte und die Liebe überwiegen. Diese Liebe, die für ihn zu stark war, ihn handlungsunfähig
gemacht hat, kann ich nachvollziehen. Ich beginne wieder
zu malen und finde Trost darin. Es entsteht ein Bild über
unsere Verbindung. Eine erblühte rosarote Rose, in deren
Knospe zwei Delfine miteinander tanzen. Im unteren Teil
fliegt ein Adler und im oberen ein goldener Schmetterling.
Es war in dieser kurzen Beziehung so viel enthalten. Es ist
auch, als hätte ich durch ihn einen Seelenanteil von mir

erkannt, der nicht getrennt von mir sein kann. Wenn ich an ihn denke, wird das Glücksgefühl grösser, als das Gefühl des Verlustes, das ist erstaunlich. Es ist ungewohnt keine Sehnsucht zu verspüren. Da ist eine unbeschreiblich erfüllende Energie in mir, die wie ein Geschenk ist, das mir niemand nehmen kann. Wenn man sich auf Seelenebene begegnet, ist die physische Präsenz nebensächlich. Die Verbindung bleibt, egal ob die Beziehung gelebt wird oder nicht, bis sie integriert ist und dann ins Unterbewusste verschwindet.

An einem seiner Geburtstage schreibe ich ihm eine SMS, um ihm zu gratulieren. Kurz teilt er mir mit, er lebe nicht mehr mit seiner Frau zusammen. Sehen will er mich vielleicht irgendwann wieder. In mir baut sich eine Hoffnung auf, die mich ungeduldig werden lässt. Weil er sich zwar meldet, aber immer anderes vorhat, bedränge ich ihn und dadurch vertreibe ich ihn vollends. Per Zufall lerne ich Jahre später seine neue Partnerin kennen. Ich helfe ihr, innere Ruhe zu gewinnen, ohne zu wissen, wer sie ist. Als er es mitbekommt, lässt er Grüsse ausrichten und erzählt ihr, er habe eine Meditations-CD von mir. Das Foto, das sie mir zeigt, stellt einen vollkommen veränderten Mann dar, offen, weich. Ja, er sieht richtig glücklich aus. Ich freue mich sehr darüber. Da war ich wohl auch ein wenig Geburtshelferin. Inzwischen sind sie verheiratet und haben ein Kind.

PARTNERSCHAFT JA ODER NEIN?

Meine Tochter ist inzwischen siebzehn Jahre alt. Sie hat ihre frühere Abneigung gegen Ami abgelegt und ist bis dato der Überzeugung, dass er der Beste von allen war. Ganz unrecht hat sie nicht. Er ist immer noch Teil unseres Lebens und bislang mein bester Freund geblieben.

Ich frage mich auch, warum ich immer so komplexe Beziehungsgeschichten habe. Sollte ich einfach aufgeben?

Endgültig Single bleiben? Letzteres habe ich mehr als einmal ernsthaft in Erwägung gezogen.

Nach der Lehre von Konfuzius werden wir reicher durch die Umwege, die wir machen um an ein Ziel zu gelangen. Meine *Umwege* führen über verschiedenste Beziehungen und Freundschaften, die unterschiedlich lange dauern. Einige bleiben ein Leben lang erhalten, obwohl man sich selten sieht. Dadurch erweitert sich die Fähigkeit zu lieben und Selbsterkenntnis wächst.

Ich hatte mich mit der Astrologie versöhnt und nun erkannte ich, dass man Menschen auch numerologisch erfassen kann. Der Geburtstag und spätere Kombinationen der Jahreszahlen können numerologisch ausgewertet werden und viel über einen Menschen aussagen. Daraus ergeben sich eine Schicksalszahl, eine Seelenzahl und eine Zahl für die Lebensaufgabe und anderes mehr. Alles findet seinen Niederschlag in der göttlichen Mathematik und eine entsprechende Bedeutung.

Die Eins: Einheit/Gott/Selbstständigkeit.
Die Zwei: Dualität, Mann-Frau-Beziehung,
männlich-weiblich in mir, hell-dunkel.
Die Drei: Streben nach Einheit von Geist/Seele/Körper,
Vater/Sohn/Heiliger Geist, Kreativität, Suche.
Vier: Stabilität, physisch/irdisch, Struktur.
Fünf: Seele, dienen, heilen, göttliche Geometrie.
Sechs: Schöpferkraft, Sexualität.
Sieben: Spiritualität, höheres Wissen im Leben verwirklichen.
Acht: Unendlichkeit, Grenzenlosigkeit, universelle Verbundenheit.
Neun: Hohes (spirituelles) Bewusstsein, der Allgemeinheit dienend.
Zehn: Veränderung, Neues, Erkennen und Altes loslassen.
Göttliches, übergeordnetes Bewusstsein fliesst ein, will gelebt werden.

Elf: Göttliche Erkenntnis, des Menschseins hin zur Ganzheit. Priesterschaft, Androgynität.

Übergang in eine neue Struktur oder Form oder Zeit.

Zwölf: Vollkommenheit. Ein Kreislauf schliesst sich und beginnt wieder mit der Eins.

Dreizehn: Diese Zahl hat Chaosqualität, etwas das darauf vorbereitet, Neues zu bilden. Aussergewöhnliches.

Man erkennt, warum die Dreizehn als Unglückszahl angesehen wird. Es kann sehr anstrengend sein, damit konfrontiert zu werden.

Seit ich meine Zahlen mit den numerologischen Aspekten habe deuten lassen, kamen nicht unbedingt neue Einsichten dazu, sondern die Bestätigung dessen, was ich schon erfahren hatte. Nichts war Zufall, sondern fiel mir zu, weil es in meinen Lebensplan gehörte.

STARKE ENERGIEN

In den Chats bewege ich mich jetzt seltener. Es ist jedoch immer noch die beste Möglichkeit für mich, eine Mann kennenzulernen oder ihm näherzukommen. Dieser neue Mann zeigt sich nun.

Die Art und Weise, wie er kommuniziert, fasziniert mich. Es ist etwas Magisches, Geheimnisvolles, Verletztes aber auch sehr Erfahrenes in seinen Zeilen und seinen nachfolgenden Mails. Als wir uns für das erste Treffen bei mir zu Hause verabreden, erwarte ich nichts und doch geschieht wieder etwas Unglaubliches. Martin kommt die Treppe zu meiner Haustür hinunter und bereits spüre ich seine Energie, ohne ihn zu sehen. Als ich die Tür öffne, ist es, als hätte ich ihn schon hundert Male hier begrüsst. Es wird ein gemütlicher und interessanter Abend, weil wir uns blendend unterhalten. Es wird spät.

»Wenn es Dir recht ist, übernachte ich hier, natürlich im Gästezimmer, wenn du magst.«

Ich muss nicht lange überlegen und sage: »Du kannst bei mir im Zimmer übernachten, ich habe ein Doppelbett.«

»Du brauchst Dir keine weiteren Gedanken zu machen, es wird sexuell nichts geschehen.«

Es klingt merk- und glaubwürdig zugleich. Wir verbringen eine ruhige Nacht im selben Zimmer, jeder auf seiner Bettseite, ohne Annäherung. Den Sonntag verbringen wir ebenso entspannt miteinander, als hätten wir das schon x-mal erlebt.

Martin erzählt mir mehr von sich: »Ist doch interessant, dass meine Exfrau denselben Namen trägt, wie du. Auch wir haben eine gemeinsame Tochter. Ich weiss nur nicht, ob das ein gutes oder ein schlechtes Omen ist.«

»Bisher sehe ich das positiv.«

»Dann bist Du einverstanden, wenn wir uns bald wiedersehen?«

Ich sage voller Überzeugung: »Ja, natürlich gerne.«

Als er wegfährt, ist sonnenklar, dass wir uns wiedersehen werden und uns beide darauf freuen.

Schon am darauffolgenden Samstag bummeln wir gemütlich durch die Stadt, tätigen Essenseinkäufe, kochen gemeinsam das Abendessen und ich fühle mich sehr gut dabei. Wieder herrscht diese absolute Vertrautheit.

Als wir zu Bett gehen, erklärt er mir: »Dass ich nicht sofort mit Dir schlafen will, hat nichts damit zu tun, dass Du mir nicht gefällst. Ich brauche da immer eine gewisse Zeit und vor allem bin ich impotent, bis ich mich richtig entspannen kann.«

Ich frage mich, wohin denn diese kraftvolle Energie geht, die ich bei ihm wahrnehme. Er wirkt sehr männlich, auch zielstrebig.

Irgendetwas blockiert ihn und er erklärt: »Weisst Du, ich brauche immer lange, bis ich mit einer Frau schlafen kann.«

Ich beruhige ihn: »Das ist für mich nicht vorrangig. Wir können es auch ohne schön haben.«

Wir beginnen, sanfte Zärtlichkeiten und Küsse auszutauschen und nach einer halben Stunde, wie von selbst, vereinigen wir uns spielend.

Als wir danach beieinanderliegen, meint er verblüfft: »So etwas habe ich in den letzten 10 Jahren nicht mehr erlebt. Du bist eine richtige Zauberin.«

Was hatte ich getan? Oder eher, was hatte ich nicht getan? Ich hatte weder versucht, ihn zu verführen, noch hatte ich den Wunsch gehabt mit ihm zu schlafen. Da war null Erwartung beiderseits und das liess die Energien fliessen. Es konnte das geschehen, was bereit war. Es entstand eine Präsenz von Geborgenheit, Vertrauen, Liebe und etwas, das Sinnlichkeit hervorrief. Dadurch zeigte sich die Affinität, die unsere Körper und Seelen füreinander hatten. Wir waren einander ja seit Anfang an überhaupt nicht fremd gewesen.

Für mich wird klar, dass meine inzwischen entwickelte Fähigkeit, auf allen Ebenen offen zu sein und in der Sexualität nichts zu erwarten, das Unmögliche möglich macht.

Meine konsequent durchgeführten Meditationen sind sehr hilfreich, weil sie eine Erfüllung bieten, die Menschen in einen Ausgleich bringt. Meistens beginne ich, indem ich in das Erd- oder Wurzelchakra atme, es ausdehne zu einer Sphäre, die mich umgibt. Das mache ich mit jedem der sieben Chakren sehr bewusst. Die Chakren interagieren auch so ständig, doch bei diesen Visualisierungen, erlebe ich jedes einzeln, sodass es sich aktiviert oder beruhigt. Dieses disziplinierte Üben hat meine Schwingungsfrequenzen erhöht oder anders gesagt, die Vibration in den Zellen wird stärker und Ausgleich geschieht.

Eine spätere Reinkarnationssitzung zeigte mir auf, warum es mit diesem Mann so viel Verbundenheit von Anfang an gab. Jetzt begnügte ich mich damit, dass das Zusammensein harmonisch und erfreulich war.

Was mich erschreckt, ist das Energieloch, das er hinterlässt, wenn er geht. Es ist ganz anders als mit Theodor. Für mich fühlt es sich, seit ich mit ihm geschlafen habe, an wie ein Sog, der mich fast magisch zu ihm hin und aus meiner Mitte zieht. Er ist energetisch nicht erreichbar, also kommt auch nichts zurück und das verstehe ich nicht. Die kurzen Telefonate sind fast abweisend und schenken mir keine Freude. Er erklärte mir am Anfang unserer Bekanntschaft:

»Mein Alltag absorbiert mich. Ich bin dann weg, nicht verfügbar. Am Wochenende kann ich wieder für Dich da sein.«

Dieses *weg sein* kann man wörtlich nehmen. Dasselbe wiederholt sich energetisch jedes Mal und ich fühlte mich übergangen. Diese Entscheidung hatte er getroffen, ohne mich mit einzubeziehen. In seinem Alltag gibt es keinen Platz für mich und auch keinen für unsere Gefühle, so scheint es mir. Er ist also wieder ein Mann, der sehr mental funktioniert. Diese kapseln ihre Gefühle ab, um das andere Leben, das sie fordert, zu erfüllen. Bei Theodor war das ähnlich, was sich jedoch schlagartig geändert hatte, nachdem wir in Kontakt waren. Wenn solche Männer bei einer Frau liegen, ihre Energie aufsaugen und sich davon nähren, sind sie erfüllt für den Rest der Zeit, in der das mentale oder das geschäftliche Leben vorherrscht – bis zum nächsten Mal. Danach spüren sie unbewusst das Energieloch, als Erschöpfung oder Stress und müssen es wieder füllen. Das ergibt dann einen Kreislauf, der nur ganz bewusst zu durchbrechen ist. Martin wird nicht der letzte Mann sein, bei welchem ich Ähnliches erlebe.

Theodor war einer der wenigen Männer in meinem Leben, der das anders gelebt hat. Er funktionierte mental, doch er blieb im Herzen und auf Seelenebene, solange wir zusammen waren immer mit mir verbunden.

An einem Wochenende liegen wir nach dem Frühstück in unseren Liegestühlen im Garten, lesen oder träumen vor uns hin und plötzlich habe ich das Gefühl, dass Martin weit weg ist. Er liegt vierzig Zentimeter neben mir, ist aber nicht mehr spürbar. Noch bin ich eine Anfängerin, wenn es um das Erkennen von Energiefeldern geht.

Ich frage nach: »Du scheinst sehr abwesend zu sein?.«

»Ich habe mir vorgestellt, dass ich mit den Vögeln über uns wegfliege.«

War es das, was ich gespürt habe?

Wir sind erst drei Monate zusammen und bald beginnt ein Machtthema mitzuschwingen. Bei mir geht es eher in Richtung Hilflosigkeit oder Ohnmacht, doch das erkenne ich noch nicht.

Während einem unserer Gespräche gesteht er mir, dass er Rituale kennt und praktiziert. Seine frühere Geliebte sei eine Frau, die er sehr liebe und die er nicht loslassen wolle. Darum habe er sie mit einem Ritual an sich gebunden.

»Das hat nichts mit Dir zu tun. Sie existiert in meinem Leben, obwohl ich sie sehr selten sehe. Da sie mich verlassen hat, konnte ich mit diesem Ritual bewirken, dass ein Band zwischen uns bestehen bleibt.«

»Weiss sie davon?«, frage ich erstaunt darüber, dass jemand so etwas tut oder braucht.

»Nein, das braucht sie nicht zu wissen.«

Obwohl mich das sehr befremdet, sage ich nichts weiter dazu, doch ich denke: »*Solche Kräfte würden bei mir nicht wirken.*«

Ich unterschätze diesen Mann. Es geschieht energetisch extrem viel durch unsere Beziehung. Heute weiss ich, dass Rituale nur wirken, wenn jemand auf einer unbewussten Ebene ja dazu gesagt hat. Jemand, der nicht in sich ruht, ist leichter zugänglich für Fremdenergien. Auf Dauer kann uns niemand beherrschen, es sei denn, wir lassen es zu. Es gibt ein Einverständnis auf der realen Ebene und ebenso kann es auch ein Einverständnis auf einer der feinstofflichen Ebenen geben. Diese musste weit zurück reichen, denn nie hätte ich mich bewusst in die Abhängigkeit eines Mannes begeben. Nach der Trennung und Scheidung von meinem Mann war mir klar, dass ich keine Machtspiele mehr akzeptieren würde.

Es entsteht mit Martin eine sehr starke, energetisch spürbare Verbindung, die ich mir mit der gemeinsam gelebten Sexualität erkläre, die jedoch bis in andere Ebenen hineinreicht. Er arbeitet wie ein Magier mit Energien und will über Menschen bestimmen. Manche würden es schwarze Magie nennen, doch wie sehr wirkt diese auf mich?

Meines Wissens ist Energie neutral und im Grunde ist sie nichts anderes als eine Frequenz oder Pulsation, die sich anpasst, an Gedanken, Emotionen, vorhandene Gegebenheiten. Das einzige Bestreben das sie hat ist sich zu bewegen und es ist das, was wir daraus machen, das wirkt. Unbewusst hatte ich mich diesem Mann ausgeliefert, was durch die gelebte Sexualität verstärkt wurde. Ich lernte zu verstehen, was es bedeutet, Fremdenergien ausgeliefert zu sein. Wenn man selbst so offen und gutgläubig ist und sich selbst fast verliert, wohlgemerkt ohne sich dessen bewusst zu sein, wird man zum Spielball. Es ist wohl eine Erfahrung, die jeder ab und zu machen muss, um sich neu zu orientieren oder es endet in Abhängigkeiten. Da gibt es die Helfersyndrom-Komponente, die beziehungssüchtige Komponente, die sexuelle Komponente und andere mehr, welche emotionale Abhängigkeiten schaffen können und starken Einfluss haben. Es gibt auch riesige Felder von Abhängigkeit, Sehnsucht, Eifersucht zwischen Mann und Frau, die manche Beziehung wie ein festes Muster umgeben.

In sexuellen Akt dringt der Mann in die Frau ein. Sie nimmt ihn in sich auf. Wenn sie seinen Samen empfängt, wird die Verbindung noch stärker, da die Energie des Spermas Schöpferqualität hat. Es braucht lange, bis diese Energie den Körper der Frau wieder verlassen hat. Es braucht manchmal Jahre dazu, darum können manche Frauen ihre geliebten Männer nicht loslassen. Umgekehrt gibt der Mann etwas von sich ab und wenn er fortgeht, nimmt er Energien mit, die weniger physisch verankert sind. Er ist höchstens emotional eingebunden und das auch nicht immer, somit fällt ihm die Loslösung einfacher. Das ist es, was viele Frauen den Männern vorwerfen. Energetisch wird es nachvollziehbar und es braucht keine Schuldzuweisungen.

Inzwischen ist wissenschaftlich erwiesen, dass das eine Teil des Y-Chromosoms, das für Männlichkeit steht, sich auch in der Frau nachweisen lässt. Das wiederum erklärt, warum Frauen sehr gut ohne Männer im Leben klarkommen, besser als umgekehrt oder anders gesagt, warum Frauen *ihren Mann* stehen können.

Wir verbringen jedes Wochenende zusammen. Wenn er am Sonntagabend nach Hause fährt, ist es, als würde ich für ihn nicht mehr existieren. Doch bin ich dann noch dieselbe wie sonst, wie ich mich kenne?

Etwas Seltsames, hat schon vor unserer Beziehung begonnen. Mir ist immer wieder schwindelig und ich weiss nicht woher und warum. Ob eine ärztliche Abklärung sinnvoll wäre? Hinzu kommt, dass plötzlich Dinge geschehen, die mir sonst nicht passieren.

Beim Autofahren erlebe ich eine Fahrweise, die mich im Griff hat. Im Auto verstärken sich normalerweise Energien, da man keinen geerdeten Kontakt hat, sondern im Fluss der Fahrt, sich ständig neu orientieren muss. Als ich eines Tages in einem Einkaufszentrum ins Parkhaus fahre, geschieht Ungewöhnliches. Mein Fuss auf dem Gaspedal gibt Gas beim Einparken, als ob der Pfeiler weichen würde. Also streife ich vorne rechts mit voller Wucht den Betonpfeiler, obwohl ich ihn genau gesehen hatte und normalerweise abgebremst und mich neu eingespurt hätte. Als ich später analysiere, was abgegangen ist, signalisierte mir meine Wahrnehmung: »*Ich sehe den Pfeiler, doch der tangiert mich nicht. Alles ist durchlässig.*« Es ist als würde mein Verstand ausgeschaltet. Diese Annahme nimmt in dem Moment von mir Besitz. Eine ziemliche Beule am Kotflügel ist die Folge.

Kurze Zeit darauf geschieht ein ähnliches Phänomen. Ich fahre, was ich sonst nie tue, ohne mich zu vergewissern oder mich umzuschauen aus einer Parklücke heraus und demoliere das korrekt vorbeifahrende Auto. Das holt mich

218

total in die Realität zurück. Ich nehme wieder wahr, dass ich überhaupt nicht geerdet bin.

»Was ist nur los mit mir?« Es ist, als würde mir ständig der Boden unter den Füssen weggezogen. Zu Hause fast ebenso wie auf der Strasse, nur scheint es dort noch intensiver zu sein.

Wenn ich therapeutisch arbeite oder Yoga unterrichte, verändert es sich. Ich bin zentriert und geerdet. Mit dieser Konzentration bin ich angeschlossen an unterstützende Energien. Ich arbeite sehr bewusst und fliesse doch mit den Energien. Der Unterschied ist offensichtlich. Im automatisierten Alltag wie beim Autofahren verliert sich die Zentriertheit, viel stärker als sonst. Hängt das mit meiner Beziehung zusammen? Ich beginne diesen Mann wirklich sehr zu mögen und plötzlich leuchten doch einige Warnlampen auf, dass es auch mit ihm zu tun haben könnte. Bald folgen weitere Überraschungen.

In einem vertraulichen Moment gesteht er mir, dass er sich gerne als Frau kleidet und sich dann auch wie eine Frau fühlt und fragt:

»Wärst Du bereit mit mir auszugehen, wenn ich unter den normalen Kleidern Strapse, Strümpfe und BH trage? Das finde ich sehr erotisch.«

Ich bin sprachlos, bis entsetzt, weil ich so etwas nicht erwartet habe. Natürlich weiss ich, dass es Transvestiten gibt, dass Männer erotische Spiele mögen. Trotzdem bin ich angewidert und wende mich ab mit der Bemerkung:

»Ich finde das unpassend, vergiss es.«

Er antwortet: »Manchmal überfällt es mich und ist stärker als ich. Dann sehe ich vor meinem inneren Auge auch eine Frau, die mir das befiehlt.«

Er erzählt mir, wie sie aussieht und wie attraktiv sie sei. Sie gefalle ihm sehr. Ich vermute, dass es sich um eine Art Besetzung handelt. Ich biete ihm an, mich auf diese Energie einzustimmen.

»Es würde mich sogar sehr interessieren, was Du siehst.«

Am folgenden Morgen begebe ich mich in Meditation, neutralisiere die Gedanken und stimme mich auf Martin ein.

Ich beginne nach der Einstimmung, über die Chakren zu fragen. »Ist die Seele von Martin einverstanden, mit mir zu kommunizieren?«

Abwarten, Stille. Ein inneres Ja folgt und ich nehme eine Präsenz wahr.

»Was ist da? Wer ist da? Warum?«, frage ich und erhalte Bilder und Antworten.

»Ich bin weiblich und werde gerufen. Es gefällt mir mit ihm, weil ich etwas verkörpere, was er sein möchte und auch schon war. Wir lieben Geheimnisse.«

Bald bin ich überzeugt, dass es sich um die Besetzung einer sehr kraftvollen, feurigen Frau handelt, die ihn immer wieder im Griff hat. Wie sie aussieht, erkenne ich nicht. Verstehe jedoch, dass es Anteile aus einem seiner früheren Leben als Frau sind. So wie er jetzt durch Rituale Menschen an sich bindet, was er von früher kennt, so ist er im jetzigen Leben auch ein Opfer davon. Er empfindet das als Abenteuer und hat sich unwissentlich in eine Abhängigkeit davon gebracht.

Ich erzähle ihm, was ich erkannt habe und frage ihn, ob er davon befreit werden möchte. So wie er Rituale kennt, um jemanden an sich zu binden, kenne ich Loslösungsrituale. Ich erkläre ihm, dass ich sie während der Scheidung praktiziert, sowie nach dem Verlust des geliebten *Polarity-Freundes* erfolgreich angewendet hätte.

Er will es sich überlegen, doch nur kurze Zeit danach, gesteht er mir, dass er etwas vermissen würde, wenn er diese Domina nicht mehr bei sich hätte. Er wolle dieses Gefühl behalten. Martin wird mir immer unheimlicher und fremder. Wie soll ich mich ihm gegenüber verhalten? Ich bin ratlos und mir gefällt seine Fremdbestimmung ebenso wenig wie diejenige die mich beeinflusst.

Zur selben Zeit bietet mir meine Freundin Ka an, einen Termin bei einem bekannten Medium wahrzunehmen, den sie gebucht hatte. Man müsse Termine jeweils ein halbes Jahr im Voraus einplanen und ihr sei etwas dazwischen gekommen. Sie könne ihn weitergeben, statt ihn einfach abzusagen. Obwohl ich normalerweise kein Medium aufsuchen würde, scheint es mir bezeichnend, dass gerade jetzt ein solches Angebot auf mich zukommt. Nach kurzem inneren Sträuben, nehme ich das Angebot an.

Drei Wochen später begebe ich mich nach Basel zu diesem Medium, dessen Haus sich hinter einer blickdichten Hecke verbirgt. Das Haus ist nichts Besonderes, wirklich unauffällig. Die Dame bittet mich in ihr Wohnzimmer. Sie ist eine zierliche, gepflegte Person, die sehr zurückhaltend auf mich wirkt. Sie erklärt mir, dass sie diverse Informationen bekommt und hauptsächlich auf Fragen antworten wird.

Meine erste, etwas unverfängliche Frage ist, warum mir ständig schwindlig sei.

»Die Energiefelder der Erde sind daran, sich zu verändern, und zwar stark. Tief in der Erde gibt es einen grünen Kristall und die kristalline Energie wird immer mehr wirken und das Magnetfeld verändern. Es ist das Christusbewusstsein, dem Sie schon ganz klar angeschlossen sind und später werden Sie damit arbeiten. Die smaragdgrüne Farbe zeigt sich bereits in Ihrer Aura.«

»Es ist interessant, dass mein Vater meiner Mutter, als ich geboren wurde, einen Ring mit drei grossen Smaragden geschenkt hat.«

»Ich sehe auch, dass Ihre Mutter Sie nach wie vor begleitet. Sie fühlte sich in ihrem Körper nie wirklich gut, lebte sehr vergeistigt und kann nun von den anderen Ebenen besser wirken.«

Weiter erklärt sie: »Ihre eigene Aura ist dabei, sich aufzulösen, also kristalliner zu werden, weil sie viel meditieren. Davon kommt auch der Schwindel. Es sind die Gehirnstrukturen, die sich verändern.«

»Ich habe also keinen Gehirnschaden oder Tumor, das beruhigt mich sehr.«

»Ihr Problem wird sich innerhalb der nächsten Monate auflösen.«

Mir wird klar, dass gerade grosse Veränderungen stattfinden, von der ich Teil bin und Martin spielt darin auch seine Rolle.

Nun gehe ich zum Kernthema über: »Momentan bin ich mit einem Mann zusammen. Was mir Probleme macht ist, dass Dinge mit mir geschehen, die ich nicht kontrollieren kann und ich weiss nicht, wie ich damit umgehen soll.«

»Dieser Mann ist machtvoll und gefährlich. Er arbeitet mit diversen Symbolen und spielt mit Energien. Diese Verbindung ist nicht gut für Sie, denn er ist ein Schwarzmagier. Wenn Sie bei ihm bleiben, werden noch extremere Situationen und Unfälle passieren, denen Sie ausgeliefert sein werden. Er ist stärker als Sie. Ich rate Ihnen, sich von ihm zu lösen.«

»Mein Gefühl und die warnende innere Stimme, das Ganze zu stoppen, ist also richtig? Es hätte doch auch die Chance sein können, mich dem zu stellen?«

»Sie können das, aber ich würde abraten.«

Tatsächlich war mir schon zu vieles, viel zu suspekt und ich war nun froh um diesen Hinweis.

Ich frage weiter: »Tauge ich denn überhaupt für eine Beziehung?«

»Ja, sie werden noch einen Mann kennenlernen, den sie möglicherweise heiraten.«

Ich kann mir Letzteres nicht vorstellen. Wozu sollte ich noch einmal heiraten? Ganz klar wird nun, dass ich mich von Martin lösen soll. Je eher desto besser. Einiges, was sie mir sagte, geschah später im Ansatz, doch die Bilder, die sie gesehen hat, haben sich vermischt. Darum lohnt es sich nicht, auf diese Details hier weiter einzugehen. Jedenfalls habe ich bis zu diesem Zeitpunkt, da ich diese Zeilen schreibe, nicht wieder geheiratet.

Zu Hause greife ich sofort zum Telefon: »Martin, ich muss Dich unbedingt sehen, und zwar bald. Es ist wichtig.«

»Ja, was ist denn los, kann es nicht warten bis zum Wochenende?«

»Nein ich will das möglichst schnell klären.«

Wir treffen uns am darauf folgenden Abend in einem Restaurant zum Essen. Er hat mir einen wunderschönen Rosenstrauss mitgebracht. Er merkt sofort, dass es ernst ist und beteuert als Erstes seine Wertschätzung für mich.

»Ich finde, dass wir es sehr schön miteinander haben«, meint er.

»Ja schon, wenn wir zusammen sind. Und doch sind Gefühle in mir, die mich durcheinanderbringen und die mir nicht guttun. Traurig bin ich, weil ich Dich wirklich mag und doch muss ich mich von Dir trennen.«

»Was ist denn der Grund? Was kann ich tun?«

»Das ist es ja, ich glaube, Du kannst nichts tun, denn Du bist, wie Du bist. Ich fühle mich unwohl und kann Dir nicht einmal genau sagen, was ich von Dir erwarten würde. Es gibt Dinge, die zwischen uns stehen und sich sehr trennend auswirken«, sage ich mit weinerlicher Stimme.

»Kannst Du nicht präziser werden?«

»Ich kann Dir nur so viel sagen. Ich war bei einem Medium, auch wegen anderer Themen. Mir wurde klar, dass ich Dich nicht für das verantwortlich machen kann, was mir geschieht. Doch ich will mich dem auch nicht weiter aussetzen. Es passiert mit mir gefühlsmässig, aber auch energetisch, Dinge die mir schaden und mit dir zusammenhängen. Die Auswirkungen, die das noch haben könnte, machen mir Angst.«

»Kannst Du noch konkreter werden?«

Nun gebe ich preis: »Ich habe innerhalb kürzester Zeit zweimal einen Autounfall gehabt, weil ich total ungeerdet war. Das schreibe ich unserer Beziehung zu. Ich muss zur Ruhe kommen.«

Er schaut mich verwundert an, vielleicht hatte er etwas anderes erwartet: »Muss es denn ein Schlussstrich und so definitiv sein?«

Ich antworte sehr bestimmt mit »JA!«.

Weiter ins Detail mag ich nicht gehen. Vermutlich ahnt er, oder weiss sogar, worum es geht. Umstimmen kann er mich nicht, das merkt er. Wir essen noch gemeinsam und verabschieden uns liebevoll voneinander.

Er verschwindet physisch aus meinem Leben, aber nicht energetisch. Ich spüre seine Präsenz seine Wirkung immer noch und sträube mich dagegen. Jetzt muss ich etwas tun, um mich zu lösen. Zu Hause, verbrenne ich alles, was ich von ihm als Geschenk bekommen habe. Ich lösche seine Mails. Nur weg damit, alles weg! Bis auf eine Orchidee, die er mir geschenkt hat. Eine Pflanze hat ein Eigenleben und muss nicht zerstört werden.

In den folgenden Wochen werde ich traurig beim Gedanken an ihn, spüre seine Anwesenheit. Ich versuche ihn täglich willentlich aus meinen Gedanken zu verscheuchen. Ich bedaure diesen Bruch, doch es ist meine klare Entscheidung gewesen. Ich verachte ihn für sein Denken und Verhalten. Wie kann man nur andere so beeinflussen wollen, hinterhältig Rituale pflegen, um jemanden an sich zu binden. Wenn ich dem Medium Glauben schenken soll, tut er noch viel mehr. Drei Monate lang leide ich und bringe ihn nicht aus meinem Kopf.

Dann, an einem Sonntagmorgen, setze ich mich vor den Kamin, zünde ein Feuer an, fokussiere mich auf eine Lösung. All seine Liebesgrüsse habe ich bereits im Kamin verbrannt, mein Haus habe ich ausgeräuchert. Ich habe alles rituell gereinigt. Es hat nichts oder nur wenig genützt. Da das Feuer eine transformierende Wirkung hat, hoffe ich auf Hilfe. Ich begebe mich in tiefe Meditation und übergebe alles, was mir nicht mehr dient, dem Feuer und öffne mich für Informationen.

Ganz plötzlich hörte ich eine innere Stimme: »Liebe verurteilt nicht, Liebe ist die stärkste Heilung. Sei in Liebe!«

Also beginne ich mich auf Martin als Schwarzmagier einzustimmen, öffne mein Herz erneut für ihn und erlaube mir, alles was ich erlebt habe, dankbar anzunehmen. Ich umarme ihn in Gedanken und stelle mir vor, dass alles, was ihn betrifft, gehen darf. Nach zwei Tagen bemerkte ich, dass der Gedanke an ihn mich weder traurig, noch wütend macht. Ich bin losgelöst und auch in Frieden mit ihm. Liebe ist wirklich die grösste Heilkraft. Ob er etwas davon gemerkt hat, weiss ich nicht, habe ich auch nie herausgefunden. Doch er hat mir eine gute Lektion erteilt.

Einige Jahre später, als wir uns an einer Messe im Vorübergehen sehen, erkennt er mich im zuerst nicht. Ich will an ihm vorbeigehen, doch plötzlich stockt er, bleibt stehen und dreht sich zu mir, kommt auf mich zu, um mich zu begrüssen. Er stellt mir seine Begleiterin vor und sagt, er würde sich mal bei mir melden. Im nachfolgenden, kurzen Mailaustausch gesteht er mir, dass er mir damals verheimlicht habe, eine abgeschlossene bioenergetische Ausbildung zu haben. Er wollte mich und mein Wissen testen. Inzwischen sei er als Heiler erfolgreich tätig und würde mich gerne zu einem Kaffee treffen. Doch ich lehne entschieden ab und schreibe zurück, dass er damals zu manipulativ gewesen sei und ich mir keine weitere Begegnung wünsche. Er entschuldigt sich für sein Verhalten und wir beenden den Kontakt, indem wir einander alles Gute wünschen.

UNVERBINDLICHKEITEN

Es gab, wie mir auffiel, einen zeitlichen Rhythmus mit Chat-Beziehungen. Sie entstanden über intensiven, ja täglichen Austausch, man traf sich, erkundete, was möglich war. Die Bekanntschaften dauerten einige Zeit und nach deren Beendigung brauchte es vier Monaten Ablösungszeit bis zur nächsten.

Ich bin immer seltener im Chat. Vor allem will ich dem Magier aus dem Weg gehen und beantworte keinen seiner Grüsse. Es gibt da auch Frauen, die ich sehr gerne mag. An einem Chattreffen habe ich einige von den Leuten kennengelernt. Nun wissen wir voneinander, wie das Gegenüber aussieht und es macht das Ganze eine Stufe persönlicher und interessanter.

Der bereits erwähnte junge Unternehmer, mit dem ich immer wieder nette Chats über Spiritualität und auch über sexuelle Themen geführt habe, ist mir noch unbekannt. Es wird Zeit sich kennenzulernen. Wir treffen uns zu einem Abendessen in Zürich und unterhalten uns genau so gut, wie in den Chats. Es wird spät und anstatt den Zug nach Hause zu nehmen, bleibt er über Nacht bei mir, mit einer Selbstverständlichkeit, als wäre das für uns gar nichts Aussergewöhnliches – sich einmal zu sehen und dann miteinander zu schlafen. Meine innere Stimme bestätigt mir, dass hier ein Kondom angebracht wäre und für ihn ist es selbstverständlich. Es ist schön, ihn zu erleben, in seiner natürlichen Art, jugendlich und einfühlsam, feingliedrig und doch stark. Dass er bedeutend jünger ist und mich attraktiv findet, freut mich und schmeichelt mir. Er ist sympathisch und gebildet, sportlich und wie es scheint auch interessiert an mir, jetzt wo wir uns kennen. Wir entscheiden uns wiederzusehen, irgendwann, unverbindlich.

Einige Wochen später habe ich in seiner Stadt zu tun und wir treffen uns zum Essen in einem gemütlichen Lokal. Ich fühlte mich rundherum wohl und angenommen und der Altersunterschied von zehn Jahren ist kein Thema. Er lädt mich ein, in seiner WG zu übernachten. Der Mitbewohner ist ausgeflogen. Es ist eine traumhaft schön gelegene Altstadtwohnung. Ich geniesse alles sehr und fühlte mich frei und ungebunden. Mit seiner respektvollen und doch sinnlichen Ader beginnt er, mich zu küssen und zu streicheln. Ich lasse mich treiben, verwöhne ihn mit Berührungen und Küssen überall und es ist für uns beide schön und befriedigend. Ein natürliches, inniges Sexgeschehen. Es scheint nicht angesagt zu sein, dass wir eine nahe Beziehung eingehen sollen. Wir vereinbaren, uns nur sexuell zu treffen, solange wir keine anderen Partner haben.

Wenn ich also eine schöne Liebesnacht möchte, kann ich mich bei ihm melden. Der Zufall will es, dass ich beruflich jeden Monat eine Sitzung in seiner Stadt habe. Während eines Jahres treffen wir uns alle zwei Monate. Einmal lädt er mich ein, den Kellerraum zu besichtigen, in welchem er mit einer Band probt. Die Atmosphäre ist speziell, fast ein wenig gruselig. Ein Schlagzeug und andere Instrumente stehen herum und es ist dunkel. Ein Kellerraum, kühl und irgendwie geheimnisvoll. Er holt eine Decke legt sie auf dem Betonboden aus und zieht mich zu sich auf die Knie. Wir beginnen uns intensiv zu küssen und der sexuelle Akt ist fast gierig. Die liegende Position ist auf dem harten Boden unbequem, also geniessen wir diverse Varianten, kniend, sitzend, von hinten. Keinem Konzept folgend, ohne Erwartung, fliesst das eine ins andere über, bis wir beide genug haben, satt und befriedigt ruhen. Er findet es geil und mir hat es auch Spass gemacht. Ich fühle mich auf dem Höhepunkt sexueller Aktivität, wo der Spassfaktor zählt.

Im Laufe der Monate beginne ich mich zu verlieben und weiss gleichzeitig, dass er diese Gefühle nicht erwidert. Als ich ihn wieder einmal zu mir einlade und merke, dass er von mir nicht genug kriegen kann, sich jedoch nicht einlassen will, schmälert das den Genuss. Da er nicht im Entferntesten daran denkt eine Beziehung aufzubauen, ist für mich der Zeitpunkt gekommen, diese Beziehung zu beenden. Bevor ich ihm das darlegen kann, will er mir eine Freude machen, mich vielleicht auch für ein nächstes Mal aufheizen und sendet mir per Mail zwei Fotos von seinem Penis in voller Grösse. Ich komme mir vor wie ein Spanner. Das ist nicht die Art der Verbindung, die ich will und ich brauche keine solchen Fotos, auch wenn er stolz auf seinen Körper ist. Wären es ästhetische Nacktfotos gewesen, hätte ich mich daran freuen können. Das ist der letzte Hinweis für mich, dass es definitiv aus ist. Er findet es schade, insistiert nicht und es war gut so. Jahrelang hören wir nichts voneinander, bis uns Facebook wieder in Kontakt bringt, dem auch eine reelle Begegnung folgt. Ich treffe auf einen gereiften, nach wie vor gutaussehenden Mann, der mir erzählt, die Liebe seines Lebens gefunden zu haben. Wir sind uns immer noch sympathisch, doch die Übernachtung bei mir verläuft gewollt ereignislos.

Diese eine Verbindung lässt sich in die Mitte meiner Chatzeit einordnen. Sie war für mich jenseits meiner Normalität oder dessen, was ich mir längerfristig gewünscht hätte. Wenn ich das jetzt wieder lese, muss ich lachen. Als ob alle meine anderen Beziehungen normal gewesen wären ...

FRÜHERE LEBEN

Ich konsultiere einen Therapeuten, der mit alternativen Heilmethoden arbeitet, weil die ständigen, dumpfen Schmerzen im Beckenkamm sich nicht auflösen und ich vermute, dass meine Wirbelsäule zusätzliche Aufmerksamkeit benötigt. Der Therapeut ist spezialisiert auf die Arbeit mit Meridianen und Wirbelsäulenkorrekturen. Die Akupunktur nach Penzel gleicht das Energiesystem aus und nach drei solchen Behandlungen, beginnt er mit der korrekten Ausrichtung meines Beckens und bringt sieben Wirbel wieder in die richtige Position. Mein ganzer Rücken fühlt sich wund an, doch nach ein paar Tagen bin ich schmerzfrei. Die *Polarity* Therapie hat meine Schulterprobleme, die von der ständigen seelischen Anspannung entstanden waren erlöst und nun war die konkrete Arbeit und Ausrichtung der Wirbelsäule erfolgreich. Es ist ein unbeschreibliches Gefühl zum ersten Mal seit Jahren ohne Schmerzen zu sein und er zeigt mir, welche Übungen mir auch in Zukunft helfen werden. Ganz nebenbei erwähnt er, dass er auch Rückführungen macht. Vielleicht finde ich ja einige Erklärung für mich.

Die auftretenden Schwierigkeiten in jeder Partnerschaft beschäftigen mich zunehmend. Ich bin bereit, meine Männergeschichten aus einem anderen Blickwinkel zu betrachten. Da die Rückführung nicht unter Hypnose, sondern in einem tiefen Entspannungszustand stattfinden wird, bin ich einverstanden und wir vereinbaren einen Extratermin dafür, weil die Rückführung etwa drei Stunden dauern wird.

Voller Vertrauen lege ich mich bei der nächsten Sitzung auf ein bequemes Sofa. Er beginnt mit ruhiger Stimme zu sprechen und ich versinke sehr bald in einen tiefen, doch bewussten Trance-Zustand. Es geht sofort Jahrhunderte zurück.

Zuerst erlebe ich mich als Kriegerin zu Pferd, als Strategin und Mitkämpferin. Die Bilder sind eindrücklich und die körperliche Wahrnehmung so, als würde ich zum Beispiel reiten und vorwärts preschen. (Im Jahr 2008 auf den Osterinseln werde ich mich sehr klar im Amazonen-Dasein sehen). In einer anderen Vision war ich in Tibet, ebenfalls zu Pferde und auf der Flucht über Berge. Es sind Erinnerungen an unglaublich harte Zeiten. Meine Allergie zu Pferden wird verständlich, denn viele Erinnerungen an Entbehrung, Kampf ums Überleben, sind in meinen Genen gespeichert und sofort reagiert mein System mit Atemnot und Hautausschlag, wenn ich mit Pferden zusammenkomme. Einschieben möchte ich hier, dass ich auch ohne diese Rückführung immer wieder Verbindungen fühlte zu China, (der chinesischen Heilkunst), zu Indien (die eher philosophischen Aspekte) und zu Tibet (das mönchische und einfache Leben). In einem Malseminar für meditatives Malen entstand plötzlich auf einem Bild Lhasa, ohne dass ich es vorher gekannt hatte.

Die Rückführung beim Therapeuten geht immer weiter zurück, bis ich 15.000 Jahre im Zeitstrahl rückwärtsgegangen bin und mich im Priesterinnenkleid sehe. Diese Zeit ist mir im Tagesbewusstsein absolut fremd und doch sehr real. Ich bin in der Zeit von Atlantis gelandet und plötzlich erscheinen einige der Chat-Freunde vor meinem inneren Auge. Sie entpuppen sich als meine Schüler oder Jünger innerhalb der Priesterschaft (in Anlehnung an Avalon). Meine Aufgabe ist es, sie in das geheime Wissen der spirituellen und sexuellen Praktiken einzuweihen (damals wusste ich noch nicht, dass im alten Ägypten solches üblich war und ich mich immer weiter dafür öffnen würde). Ich sehe wie auch meine Dualseele aus dem Chat und andere mir bekannte Gesichter auftauchen, Männer, die mich verehrten. Ich bin diejenige, die damit spielt und einige tyrannisiert. Ich sehe sogar, wie ich den einen oder anderen in einen Turm sperre, weil sie unbelehrbar sind. Ich quäle sie und zwei verhungern. Ich habe Macht und missbrauche sie. Wie weit reicht Karma zurück?

Karma ist im Jetzt, Zeit ist im Jetzt, Vergangenheit wirkt im Jetzt. Ich begegne diesem Handeln im karmischen Kreislauf, bis ich damit im Ausgleich bin. Jedenfalls scheint mich einiges einzuholen, bereit für eine Wiedergutmachung.

Darum war ich meinem Exmann oft ausgeliefert, wenn es um persönliche Entscheidungen ging. Ich schien keine Wahl zu haben, bis ich mir bewusst wurde, dass man immer eine Wahl hat.

Der Rückführungstherapeut versucht mir während der Rückführung ins Gewissen zu reden:

»Bist Du Dir bewusst, dass Du Unrecht getan hast?«

»Nein, die haben mich herausgefordert.«

Ich entscheide im Trance-Zustand, dass er keine Ahnung hat, wie das damals war. Im bewussten Zustand gilt für mich, dass jedes Opfer den Täter bedingt und umgekehrt. Und jedes Opfer kann zum Täter werden, wie der Täter auch zum Opfer werden kann. Meine Überzeugung ist, dass alles nach klaren Gesetzmässigkeiten geschieht, wenn man alle Ebenen einbezieht. Wer kann schon wissen, wie alt solche Kreisläufe wirklich sind und wo es angefangen hat. Das ist ein tiefes Wissen in mir, das ich schon als Kind hatte: Es gibt Gerechtigkeit und Ausgleich, irgendwann.

Ein bisschen später während dieser Rückführung in Atlantis befinde ich mich selbst im Gefängnis. Was der Auslöser dafür ist, weiss ich nicht genau. Selbst in dieser Situation bin ich ohne Bedauern. Ist es Stolz oder Sturheit oder vielleicht ein inneres Wissen, das mir recht gibt? Ich ertrage die Situation mit Fassung und kenne meine Fähigkeiten und wie ich zu dienen habe, auch wenn andere das nicht verstehen.

Die Szene verändert sich. In derselben Epoche begegne ich einem Mann, der ebenfalls Priester ist. Wir werden Eins, auf eine ganz besondere Art. Es ist eine Verschmelzung der Energie- oder Geistkörper, ein Tanz der Kreation. Wir wissen, dass wir uns gegenseitig stärken, und erzeugen geistig ein Kind. Da es in der Zeit von Atlantis normal war, dass Priesterinnen ihr Kind nach der Geburt weggaben, wenn es sich materialisierte (auch davon erfuhr ich erst später), konnte ich in der Rückführung keinen Kontakt zu diesem Kind mehr aufnehmen. Als ich mir den Priester, mit dem ich zusammengekommen bin, genau anschaue, ist es der »Magier« Martin aus dem Chat. Ich sehe wie wir vom Wissen und von der Autorität her absolut ebenbürtig sind. Im jetzigen Leben unterscheidet sich, wie wir damit umgehen.

Ich begebe mich noch in zwei weitere Leben, wo ich meinen jetzigen Eltern begegne. In diesen Leben sehe ich nur Leichtigkeit und Schönheit und es dürfte Griechenland gewesen sein. Die Bilder sind heute noch präsent und alles erscheint sehr real.

Wieder voll im Tagesbewusstsein verstehe ich, dass es hier um eine Erkenntnis und auch um Wiedergutmachung und Klärung geht – Aufarbeitung meines Karmas. In diesem Leben diene ich auf sanftere Art und Weise, anders als damals. Es gibt immer noch diese unnachgiebige Seite in mir, wenn etwas für mich ganz klar ist.

Es spielt keine Rolle, was Du liebe Leserin/liebe Leser generell über Reinkarnation denkst, ob es sie gibt oder nicht. Wichtig für mich war, dass ich endlich Inputs bekam, die mir weiterhalfen. Für mich war es ein einschneidendes Erlebnis, dass ich von atlantischen Zeiten und der inzwischen bekannten Trennung zwischen Atlantis und Lemuria, sprich zwischen Mann und Frau, während der Rückführung erfahren habe. Es steht für die Trennung der weiblichen und männlichen, der emotionalen und der mentalen Energie in den Menschen. Plötzlich macht so vieles Sinn. Lemuria und Atlantis, die bis dahin fremde Begriffe für mich waren, nehmen Form an. Dieses Wissen ändert schlagartig meine Haltung und die Art, wie ich in die nächste Beziehung gehe.

Mein Leben bleibt im Fluss, weil ich selbst Veränderungen bejahe. Es gibt Zeiten, da scheint es ideal, dann wieder gibt es Stockungen. Irgendwann geht eins in das andere über, um mich mir selbst näher zu bringen. Da ich an karmische Verstrickungen glaube, weiss ich, dass ich in diesem Leben sehr vieles auflösen werde.

Geistige Führer sagen uns, wir seien speziell dafür hergekommen und wir seien Unzählige, die daran arbeiten, um eine neue Realität zu schaffen. Irgendwann wird Karma gelöscht sein, für diejenigen, die bereit sind.

6 LICHTKÖRPER

WISSEN UND ERFAHREN

Wenn ich auf meine Geisteshaltung der letzten Jahre zurückblicke, war da stets eine Verbindung zum kosmischen Licht. Licht erhellte meine dunkelste Stunde, wenn ich in einer Meditation Licht einatmete. Licht umgab mich und nährte mich, gab mir reine Energie, neue Impulse und Heilung. Ich wusste, dass im weissen Licht die Spektralfarben des Regenbogens enthalten sind und ich liebte es, wenn sie mir aus einem Kristall entgegenleuchteten. Ich liebe das nach wie vor, wenn ich meine Kristallfreunde betrachte.

In jeder meiner Meditationen lud ich wie erwähnt das Licht ein, das mit meinem Atem einfliessen sollte. So spürte ich meine Blockaden und hatte den Eindruck, auch etwas verändern zu können. In meinen Yogakursen lud ich ebenfalls in vielen Meditationen das Licht als Heilungsmöglichkeit ein. Ich rief es an und blieb dabei neutral. Ich fühlte und bemerkte, wie die Worte dann aus mir heraus zu fliessen begannen. Später erfuhr ich, dass man das channeln nennt. Ich fühlte mich, als wäre ich in einer ganz speziellen Schwingung und diese konnte bei jedem anders wirken: zum Loslassen, zum Guten, zu einer neuen Einsicht einladen. Mit »*Licht und Liebe*« arbeitete ich schon länger, weil ich die unerschöpfliche, universelle Kraft darin wahrnahm. Auf Wunsch meiner Kursteilnehmer schuf ich eine Meditations-CD, die meinem damaligen Wissen entsprach. Der Titel der CD floss mir in der Nacht im Halbschlaf zu. Also taufte ich meine Meditations-CD 1999 »*Licht für Dich*«.
In jeder Polarity-Sitzung, so hat man uns gelehrt, sollten wir das Licht einladen und den Raum für Liebe halten, was für

mich stellvertretend für das Göttliche war und ist. Also begann ich jede Behandlung mit einer kurzen Meditation, ein paar bewussten Atemzügen, um dieses göttliche Licht einzuladen.

In Übereinstimmung damit erfuhr ich einige Monate später, dass es einen Lichtkörper-Prozess gibt. Dieser sollte eine nächste tief greifende Veränderung in meinem Leben bewirken, nach der ich mich sehnte. Die Veränderung wurde wiederum von einem Mann initiiert, den ich aus dem Chat kannte – nennen wir ihn Alexander:

Unser Austausch geht schnell auf eine persönliche Ebene und findet deswegen im Hintergrund des öffentlichen Chats statt. Was er sagt, weckt mein Interesse. Zufälligerweise wohnt Alexander gar nicht so weit weg von mir. Es ist naheliegend, dass wir uns bald einmal nach der Arbeit zu einem Essen verabreden.

Mein erster Eindruck ist der eines freundlichen, zurückhaltenden und eher unscheinbaren, jüngeren Mannes. Seine Haut ist sehr hell, fast durchscheinend, die Haare dunkelblond und von der Statur her ist er mittelgross. Auf der Strasse wäre ich achtlos an ihm vorbeigegangen. Es sind unsere Gespräche, die mich faszinieren. Er ist sehr belesen und hat sich mit dem Zeitgeschehen auf anderen Ebenen auseinandergesetzt. Unser Spaziergang um einen kleinen See, den ich sehr liebe und oft aufsuche, gibt mir neue Impulse. Er erwähnt den Lichtkörperprozess.

»Weisst Du, dass wir auf dem Weg in grosse Veränderungen sind?«

»Du meinst das Jahr 2000?«

»Nicht nur. Seit einigen Jahren geschieht unglaublich viel für uns Menschen und für den Planeten. Der Prozess wurde 1988 von sogenannten Lichtarbeitern initiiert. Auch das Jahr 1992 war sehr wichtig, denn damals begann die Entwicklung zum vollen menschlichen Potenzial. Der intensive Prozess läuft noch 10-20 Jahre, bis die Neucodierung der

DNS bei den ersten Lichtarbeitern abgeschlossen sein wird.«

»Das ist ja frappant, 1988 habe ich mit den Workshops begonnen, 1993 habe ich mich von meinem Mann getrennt. Da bin ich ja gespannt, was noch alles auf mich zukommen wird.«

»Ja, eine sehr wichtige Stufe wird 2012 erreicht werden. Manche sprechen von einem Abschluss alter Paradigmen. Bei Nostradamus liest man auch etwas von einem Weltuntergang. Wie sich die Veränderung genau auswirkt, ist noch nicht klar, aber ein grosser Teil der Menschheit wird dann schon erwacht sein.«

»Wow, dann leben wir ja wirklich in einer sehr besonderen Zeit?«

Er bestätigt: »So ist es! Und es gibt passende Meditationen, die uns unterstützen. Ich kann Dir auch die entsprechenden Bücher empfehlen. Eines von Reindjen Anselmi, ein anderes von Kryon, der durch Lee Caroll gechannelt wird und die sehr lesenswert sind. Ein ganz einfaches Buch, das jedermann versteht, gibt es von Tashira Tachi-ren, der den Erzengel Ariel mit uns kommunizieren lässt. Er beschreibt darin die zwölf Stufen des *Lichtkörper-Prozesses* und gibt Erklärungen für die vielfältigen körperlichen Symptome, die auf dem Weg vom »dichten zum lichten Körper« auf jeder Stufe auftreten. Es wird klar, dass dieser Lichtkörper-Prozess keine spirituelle Technik für eine *»esoterische Elite«* ist, sondern alle Menschen und den Planeten Erde betrifft. Ariel gibt uns Werkzeuge, Techniken und kraftvolle *»Invokationen* «.«

Ich staune über das innere Ja: »Was Du mir sagst, fühlt sich sehr vertraut an, auch wenn ich noch nicht weiss, was es zu bedeuten hat.«

Ich bin angeschlossen an diese Energien, auch an Engelwesen und fühle, was gemeint ist, ohne es selbst benennen zu können. Der Tiefgang von Alexander deutet auf die Reife mehrerer Leben hin. Es scheint, als hätten sich hier zwei Älteste (die Alten oder Weisen eines Clans) gefunden. Auch mein Wissen entstammt nicht nur diesem Leben, das wurde mir mehrfach bewusst. Hier kommt einiges zusammen, was sich ergänzt. Ich geniesse unsere Gespräche ausserordentlich und entscheide mich, die von ihm erwähnten Bücher zu kaufen.

Ich habe in meinem Bekanntenkreis kaum je einen Mann mit einem so hohen Mass an spirituellem Wissen angetroffen. Natürlich waren meine Polarity-Lehrer und Therapeutenkollegen spirituell, doch das war die Qualität alten Heilwissens und hier stosse ich auf etwas Neues. Wir beflügeln uns gegenseitig. Während ich über praktische Erfahrung mit Energien verfüge, ist er derjenige, der sehr viel zukünftiges Wissen über Veränderungen und Neuausrichtungen hat.

Weiter erzählt er mir von den Maya-Prophezeiungen für das Jahr 2012. Ich halte nicht viel von Prophezeiungen, doch ich bin überzeugt davon, dass ab jetzt noch Gewaltiges geschehen wird – und ich freue mich darauf. Durch meinen neuen Freund erkenne ich, dass in grösserem Rahmen etwas ganz Mächtiges im Gange ist.

Nun habe ich Nahrung für meinen spirituellen Hunger erhalten. Ich beginne mit Band zwei der Kryon Bücher. Den ersten überspringe ich, weil er mich intuitiv nicht anspricht. Im Band zwei ist die Rede von kommenden Veränderungen, welche die ganze Menschheit betreffen werden. Es handelt von Magnetismus und dessen Wirkung auf das irdische Magnetfeld und alle Lebewesen. Ich bin beeindruckt von dem, was ich zu lesen bekomme und von der so liebevoll herübergebrachten Botschaft. Es ist, als würde ich von Kryon beim Lesen umarmt.

Die Invokationen von Erzengel Ariel übe ich und binde sie in meine tägliche Meditationspraxis ein.

Alexander ist mir geistig und seelisch so nah, dass in mir der Wunsch entsteht, mich ihm auch als Frau anzunähern. Für ihn scheint dies nicht im Vordergrund zu stehen. Nach wie vor bleibt er kühl und ein wenig distanziert, wenn auch nicht desinteressiert. Genauso wirkt seine Wohnung, als ich ihn das erste Mal besuche. Sie ist spartanisch eingerichtet und fast zu perfekt aufgeräumt. Ich werde feststellen, dass das bei ihm immer so ist.

Eine Kerze brennt auf dem Tisch, versprüht ein wenig lebendiges Licht und das Gespräch plätschert angenehm dahin. Wir geniessen ein einfaches Essen, das wir bei ihm in der Küche einnehmen. Nach dem Aufräumen nähern wir uns einander an. Es geschieht alles unkompliziert und natürlich. Geistig und seelisch haben wir uns gefunden, nun werden wir noch unsere Körper erforschen. Wir verbringen eine erste, gemeinsame Nacht miteinander und der Sex ist wunderschön. Ich hätte ihm so viel Sinnlichkeit gar nicht zugetraut. Wir schwingen gemeinsam auf den Wellen, die mal ruhiger mal bewegter sind und mich rundum glücklich werden lassen. So schlafe ich in seinen Armen ein.

Nach allem, was ich jetzt von ihm kenne, scheinen ideale Voraussetzungen für eine zukünftige Partnerschaft gegeben zu sein. Es hat einen Moment in meinem Leben gegeben, wo ich entschieden habe, mich nicht mehr zu verlieben. Anders gesagt, dort wo die Möglichkeit einer Verliebtheit besteht, wittere ich inzwischen eher die Gefahr, mich zu verrennen.

Etwas ist sehr seltsam und geschieht immer wieder. Ich verliere oft gänzlich die energetische Verbindung zu ihm, als würde er nicht mehr existieren. Es gibt kein Gefühl, kein Bild, keine Verbindung, nicht einmal eine telepathische Verbindung und das über Tage hinweg. Jetzt nehme ich nur Leere wahr. Ich erzähle Alexander von dieser Wahrnehmung.

Er staunt: »Was? So etwas spürst du? Es ist genau das, was ich mache. Nicht etwa, dass ich Dich von mir stosse, doch ich lasse jede Woche in einer Meditation bewusst alles, wirklich alles los. Das habe ich gelernt, um nicht mehr zu leiden. Für mich funktioniert es gut.«

»Du sprichst von der Trennung von Deinen Kids, Deiner Frau?«

»Ja, die erste Zeit war so schrecklich, denn ich liebe meine beiden Jungs über alles und konnte es kaum ertragen, sie nicht täglich um mich zu haben. Meine Frau liebe ich trotz allem auch immer noch. Also musste ich einen Weg finden, immer wieder alles loszulassen.«

»Genau das spüre ich. Es fühlt sich an, als wäre nichts mehr von Dir da, als habe sich alles aufgelöst und als wärst Du unerreichbar. Ich bin doch nicht Deine Frau, sondern Deine Geliebte, die bei Dir sein will.«

»Wirklich erstaunlich, dass Du so etwas merkst. Wie wirkt sich das denn aus?«

»Es ist, als ob eine Leitung gekappt würde und dadurch keine Verbindung mehr möglich ist. So, wie ich früher gespürt habe, dass mein Exfreund fremd ging, so wie ich in Träumen manchmal weiss, was den andern betrifft, wird ständig das, was uns verbindet, aufgelöst. Auch ich habe gelernt im Laufe des Lebens immer wieder loszulassen, doch das, was ich jetzt spüre, ist eine totale Ablösung. So kannte ich das bisher nicht. Es ist, als müsste alles wieder von vorne beginnen.«

»Wir sollten doch keine Abhängigkeiten schaffen. Wir sollten frei sein, um uns zu entwickeln.«

Ich bestätige: »Abhängigkeiten sind natürlich nie gut. Ich sehe es so, dass man sich als Paar auch gemeinsam entwickeln kann und ich finde es sehr schön, wenn man auf der Herzebene eine Verbindung spürt. Das ist mit Dir nicht möglich.«

Alexander scheint überhaupt keine Sehnsucht zu kennen. Sein Wunsch, mich zu sehen fühlt sich strukturiert und sachlich an. Es gibt Menschen, die sehr vergeistigt sind. Der physische und Emotionalkörper und dessen Bedürfnisse sind nebensächlich. Ihnen ist die Wahrnehmung oder geistige Verbindung wichtiger, als der Wunsch nach Berührung. Das Leben von Alexander wirkte auf mich sehr kontrolliert.

Fast nichts geschieht spontan in seinem Alltag. Vieles wird durchdacht geregelt. Es muss erklärbar und verstanden sein und dann setzt er es um. Ich dagegen fühle sehr intensiv und bin sehr emotional. Das Geistige gehört auch zu mir, doch ich brauche den Körperkontakt, reelle Begegnungen und Austausch. Ein Gespräch mit meiner Astrologin hilft mir zu verstehen, dass Alexander ein extrem feinfühliger Mensch sei und in der Jugend nicht mehr unterscheiden konnte, ob es seine Gefühle waren, die er fühlte oder die der anderen Person und oft nahm die andere Person dann Überhand. Das ging so weit, dass er nicht mehr er selbst sein konnte. Aus Schutz hat er begonnen, Kontrolle auszuüben, um den Gefühlen nicht ausgeliefert zu sein.

Wenn ich ihn nach einer wunderbaren Liebesnacht verlasse, bin ich noch einen halben Tag lang erfüllt davon und dann fehlt er mir. Ich verstehe nicht, dass er dann drei ganze Tage und manchmal länger, gar nichts von sich hören lässt. Wir haben sehr unterschiedliche Bedürfnisse nach Nähe, und ob sich diese auf einen gemeinsamen Nenner bringen lassen, ist schwer abzuschätzen, da er sich ja immer wieder ganz bewusst zurückzieht. Bald kommt es zu Missstimmungen zwischen uns. Er fühlt sich durch mich bedrängt, ich fühle mich alleine gelassen.

Ich schlage ihm vor, dass wir gemeinsam spirituelle Kurse anbieten, da die Räumlichkeiten und mein Kundenstamm vorhanden wären. Er könnte meine Angebote wunderbar ergänzen und wir damit etwas von der neuen Energie gemeinsam verwirklichen. Er nimmt das Angebot nicht an. Immer stärker wird dieser Wunsch in mir, wenigstens einen aufbauenden, gemeinsamen Nenner zu finden. Vielleicht auch deshalb, weil ich fühle, wie er sich mir mehr und mehr entzieht. Scheinbar überfordere ich ihn mit meiner Energie und erdrücke ihn gleichzeitig mit meiner Liebe. Inzwischen weiss ich, dass es Menschen gibt, die mit meiner Energie nicht klarkommen. Ich lebe intensiv und bin direkt. Auf Titus wirkte meine Lebendigkeit und Impulsivität anregend und interessant. Leandro konnte mich lieben, wie ich bin. Er fühlte sich beflügelt von mir, weil er in sich selber ruhte. Andere Männer hat es vertrieben. So auch Alexander.

Wenn jemand sich aus unbewusster Angst vor etwas abgrenzt, dann wirkt das wie eine Barriere und doch zieht man genau diese Erlebnisse und Energie immer wieder an. Etwas abzublocken kann auch in Form von vorgeschobener Arbeit oder intensiver sportlicher Tätigkeit gelebt werden, sodass das Energiefeld nicht mehr durchlässig ist. Anders ist es, wenn jemand sich von seinen Abhängigkeiten löst, um im Moment zu sein, dann sind die Energien im Fluss und man fühlt sich auf Seelenebene verbunden auch über tausend Kilometer Entfernung hinweg.

Erinnerungen an vergangene Beziehungen kommen hoch. Ich erinnere mich an meine Ehe, die Zeit mit Leandro, mit Ami, den ernsthaften Liebesbeziehungen, wo jede sehr unterschiedlich gelebt wurde. Mit eigenen Interessen, führten wir ein unabhängiges Leben und teilten das Gemeinsame. Immer blieb die Verbindung auf einer Ebene erhalten. Wir empfanden uns als Paar, egal ob es Schwierigkeiten gab oder ob wir räumlich getrennt waren.

Diese neuen Beziehungen sind ganz anders. Sie werfen mich immer wieder auf mich selbst zurück und erlauben kein Gefühl der Zusammengehörigkeit. Es ist auch die Innigkeit, die ich neuerdings in der Sexualität auf vielen Ebenen spüre, die sich aufbaut, aber nicht getragen wird vom Alltag. Bin ich beziehungssüchtig, zu besitzergreifend, zu hilfsbereit, zu sehr dies und zu sehr jenes? Wer sehnt sich denn nicht nach einer schönen und erfüllenden Partnerschaft? Ich bin ratlos. Wie halte ich diese Situation jetzt aus, immer eine Armlänge auf Abstand gehalten zu werden? Ich spüre sie, diese Liebe in mir. Sie hat ein Ziel: Zu einem Wir.

In einigen Texten spricht Kryon von einer neuen Lebenseinstellung, die auch andere Werte vermitteln wird, einer Gleich-Gültigkeit, sodass alles gleichermassen gültig ist. Nichts ist gut oder schlecht: Es ist, wie es ist.

Diese Haltung verspüre ich in den Meditationen. Alles, was mich belastet, neutralisiert sich, wird leichter und ruhiger, doch im direkten Austausch bin ich noch oft emotional.

Wenn es gelingt zu lieben, ohne etwas zu wollen, Mitgefühl zu haben, ohne mitzuleiden, wenn es gelingt zu heilen, ohne willentliches Zutun, sind wir einen grossen Schritt weiter. Warum gebe ich therapeutische Sitzungen und Kurse? Bestimmt um das selbst alles zu vertiefen und weiterzugeben.

ÜBERGANG INS JAHR 2000

Die Schnittstelle in ein neues Jahrtausend rückt näher. Das viel besprochene Jahr 2000 wirft einige Fragen auf. Panikmache und Untergangsszenarien die verbreitet werden lassen mich kalt. Angeblich soll das gesamte Computersystem zusammenbrechen, eventuell sogar ganze Städte durch Stromausfälle lahmgelegt werden, Flugschreiber nicht mehr funktionieren. Da wird gerätselt und vorausgesagt, was das Zeug hält. Natürlich ist die Umstellung auf ein vollständig neues Datum geschichtsträchtig, sichtbarer Wandel ist möglich, doch bestimmt kein Weltuntergang. Nicht einmal davor hätte ich noch Angst. Wenn wir untergehen, leben wir auf anderen Ebenen weiter und wird es diesen Planeten immer noch geben. Ich habe den Tod meiner Mutter erlebt und gemerkt, dass mir das sehr viel von meiner Angst vor dem Sterben genommen hat. Wenn meine Zeit gekommen ist, bin ich bereit. Das würde ich später noch unter Beweis stellen können.

Während der Skiferien mit meiner Tochter und zwei Freundinnen wünsche ich mir sehr, Alexander könnte wenigstens über Silvester dabei sein. Doch es kommt einfach keine Zusage von ihm. Ich fühle meine Liebe zu ihm, weiss, mit Bestimmtheit, dass er mich gern hat und dass keine andere Frau im Spiel ist. Meine Geduld wird auf eine harte Probe gestellt. Fast eine ganze Woche weilen wir schon in den Bergen. Heute ist ein idealer Ferientag mit traumhaftem Wetter und dank der perfekten Schneeverhältnisse sind die Pisten ideal zu befahren. Ich habe mir den Luxus gegönnt, eine Skiausrüstung zu mieten, bin mit den gemieteten Carving Skier bestens ausgestattet und geniesse ein herrliches Fahrgefühl. Ich tröste mich damit, dass Alexander nicht Ski fährt, also müsste ich ihn auch nicht so sehr vermissen. Nach mehreren gelungenen Abfahrten sitze ich wohlbehalten und müde in einem Café. Alles könnte so freudvoll und friedlich sein. Der Kuchen schmeckt hervorragend, die heisse Schokolade schickt Glückshormone in alle Richtungen. Noch bevor sie das Gehirn erreichen, treffe ich eine Entscheidung. Emotional bin ich sauer auf Alexander. Ich sage mir: »*Jetzt ist Schluss, soll er doch bleiben, wo er ist!*«

Endlich kann ich ihn loslassen. Ich will mein Leben geniessen mit oder ohne ihn. Es dauert keine 10 Minuten, da piepst mein Handy – eine SMS.

»Ich werde Silvester mit Dir verbringen und komme morgen an.«

Erstaunlich, wie das funktioniert, dieses bekannte Phänomen. Sobald man loslassen kann, erfüllen sich die unglaublichsten Dinge. Dies nur zu wissen hilft jedoch nichts, es muss auch energetisch passieren.

Es ist das Muster von Anziehung und Abstossung, das nur allzu oft stattfindet, besonders in Liebesbeziehungen. Wenn ich etwas oder jemanden sehnlichst will, vertreibe ich genau das durch zu starkes Wollen. Meine Erfahrung ist, dass man sich klar werden sollte, was man möchte und wenn möglich den Weg dafür ebnen und sich dann in Geduld üben. Ich kann nicht wünschen eine erfolgreiche Autorin zu sein, wenn ich kein Buch schreibe. Ich kann mir keine Ferien wünschen, wenn ich mir nicht die passenden Informationen beschaffe. Wenn ich nichts mehr will, biete ich

Raum, damit jemand diesen betritt oder etwas Neues sich zeigt.

Diese Anziehung und Abstossung wird im sexuellen Akt deutlich. Es ist physisch ein *Spiel* von Rückzug, Vorwärts-drängen, Reibung, Eindringen, Herausziehen und wieder rein und raus, im Normalfall immer schneller bis zum Hö-hepunkt. Was bleibt, ist das Gefühl, etwas miteinander ge-teilt zu haben und doch nicht wirklich ganz zu sein. Das sinnvollste Resultat dieses Aktes wäre es, ein neues Wesen zu erschaffen oder den Akt ganzheitlich zu erleben. Die physische Aktion verdeutlicht, was energetisch geschieht und sich unbewusst in Beziehungen abspielt: Wir gefallen einander und es geschieht eine Anziehung. Wir haben nor-malen Sex miteinander. Das läuft praktisch betrachtet, mei-stens nach diesem Schema – rein, raus, Höhepunkt, erledigt. Man geht auseinander, Sehnsucht entsteht, doch nur in ei-ner Verliebtheit gleich stark. Lässt einer los, will der andere wieder zurückerobern was sich entfernt und wenn er es hat, wird es zuviel oder langweilig. Wer loslässt, gibt dem ande-ren Raum, näher zu kommen. Erobern will man, was uner-reichbar scheint. Das Erreichbare ist eher uninteressant.

Obwohl Alexander das nicht bewusst macht, wird er energetisch trotzdem davon betroffen. Es sei denn, die Verbindung ist so gut oder tief, dass sie solche Spiele nicht mehr benötigt. Wenn das Vertrauen gross genug ist und wenn man weiss, dass man zueinander gehört, schwächt es sich ab. Es besteht dann allerdings die Gefahr, sich zu sehr in Sicherheit zu wiegen und die Anwesenheit des Partners als selbstverständlich zu betrachten.

Es kann nie schaden, sich immer wieder offen und neu-gierig zu begegnen, als wollte man sich neu kennenlernen. Manche Ehen sind so eingespielt, dass die Routine das Spontane vermissen lässt. Mein Exmann glaubte, mich durch und durch zu kennen, sodass er von seinem Bild nicht abrücken wollte, dem ich schon länger nicht mehr entsprach.

Ist es Sentimentalität, die mich gefangen hält? Der Wunsch nach der idealen Beziehung? Sind es Narben, die jemand hinterliess, die noch zu heilen sind? War oder bin ich zu abhängig von Beziehung, von einem Mann? Ich bin immer wieder auf der Suche nach Antworten und es werden sich ganz neue Ebenen eröffnen - schon sehr bald.

Unser Silvesterabend wird so schön und auch lustig, wie ich ihn lange nicht erlebt habe. Wir sind zu fünft im festlich geschmückten Saal an einem sehr schön gedeckten Tisch. Die Leute sollen nur rätseln, zu wem dieser einzelne Mann gehört, der nun plötzlich aufgetaucht ist. Was dem Ganzen noch mehr Würze gibt, ist, dass es sich bei zweien von uns um ein lesbisches Paar handelt.

Meine Freundin hat heute Geburtstag und ihre Partnerin hatte für sie eine Torte vorbestellt. Diese sollte vom Personal, zum Nachtisch, mit brennenden Kerzen hereingebracht werden, während die Musik *Happy Birthday* spielt. Nun kommt die Bedienung mit der Torte an unseren Tisch, ohne dass die Kerzen angezündet sind, und fragt unbedarft: »Soll ich die Kerzen jetzt schon anzünden?«

Wir schauen uns an und wissen zuerst nicht, ob wir uns ärgern sollen, weil der ganze Gag dahin ist. Wir hatten uns das so schön wie bei der Fernsehserie *Traumschiff* vorgestellt. Doch dann gewinnt die Komik überhand, weil das nun gründlich daneben gegangen ist und wir prusten los. Die beiden Nichteingeweihten verstehen nun wiederum nicht, was an einer simplen Frage so lustig sein soll. Wie so oft sind es die Missgeschicke, die man dann ein Leben lang in Erinnerung behält.

Von irgendwelchen Untergangszenarien, die überall heraufbeschworen wurden, halten wir nichts. Wir alle sind realistisch genug, um uns nicht beirren zu lassen. Um Mitternacht stossen wir an und dann beschliessen Alexander und ich nach draussen zu gehen. Unter dem Sternenhimmel und umgeben von Schneebergen, machen wir einen kurzen Abendspaziergang. Die Welt um uns versinkt, als wir uns umarmen. Er flüstert mir liebe Wünsche ins Ohr, die leider keinen Bezug zu dem haben, was uns verbindet. Ich hätte gerne noch etwas anderes gehört, doch ich gebe mich damit zufrieden. Ich weiss ja, dass Überschwänglichkeit nicht seine Art ist. Der Ausdruck seiner Gefühle ist seit jeher sachlich. Auch so bin ich jetzt glücklich mit ihm.

Mitten in der Nacht fahre ich in Panik schreiend aus dem Schlaf hoch. Ich hatte das Gefühl, die Hälfte meines Körpers sei verschwunden, einfach nicht mehr da. Von meinem Schrei wird Alexander wach. Ich versuche zu erklären, was ich gerade erlebt habe und benötige eine gute Weile, bis ich wieder ganz in meinem Körper bin und mich beruhigt habe. Auch die Freundinnen im Zimmer nebenan wurden von meinem Schrei aufgeweckt. Wie wir am nächsten Morgen erfuhren, hatten sie einen Moment lang echt Angst um mich gehabt. Da dem ersten, lauten Schrei kein Zweiter folgte, durften sie annehmen, dass ich entweder bereits ermordet war, oder dass ich einen Albtraum gehabt hatte. Also überliessen sie mich meinem Schicksal oder besser, sie vertrauten dem anwesenden Mann. Kluge Frauen, nicht wahr?

Viel später lerne ich diesen Zustand der Auflösung erkennen, sogar bewusst zuzulassen und zu geniessen. Alexander weiss viel, aber hier kann er mir auch nicht sagen, was passiert ist. Ich muss ihm wohl echt gestört vorkommen, auch wenn er es nicht sagt. Ich eile in Riesenschritten neuen Erfahrungen entgegen, die mir nicht zuletzt durch ihn ermöglicht werden.

Hast Du, liebe Leserin/lieber Leser, das auch schon erlebt, dass alleine die Anwesenheit eines Menschen Dich beflügelt, Dir neue Welten eröffnet, obwohl der andere nicht viel tut oder sagt? Manchmal habe ich auch das Gefühl, ich eile in neue Dimensionen, die nur auf mich gewartet haben.

Da Alexander nicht Skifahren kann, fahren wir am Morgen mit einer Gondel hoch zur Bergstation. Wir mieten einen Schlitten und fahren in halsbrecherischer Fahrt auf den vorbereiteten Schlittenpisten hinunter. Ich jauchze wie ein Kind voller Übermut. Ich bin sehr, sehr glücklich. Ja, wie schon lange nicht mehr. Ich fühle ich mich losgelöst von allem und doch verbunden mit dieser schönen Landschaft, dem Wind, der mir um die Nase pfeift und mit diesem lieben Mann. Ich könnte platzen vor Glück.

Bei diesen rasanten Schlittenfahrten bremst man mit den Füssen ab und braucht Muskelkraft. Ein Muskelkater in den Oberschenkeln scheint vorprogrammiert zu sein. Diese Abfahrt war doch ziemlich lang. Unten angekommen begeben wir uns, in das hoteleigene Sprudelbad, das für uns vorbereitet wird. Es würde uns entspannen.

Wir lassen uns langsam in die Sprudelwanne sinken. Sie ist nicht überdimensioniert, sondern bietet gerade genug Platz für zwei Personen. Der Raum ist leicht abgedunkelt, feine Düfte umgeben uns. Kleine, farbige Lämpchen spiegeln sich im Wasser. Im Hintergrund erklingt sanfte Musik. Alle Sinne werden angesprochen. Wir sitzen, oder besser gesagt, liegen uns gegenüber und beginnen uns sanft im Wasser zu bewegen. Seine Beine schieben sich unter meine. Seine Energie sendet elektrische Impulse, die sich über das Wasser auf mich übertragen. Ich fühle die Kraft seiner Männlichkeit, ausserhalb von mir. Ein verstehendes Lächeln umspielt unsere Lippen. Es braucht keine Worte. Es ist sexuell und ist doch nicht sexuell im üblichen Sinn. Es ist, als würden unsere Körper sanft miteinander sprechen. Da ist nichts Forderndes, nur ein gemeinsames Erfahren. Wir gleiten in einen meditativen Zustand und lehnen uns beide einander gegenüber sitzend, wieder zurück. Ich schliesse die Augen und höre das sprudelnde Wasser, die sanften Klänge, fühle die wohlige Wärme, fühle die Energie und urplötzlich nehme ich uns als zwei Delfine wahr, die im Meer miteinander schwimmen. Mit geschlossenen Augen sehe ich über uns tanzende Delfine. Dieses Meer ist gleichzeitig das Universum. Wenn ich die Augen ein wenig öffne, sehe ich die kleinen Lämpchen wie Sterne an der Decke. Kaum schliesse ich sie erneut, werden wir wieder zu Delfinen. Wir umkreisen den Raum, spielen miteinander, schubsen uns mit unseren Schnäbeln an. Wir gleiten zusammen und wieder in Kreisen voneinander weg, ohne dass effektiv eine Bewegung geschieht. Ich glaube, ich habe sogar vergessen zu atmen. Was ich in dieser kleinen Ewigkeit empfinde, ist ein Glücksgefühl, jenseits von Worten. Glückseligkeit ist wohl der treffendere Ausdruck dafür. Eine Erfüllung durchdringt mich wie eine wohltuende Essenz, die all meine Zellen nährt. Alexander verhält sich bewegungslos.

Stillschweigendes Erleben und Geniessen.

Viel zu schnell ist die für uns reservierte Zeit um und wir begeben uns in unser Zimmer, um weiter zu entspannen. Auf dem Bett liegend und an ihn gelehnt, erzähle ich ihm, was ich erlebt habe. Er hat zwar keine Bilder gesehen wie ich, doch die Einmaligkeit des Augenblickes konnte er sehr gut wahrnehmen. Wir dösen noch einige Zeit. Erfüllt und erholt gehen wir dem letzten gemeinsamen Abend entgegen.

Solche Erlebnisse kann man nicht willentlich herbeiführen. Wenn alle Sinne offen sind, um zu fühlen, um wahrzunehmen, wenn man möglichst entspannt ist, ohne Erwartung und ohne Ziel, dann sind die besten Voraussetzungen dafür gegeben.

Wieder zu Hause glaube ich, dass wir nun wirklich den Weg in eine neue Gemeinsamkeit gefunden haben. Doch er meldet sich wieder tagelang nicht. Ich beklage mich und will wissen, was denn das für eine Beziehung sei, die wir haben, und bekomme keine Antwort. Eines Morgens erscheint er mir in einem Traum. Ich werde wach, weil ich ein lautes »JA, Alexander.« höre. Es bricht regelrecht aus mir heraus, dieses Ja. Ich empfinde es als ein tiefes Ja zu uns. Am darauf folgenden Wochenende treffen wir uns an einem Abend zum Essen im Restaurant. Ich fühle mich immer noch getragen vom Glücksgefühl dieses klaren Ja. Doch völlig konträr zu meinem Fühlen und Wollen, erklärt er mir, dass er mit mir keine Zukunft sieht und er diese Beziehung beenden will.

»Wir passen einfach nicht zusammen. Ich mag Dich immer noch und hoffe, dass wir in Kontakt bleiben.«

Ich bin irritiert; enttäuscht. Was braucht es denn noch? Ein tiefes Ja wird also nicht immer von beiden gleich wahrgenommen. Der eine möchte sich einlassen, der andere flüchtet. Wie so oft löst sich der Mann genau dann von mir, wenn ich die stärkste Verbindung spüre. Schon zum vierten Mal erlebe ich es auf ähnliche Art und Weise. Natürlich stelle ich mich wieder infrage: Warum werde ich gerade dann von einem Mann verlassen, wenn ich tiefste Liebe empfinde? Warum gerade dann? Basiert meine Reaktion unbewusst auf seiner Ablehnung? Vielleicht war das Ganze zu stark für ihn? Auf diese Frage erhalte ich erst später eine Antwort und erst als er mir von seiner nächsten Beziehung erzählt.

Wir schreiben uns noch gelegentlich E-Mails und bleiben Freunde. Ein Jahr danach nutze ich die Chance für ein Wiedersehen. Ich lade ihn und seine Kinder am Heiligabend bei mir ein. Die Kinder geniessen es sehr und finden mich toll, wie ich nachträglich höre. Auch das Ritual unter dem Christbaum hat sie nachhaltig beeindruckt, was er mir ein Jahr später erzählt. Mit dem kleinen Sohn hatte ich schon, als ich ihn das allererste Mal sah, eine sehr schöne Verbindung. Alexander war sehr überrascht, dass der sonst so schüchterne Bub sein Lieblingsstofftier aus dem Zimmer geholt hatte, um es mir zu zeigen. Ich bin keine Fremde, seine Buben mögen mich und alles fühlt sich so harmonisch an, dass ich mich frage, warum es nicht immer so sein kann. Alexander bleibt konsequent, freundlich und distanziert.

SPIRITUELLE GRUPPEN

Bewusste Spiritualität durchdringt immer mehr, was ich tue und ich beginne mich kurz nach Alexanders Bekanntschaft mit dem Lichtkörperprozess zu befassen. Ich bin auf der Suche nach Gleichgesinnten.

Beim Lichtkörperprozess handelt es sich um eine Aktivierung von gewissen Energiestrukturen die aus der Göttlichen Geometrie bekannt sind. Fünfstern, Sechstern, Dodekaeder, Tetraeder und die »Blume des Lebens«. Alles in unserem Körper bildet eine perfekte göttliche Geometrie, spiralförmige Strukturen und diese kann durch Visualisierung von Lichtstrukturen bewegt, verändert und manchmal vervollständigt werden.

Ich weiss, dass ich noch tiefer in spirituelles Wissen eintauchen kann. Im Internet gibt es viele Möglichkeiten des Austausches. Ich melde mich bei einer Yahoo-Gruppe mit dem Namen *Spirituelles Leben* an. Eine Mailgruppe, in der jeder seinen richtigen Namen preisgibt, alle Mitglieder der Gruppe alle Mails lesen und beantworten können. Es wird nie eine sehr grosse Gruppe werden, es bleibt familiär. Hier finde ich Gleichgesinnte und eine Freundin, auf Lebzeiten, und vieles mehr.

Nach einiger Zeit des Austausches per Mail kommt auch im Alltag Neues auf mich zu. Meine Freundin Ka lädt mich eines Abends ein, damit ich Elfriede kennenlerne, die den neuen Lichtkörper Prozess vermittelt. Ich bin nicht auf der Suche nach einer Lehrerin, habe ich doch jahrelang therapeutische und spirituelle Schulungen, Kurse und Seminare besucht. Ich bin an einem Punkt angelangt, an dem ich nichts mehr von jemandem lernen will, sondern Erweiterung durch Erfahrung suche. Das ist mein Fokus. Ich bin gerne in Gruppen, wenn eine gegenseitige Befruchtung möglich ist. An diesem Abend leitet Elfriede eine geführte Meditation, bei welcher wir in ein Raumschiff steigen. Damit reisen wir auf der Erde und um die Erde herum. Ich bin mittendrin in diesem Raumschiff. Alles kommt mir bekannt vor, es ist ein *nach Hause kommen*.

Das Gespräch während des nachfolgenden Essens zeigt mir, dass Elfriede und ich uns auf vielen Ebenen verstehen.

Ich empfinde es als grosse Bereicherung, jemanden getroffen zu haben, der mich mit meinem Wissen anerkennt und mir gleichzeitig noch einiges aufzeigen kann, dessen ich mir nicht bewusst bin.

Mit ihr will ich noch weitere Wege beschreiten, Neues kennenlernen. Elfriede ist autorisierte Lehrerin des neuen Lichtkörper Prozesses von Cecilia Sifontes. Sie händigt mir das Anmeldeformular für den ersten 6-monatigen Kurs aus. Unter anderem soll ich mich, gemäss diesem Papier, dazu verpflichten, ein halbes Jahr lang keine therapeutische Energiearbeit zu machen. Ich entscheide, selbst die Verantwortung dafür zu übernehmen und dem Fluss der Energie zu vertrauen. Die Klienten und Yogateilnehmer bleiben plötzlich aus. Es geschieht wie von selbst, während ich den Kurs absolviere. Einige meiner Freunde sind besorgt, weil sie Veränderungen an mir bemerken, die sie selbst nicht nachvollziehen können. Einige entfernen sich von mir.

MULTIDIMENSIONALITÄT

Das halbe Jahr Lichtkörper-Erfahrung bestimmt mein Leben. Die tägliche Meditation zu Hause mit den Kassetten und das Arbeiten mit dem Übungsbuch sind eine intensive Schulung für ein neues Bewusstsein. Da gibt es diverse Wesenheiten die Cecilia channelt. All das hebt mich und mein Bewusstsein empor, zeigt mir wie viel kraftvoller wir Menschen sind. Für mich ist es auch ein Vergnügen mit diesen Strahlen, wie sie es nennt, zu arbeiten. Sehr diszipliniert gehe ich diese Aufgabe an und fühle mich unsäglich bereichert. Eine weiterführende Schulung dauert wieder ein halbes Jahr und Elfriede nennt es *Sirianisches Gitternetz*, später *Christusbewusstseins-Gitternetz*. Sie sagt von sich, dass sie eine sehr enge Beziehung zu Sirius habe und dass die Sirianer als Architekten an vielen Energiekonzepten arbeiten. Immer ist auch die Arbeit Kryons vom magnetischen Dienst involviert. Es ist eine Zusammenarbeit von verschiedensten

Kräften. Es sind Meditationen mit der göttlichen Geometrie und Bewusstseinsarbeit.

Elfriede channelt Kryon, Arkturus und viele andere Wesenheiten, die interplanetar sind und wirken. Da melden sich Mutter Maria, Maria Magdalena ebenso, wie bekannte wie weniger bekannte Yogis. Die Energien sind stark und berühren mich so sehr, dass ich manchmal meine, die Worte selbst zu empfangen. Langsam werde ich auf diese Art und Weise zum Channeln geführt. In den meisten Gruppen, die sich auf der ganzen Welt unter dem Namen »Lichtarbeiter« gebildet haben, ist es in der Regel, eine einzige Wesenheit, die Durchsagen macht. Bei uns sind es verschiedene, je nach Thema oder Energie. Wir erhalten jetzt CDs und zusätzliche Lehrblätter. Das Ganze hat sich, seit Elfriede es neu gestaltet hat, wesentlich vereinfacht. Ganz stark sind die zwei Tetraeder, wenn sie ineinanderfliessen und eine Merkaba ergeben. Sehr oft sehe ich multidimensional sich bewegende Strukturen vor meinem dritten Auge. Mit der Zeit genügt es, sich auf einen Punkt einzuklinken und alles ist sofort präsent. Unser Zellbewusstsein erinnert sich. Zuerst nutzt man die Visualisierung oder Vorstellungskraft und dann übergibt man sich den Energien, die man fühlt oder sieht. Da die Strukturen auch für eine bestimmte Wirkung stehen, sind sie sehr hilfreich, um sehr bewusst den physischen und die Energiekörper zu erfahren. In den Gruppen beginnt jede Meditation mit einer Erdungsstruktur und hört in der Regel auch so auf. Es kann vorkommen, dass es in der Gruppe noch sehr lange nach der Meditation sehr ruhig bleibt bevor wir zu einem praktischeren Teil oder einer Pause übergehen.

Es geschieht öfters und ist auch der Sinn der Sache, dass der Verstand sich während der Meditation ausschaltet. Entweder verliert man dann das Bewusstsein, schläft ein oder die Wahrnehmung dehnt sich aus. Es kam immer wieder vor, dass ich dachte, überhaupt nichts gehört oder wahrgenommen zu haben und wenn andere ihre Bilder oder Gefühle beschrieben, wusste ich, dass ich es auch so gehört oder gesehen hatte.

Wir sind eine kraftvolle, sehr gemischte Gruppe, in allen Altersstufen, die sich nun einmal monatlich trifft. Ergänzt wird sie von früheren Absolventen des Lichtkörper Prozesses, die uns begleiten und selbst eine Vertiefung wünschen.

Die Stammgruppe besteht aus acht Leuten, die sich monatlich trifft. Jeden Freitagabend ist die Gruppe offen für Interessierte. Manchmal sind wir bis zu dreiundzwanzig Personen.

Als dieses erste Jahr zu Ende ist, wird das Angebot für uns offener und vielseitiger. Wir scheinen die Wahl zu haben, wann, wie oft und wo wir in einer der Gruppen mitmachen wollen. Manchmal frage ich mich, ob ich denn jemals eine Wahl hatte? Es ist so selbstverständlich für mich, dabei sein zu wollen. Also besuche ich auch die Monatstreffen, die in Form von Tagestreffen stattfinden. Eine bunt zusammengewürfelte Gruppe trifft sich jeweils am Samstag für Meditationen, Gespräch und Austausch über das Erlebte. Abwechslungsweise und zusätzlich gibt es Wochenenden in der Schweiz und auch mal in Deutschland. Immer vertrauter werden mir die zusätzlichen Dimensionen. Meine Welt- und Weitsicht verändert sich.

Weiterhin meditieren wir mit den uns bekannten Lichtstrukturen und es fliessen Themen ein, die aktuell sind. Manchmal sind wir auch an Orten die eine spürbare Problematik hochbringen, mit der wir uns auseinandersetzen. Sehr oft erleben und arbeiten wir mit den Gegensätzlichkeiten, den menschlichen Mustern, die uns am anderen nerven. Dann wird es zur Aufgabe, uns direkt im Gespräch oder in der Meditation zu allererst mit diesen Personen und ihren Eigenheiten anzufreunden, sie anzunehmen wie sie sind. Wenn etwas im Raum steht, das nicht aufgelöst wurde, taucht es während der Meditation auf, wird thematisiert und eine energetische Verbindung und Heilung geschieht über das Herz. Dadurch erschaffen wir ein starkes Einheitsfeld für diejenigen die bereit sind, sich tief einzulassen. Es ist echte Friedensarbeit, die in dieser Gruppe geschehen darf. Wir lachen sehr oft und viel. Humor ist so heilsam und wenn Elfriede zu lachen anfängt, ist es sehr ansteckend. Sie erklärt uns, das sei ebenfalls eine Form von Transformation.

Wir channeln während den Meditationen Töne, ganze Sätze die wir empfangen. Mit immer weniger Scheu öffnen wir uns für den Fluss der Energien. Immer wieder sind wir eingeladen, selbst zu sprechen. Elfriede leitet das Ganze und lässt erweitertes Wissen durch Worte oder Töne einfliessen. Sie sagt uns immer wieder, dass jede und jeder von uns ein gewisses Potenzial mitbringt, das als Bereicherung aller erlebt werden kann. Es gehe heute nicht mehr darum im stillen Kämmerlein Erkenntnisse zu sammeln, sondern gemeinsam Energien zu bewegen. Plötzlich sind wir viel mehr als nur unser Körper. Wir werden zu Wesen die feinstofflich sind und überall, in und um die Erde und zu anderen Planeten reisen. Wir können zum Zentrum der Erde in den Erdkristall reisen, wir begeben uns in Bereiche, die der Verstand nicht mehr erfassen kann und dann wieder wird es sehr irdisch mit der Energie der Mikroben, dann der Reptilien, mit Reisen in die Tiefen der Meere und dem Verschmelzen mit den Meeressäugern. Wir erspüren unser Krafttier, unseren Engelaspekt in den kristallinen Dimensionen und vieles mehr. Manchmal werden wir bewusst eins mit Terra Gaia und fühlen uns in die Elemente Erde, Wasser, Feuer, Luft ein. Wir wissen plötzlich um Dinge, die erst später von der Wissenschaft gefunden werden. Wir entdecken uralte Weisheit, die wieder in uns erweckt wird, sei es in der Medizin, in der Politik, ursprünglichem Religionswissen oder anderem. Manchmal verliert jemand das Bewusstsein und schläft ein, manchmal weint jemand oder beginnt zu sprechen. Wir sitzen im Kreis mit geschlossenen Augen und lassen geschehen. Danach ergibt sich jeweils ein reger gemeinsamer Austausch.

TELEPORTATION

Teleportation ist seither kein Fremdwort mehr. Ich habe sie bewusst erlebt. Bisher habe ich sie noch nicht willentlich herbeigeführt, doch ich weiss, dass auch das möglich ist. Es bedeutet sich wirklich ganz eins mit dem Körper zu fühlen, jede Zelle auf Empfang zu stellen, sich den Energien zu übergeben und dabei das Bewusstsein so weit wie möglich zu behalten und auszudehnen. Teleportation geschieht oft in unseren Träumen, die wir dann eher als Traumgeschehen interpretieren. Manchmal wissen wir gar nicht mehr, wo wir in der Nacht waren.

An einem Sonntagstreffen in Wiesloch erfreut mich folgende tiefe Erfahrung.

Wir sitzen im Kreis und werden von Elfriede in einer geführten Meditation angeleitet. Dazu erklingt passende Musik. Ganz entspannt übergebe ich mich den Schwingungen. Ich bemerke eine Veränderung, weiss nicht, wohin sie führt. Ich öffne ganz kurz nochmals die Augen und sehe, dass eine der Freundinnen total durchsichtig geworden ist. Es erschreckt mich nicht – ich nehme es einfach wahr. Es erscheint mir ganz natürlich und ich schliesse die Augen wieder. Ein Sog zieht mich in Lichtgeschwindigkeit weg und ich selbst werde zu einer Lichtkugel gewirbelt. Nun lande ich auf einem Ring des Saturns und von dort katapultiert es mich weiter zu Sirius und zur Venus. Jeder Planet hat eine ihm eigene Frequenz und auf jedem verändere ich meine Form. Es ist ein Umfeld aus lauter Energie und Farbe und ich bin mittendrin. Jeder Gedanke erschafft augenblicklich, was ich denke. Denke ich *Blume*, sehe ich ganz besondere Blumen. Denke ich *Haus*, sehe ich Wohneinheiten. Jeder Gedanke – oder ist es eher ein Impuls von innen? – transportiert mich sofort weiter und erschafft etwas Neues vor mir. Ich fühle und sehe es gleichzeitig. Auf der Venus erschaffe ich runde Häuser, vollkommen von Licht durchflutet und wunderschöne Pflanzen, die sich den Häusern entlang hochranken. Eine neue Welt entsteht vor meinen Augen. Wie lange das Ganze dauert, weiss ich nicht, denn plötzlich ist da wieder ein starker Sog und ich befinde mich wieder auf dem Stuhl sitzend und spüre meinen Körper.

Nun erkenne ich, dass das, was ich in den Winterferien mit Alexander im Bett erlebte, der Beginn oder das Ende einer Teleportation war. Als ich wach wurde, war ich noch nicht ganz zurück im Körper. Das war es, was mir Angst gemacht hatte. In den Meditationen reisen wir oft zu anderen Planeten oder in unbekannte Bereiche. Wichtig ist, dass wir auch gut geerdet wieder zurückkommen.

Als ich meine Erfahrung schildere, erklärt uns Elfriede, dass Menschen während einer Teleportation in Form einer Projektion für andere noch sichtbar sind. Genauso sieht zum Beispiel jemand einen Heiler oder Yogi unbeweglich dasitzen. Tatsächlich hat er sich Tausende von Kilometern wegbegeben, um dort eine Aufgabe zu erledigen. Vom Heiler Daskalos in Zypern wird das sehr anschaulich beschrieben. Dieser lebte in der zweiten Hälfte des letzten Jahrhunderts.

Ich habe bis zu diesem Zeitpunkt bestimmt schon 2.500 Mal meditiert und meine damit die länger dauernden Meditationen. Ebenso bin ich bestimmt an die 10.000 Mal im Traum teleportiert.

Manchmal finde ich mich beim Erwachen am Morgen kaum mehr zurecht. Ich weiss weder, wo ich gewesen bin, noch was für ein Tag gerade ist oder überhaupt, wer ich bin. Die Qualität der nächsten Jahre wird sein, den Körper weiter zu verändern, noch mehr zu vergeistigen und gleichzeitig geerdet zu sein. Da sich die Schwingungsfrequenz der Erde mit uns ändert, wird sich auch die Erdung anders anfühlen mit der Zeit.

In der Anfangsphase konzentriere ich mich ganz praktisch auf den physischen Körper, später auf die Chakren, dann auf die Akupunktur Meridiane beziehungsweise auf deren Referenzpunkte. Von meinen beiden Sitzbeinhöckern bilde ich zusammen mit dem obersten Halswirbel ein Drei-eck. Eine weitere Möglichkeit ist, dass die Knie zum Steiss-bein ein Dreieck bilden, oder ich baue im Stehen einen Kontakt über beide Füsse mit dem Boden unter mir auf, um mich zu erden. Die Erdung kann also bereits beim bewuss-ten Stehen geübt oder erfahren werden und beim Sitzen erst recht, wenn das Becken die richtige Position innehat. So baue ich den Kontakt zu mir und meinem Körper auf.

Ich hatte meine Yoga-Ausbildung in Birstein absolviert. Der indische Guru Mahindra de Souza, hatte die Leitung seinem treuen Schüler und Begründer des Institutes und dessen Frau überlassen und sich zurückgezogen. Wir hörten ihn manchmal Musik üben oder er erschien zum Essen. Die Mittagessen wurden schweigend eingenommen.

In der Hatha-Yoga Schulung, die mit Spiraldynamik kombiniert war, ging es darum, sehr bewusst ausgewogene Haltungs-Strukturen aufzubauen. Als Beispiel eine Drei-ecksform in den Füssen: Ferse, Fussballen vorne links und vorne rechts wahrzunehmen und den Kontakt mit dem Boden spüren, dazwischen bildet sich in der Wölbung die Grundform einer Spirale. Solche Spiralen findet man im ganzen Körper. Es geht also darum, diese Dreiecke, in den Füssen, im Becken, im ganzen Körper, bei den diversen Übungen ins Gleichgewicht zu bringen. Das optimiert die Körperhaltung allgemein und ist sehr wohltuend. Es bewegt die Energie der Wirbelsäule bis in die Wirbel hinein und von da hinaus in die Extremitäten. So wird uns in der Spi-raldynamik, die ich als Zusatzausbildung mache, sehr plau-sibel erklärt und gezeigt, wie die Knochen und Gelenke aufeinander aufgebaut sind.

Dieses Wissen setzte ich schon früher intuitiv in meinen Kursen ein. Ich lege weniger Wert darauf, dass die Asanas, die grossen Übungen äusserlich perfekt aussehen, sondern brachte den Praktizierenden bei, minimale Bewegungen auch innerlich zu visualisieren und darauf aufzubauen. So können wir sie erspüren und erst dann in die grosse Bewegung oder Haltung hineingehen. Das ermöglicht auch die eigenen Grenzen zu kennen und nicht einfach zu überschreiten. Es wird für mich immer mehr ein Weg von innen nach aussen. Darum sind wohl meine Kurse in ihrer Wirkung nachhaltig. Viele Teilnehmer kamen noch Jahre später auf mich zu, um sich bei mir für die positiven Veränderungen zu bedanken, die sie aufgrund meiner Kurse und dieses Bewusstseins erfahren durften. Bei vielen, die es selber nicht gemerkt haben, nahm ich Neustrukturierungen wahr und das genügte mir.

In der *Polarity* Ausbildung nutzen wir dieselben Strukturen und es mag interessieren, dass ich in den Monaten mit der Lichtkörperarbeit viele dieser vertrauten Formen und Strukturen wiederfand. Die göttliche Geometrie ist eben allumfassend, egal wie man sie nennt. Hier finde ich also die fundiert recherchierten, energetischen Strukturen wieder, die Dr. Dr. Randophe Stone, der Begründer von *Polarity*, in seinen Zeichnungen dargestellt hat. Formen, die sich in unserem Körper, in den Gelenken, in der gesamten Körperhaltung befinden. Wir haben immer wieder mit den Wellen und Strömen und den diversen Pulsationen gearbeitet, haben erspürt, wie die Lebensenergie Ovale, Dreiecke bildet und die Energie durch unseren Körper lenkt. Es braucht dafür Feinfühligkeit oder Hellsichtigkeit und das galt es zu üben. Wir haben mit den Kraftlinien des fünfstrahligen Sterns gearbeitet, der wichtige Kontaktpunkte am physischen Körper hat. In der Theorie von *Polarity* endet das nach oben ausgerichtete Dreieck, mit der Spitze in der Schädelbasis und balanciert sich am Beckenkamm aus. Die Theorie basiert auf der Annahme, dass die meisten Energieblockaden des Menschen im Beckenbereich und seinen Organen ihren Anfang nehmen. Er hat sehr viel mit dem Beckenboden gearbeitet und dort Spannungen gelöst. Er kannte selbstverständlich auch alle geistigen Ebenen.

Mit den Strahlen des Lichtkörperprozesses und einer nach unten gerichteten Dreieckspitze ins Zentrum der Erde, geht es in den Erdkristall hinein. Die Spitze des nach oben gerichteten Dreiecks oder Tetraeders, zeigt in himmlische oder göttliche Gefilde. Multidimensional betrachtet wird dann aus oben unten und unten wird oben.

Wer mit Meditationstechniken und den Chakren arbeitet, erlebt, dass man sich, plötzlich in einem Kreislauf ohne Anfang und Ende befindet. Dadurch kann ich grösste Ausdehnung erleben, wenn ich zentriert in einem einzigen Punkt, wir nennen das den *fokussierten Lichtpunkt*, hineingehe. Es sind Übungen, die mit Disziplin ausgeführt, unterschiedlichste Resultate bringen. Der Körper hat ein Zellgedächtnis, von traumatischen Erlebnissen bis hin zu den Geschichten der Urahnen. Diese sind in unseren Zellen gespeichert und werden dann ins Bewusstsein geholt. Im optimalen Fall kommen tiefste Weisheiten ans Licht.

All das dient mir dazu, mir selbst näherzukommen. Der Austausch darüber mit anderen oder in Gruppen verhilft mir zu weiteren Einsichten.

7 GÖTTLICHE SEXUALITÄT

NEUE SICHTWEISEN

Ich beginne immer öfter in der Lichtkörpergruppe von meinen mannigfachen Erfahrungen mit Sexualität zu berichten. Das kommt nicht von ungefähr, denn die Meditationen in der Gruppe sind teilweise so stark, so aktivierend, dass sie fast orgastische Züge annehmen. Es ist ein tiefes Loslassen, ein so starkes Vibrieren im ganzen Körper, dass man es als ekstatisch bezeichnen kann. Manchmal geben wir dabei Töne von uns, manchmal werden Worte oder Sätze, geseufzt und es ist Genuss pur, was spürbar wird. Sehr interessant ist, dass ich danach oft glaube, Sperma zu riechen, obwohl kein Mann in der Nähe ist. Andere machen dieselbe Erfahrung.

Wie unterscheidet sich dieses Erleben von einem normalen, physischen Orgasmus? Wenn ein Orgasmus einen explosiven Höhepunkt darstellt, so ist eine orgastische Ekstase in einer Meditation weniger explosiv, dafür gesamthaft prickelnder. Man fühlt eine weite Öffnung, Entspannung beginnend beim Beckenboden und spürt Energien ein- oder ausfliessen. Die Vorstellungskraft wird angeregt und viele Grenzen werden gesprengt. So kommen auch feinstoffliche Bilder, die mit dem Körpergefühl übereinstimmen, die mit unserer Realität aber kaum etwas zu tun haben. Es kann geschehen, dass wir als Frauen einen feinstofflichen Penis haben und damit in die Erde eindringen und so eine tiefe Verschmelzung erleben.

Es kommt mir so vor, als hätten einige Frauen in unserer Gruppe keine sexuellen Bedürfnisse mehr oder sie haben sich völlig von der Sexualität verabschiedet. Einige sind

Mütter und Ehefrauen, die sich jedoch keine physische Vereinigung mit Männern mehr wünschen, so sagen sie. Was sind die Gründe, warum man sich diese wünscht, und warum nicht? Wir alle sind sexuelle Wesen und können uns diesen Energien nicht ganz verschliessen. Wie wir sie jedoch leben, ist sehr unterschiedlich. Da das Thema doch ab und zu auf den Tisch kommt, bringt es Bewegung in einige Frauen. In ihnen bricht etwas auf und ich bin an einem Punkt, wo meine Sexualität einer neuen Ausrichtung bedarf. Noch habe ich keine Ahnung welche.

Ich höre zum ersten Mal den Ausdruck *göttliche Sexualität.* Was genau ist göttliche Sexualität? Niemand kann mir das beschreiben. Auch die Gruppenleiterin kann es uns nicht plausibel erklären, weil es jenseits von Worten sei, wie sie sagt. In dieser Phase beschäftigen wir uns auch mit der Frage, wo denn sexueller Missbrauch beginnt. Was sind die Ursachen, dass es dazu kommt? Es geschehen immer öfter themenbezogene Dinge in unserer Gruppe. Man kann es auch Synchronizität nennen, unterstützt durch die Energie der Gruppenarbeit. Es stossen Frauen zu uns, die als Kinder von Männern sexuell *unangebracht* berührt oder verführt wurden oder sich mit dem Thema innerhalb ihrer Familie auseinandersetzen müssen. Die Thematik Missbrauch kommt ganz konkret auf den Tisch, mit all den ungeheilten Aspekten und auch hier kann ich meinen Anteil leisten und von geheilter Sexualität sprechen. Unsere damals 74-jährige Freundin, die Vergewaltigungen während des Zweiten Weltkrieges erlebte, beginnt von sich zu erzählen. Ihr Auftreten wirkte oft sehr entschlossen fast militärisch, obwohl sie sonst sehr fraulich aussah. Durch unsere Anteilnahme heilen mit der Zeit Verletzungen. Als sie mit uns durch einen intensiven Vergebungsprozess geht, wird sie weicher. Sie lässt neuerdings Männer näher an sich heran und erstaunlicherweise fühlen sich viele jüngere Männer zu ihr hingezogen. Einen Mann erhört sie und plötzlich erzählt sie uns, eine grosse Liebe gefunden zu haben. Zuerst mag sie nicht viel erzählen, doch dann kommt ein wenig gehemmt heraus, dass sie mit diesem Freund zum ersten Mal im Leben einen Orgasmus erlebt hat.

»Das ist aber so mächtig gewesen, dass es mich schier verbrannt hat. Das war unglaublich schön, hat mir aber auch Angst gemacht.«

So stark wurde es für sie, als hätte etwas in ihr nur darauf gewartet, entdeckt zu werden. Wir freuen uns mit ihr über dieses Erwachen.

Die Gruppenleiterin erzählt von sich, dass sie derzeit öfter Träume zum Thema Sexualität hat und einige Wochen später, als sie am Roten Meer in den Ferien weilt, hat sie ebenfalls eine sehr schöne, intensive sexuelle Begegnung mit einem Mann. Es sieht nach einer länger dauernden Beziehung aus, die jedoch im Sande verläuft. Trotzdem ist sie sehr erfreut, Solches erlebt zu haben und es mit uns zu teilen. Sie geht den Weg vom geistigen zum physisch orgastischen Erleben und ich bin auf dem umgekehrten Weg. Einige Jahre später, ebenfalls am Roten Meer, lässt sie sich massieren. Der Masseur weiss, dass viele Frauen nur darauf warten, erobert zu werden und versucht sie zu verführen und wird ein wenig aufdringlich. Sie erklärt uns, dass es nun nicht damit getan ist, hier auf Abstossung zu gehen, um so unbewusst zu vermitteln, er solle weitermachen, obwohl man das Gegenteil möchte. Man begegne ihm lieber auf Herzebene und lässt sich ein, bis man weiss, wie weit man mitfühlen kann. Dann findet man auch die richtigen Worte, ohne ihn zurückzustossen. Es gelingt ihr, seine Begeisterung zu dämpfen und ihn zu beruhigen, indem sie ihm erklärt, sie lebe Priesterschaft und stehe für Sexualität nicht zur Verfügung. Darunter versteht er natürlich Abstinenz und kann es akzeptieren. Dann gesteht er ihr, dass er verheiratet ist und fragt, ob er vielleicht später einen Rat bei ihr einholen dürfe. Somit hatten sie eine andere Ebene gefunden. Sexualität wurde in verschiedenen Kulturen auch in der Priesterschaft gelebt. Insbesondere in Atlantis, Avalon oder Ägypten, so, wie ich es auch mit meinem Magierfreund in einem früheren Leben lebte. Wenig später mit der nächsten Dualseele erfahre ich die feinstoffliche Verschmelzung auf allen Ebenen, ohne dass wir uns genital vereinen. Das ist ein Teil der *göttlichen Sexualität*.

VEREINIGUNG

Das Thema fasziniert mich. Es wird von Geistqualität gesprochen, und dass diese Verbindung stärker wirkt, als eine physische Vereinigung. Irrtümlicherweise schlossen einige daraus, dass göttliche Sexualität eine physische Vereinigung ausschliesse – auch ich. Doch das stimmt nicht ganz. Ich bekomme jetzt eine Ahnung, dass das Erlebnis als Delfine, mit Alexander ein Anfang für mich war.

Jetzt, wo ich das schreibe, scheint unter grauem Himmel und leichtem Schneegestöber plötzlich die Sonne durch ein Loch, als bekäme ich Zustimmung von oben.

Ich habe sehr viel zugelassen, um Transformation auf allen Ebenen zu erfahren und ich bin bereit, weiter zu gehen. Diese Realität hat immer noch Begrenzungen, die vom Einzelnen nicht einfach so durchbrochen werden können. Für vieles muss eine passende Frequenz vorhanden sein, so wie ein Acker, der vor dem Säen bearbeitet wird, damit die Pflanzen optimal wachsen können. Ein inkarnierter Mensch kann in dieser Realität nur das hervorbringen, was schwingungsmässig bereit ist. Einer allein kann Impulse setzen, doch um diese Realität zu verändern, benötigt es eine gewisse Anzahl Menschen und irdische Zeit, damit solches greift. Die Zeichen die Jesus Christus gesetzt hat, waren die eines Meisters der viel weiter sah und über das begrenzte Menschsein hinauswuchs. Die Impulse waren gegeben. Es gibt Lichtarbeiter, die bewusst mit diesen Schwingungen arbeiten und Kryon vom magnetischen Dienst hat darauf hingewirkt, dass das Gitternetz der Erde immer mehr Referenzpunkte für die Menschen hat. Wer Kryon ist, mag ein

Rätsel bleiben, weil er nicht personifiziert werden kann. Für mich sind es diverse »intelligente« Energien, die sich formieren und wirken. In diese sich bildenden Referenzpunkte können wir uns einklinken und mit unserem Bewusstsein bis auf die atomare Ebene hinunter etwas bewirken. Es ist nie nur von einer einzelnen Person abhängig, ob weltweit eine Veränderung geschehen kann. Meistens geschieht sie gleichzeitig an verschiedenen Orten, sodass es sich flächendeckend auswirkt. Man kann es an dem Beispiel erkennen, wie wissenschaftliche Erkenntnisse oder Erfindungen oft gleichzeitig auf verschiedenen Kontinenten entstehen. Ob göttliche Beziehung und Sexualität gelebt werden können, bestimmt nicht der Einzelne, sondern er schwingt sich ein auf diese Frequenz, die ihm entweder vertraut ist, weil vieles schon da ist oder weil die Spur bereits feinstofflich gelegt ist, damit diejenigen, die möchten ihr folgen können. Andere werden folgen, ohne sich dessen bewusst zu sein.

Es gibt Abstufen, die auf anderen Ebenen schon selbstverständlich sind, die zu erreichen wir auf dem Weg sind. Die Ägypter waren unserer Zeit weit voraus, doch das Wissen ging verloren, weil das Vergessen der eigenen Göttlichkeit zum Prozess der Menschwerdung gehörte. Es ist wie ein Abstieg und ein erneuter Aufstieg. Für mich ist weder das eine negativ noch das andere positiv, obwohl die Bewusstheit über unsere Göttlichkeit und/oder Unsterblichkeit einiges erleichtert.

Nehmen wir Echnaton und seine Geliebte Nofretete. Keiner weiss genau, wo er begraben wurde. Sie waren ein sich innig liebendes Paar und die Tatsache, dass sein Leichnam nie gefunden wurde, weist darauf hin, dass die beiden zur Einheit verschmolzen sind. Die Menschheit spürt das und weiss doch nicht, warum sie Nofretete so bewundert. Irgendwann wird die Wissenschaft es beweisen können, dass hier zwei Wesen eine göttliche Vereinigung erlebten und zu einem Wesen wurden. Das sollte jedoch nicht dahin führen, dass wir dieses zweite Wesen im aussen suchen.

Voraussetzung, dass wir so weit kommen, ist die Versöhnung mit dem inneren Mann oder der inneren Frau. Nur so können wir sie, falls es für uns angesagt ist, erleben. Ebenso wichtig ist es, das Menschsein zu lieben und zu akzeptieren. Das Auflösen jeglicher Ablehnung ist ein wichtiger Schlüssel.

Viele Frauen lehnen männliche Verhaltensweisen ab und Männer verstehen nicht, warum Frauen anders denken. Wenn es um Sexualität geht, wird es noch krasser. Wie fühlt sich eine Frau, die merkt, dass ein Mann bei ihrem Anblick oder in ihrer Nähe eine Erektion bekommt? Wendet sie sich beschämt ab, bemerkt sie es widerwillig? Findet sie es daneben oder freut sie sich darüber? Ihre Reaktion zeigt uns, wie offen sie gegenüber dem anderen Geschlecht ist. Für mich war es immer eine Ehre den steifen Penis eines Mannes wahrzunehmen, ihn auch beim Tanzen mit einem geliebten Mann zu spüren. Es war ein Zeichen, dass etwas zwischen uns fliesst. Wie wir wissen, können viele Männer sich dahin gehend nur begrenzt kontrollieren, ausser sie haben eine extreme Gedankenkontrolle und lenken sich sofort ab. Doch leben sie dann noch den Moment?

Mit neunzehn Jahren habe ich in der Londoner U-Bahn einen etwas verwahrlosten Mann erlebt, der sich ganz verträumt den Penis rieb, als ich ihm gegenüber sass. Mir war das äusserst peinlich, doch nicht die Handlung als solche, sondern die Intimität, die von diesem Fremden ausgelebt wurde, erschien mir aufdringlich. Vielleicht hatte es gar nichts mit mir zu tun? Vielleicht waren es Energien, die er wahrnahm. War er betrunken? Auf jeden Fall ungehemmt und vielleicht auch in seiner eigenen Welt? Hätte es nicht auch ein Kompliment sein können? Ja vielleicht, und doch erlebt man es als grenzwertig, aber warum? Es ist die Angst vor dem Unkontrollierbaren im Mann und es hat natürlich mit unserer Erziehung zu tun.

Deswegen muss ein Mann noch lange nicht gewalttätig werden, und falls doch, dann nur, weil er für seinen Trieb keine Alternative hat. Wir können ihn deswegen verurteilen oder uns fragen, warum wir solches erleben. Ich plädiere dafür, dass wir nicht einfach nach Schuldigen suchen, sondern versuchen zu verstehen und Wege der Heilung gehen. Das Schlimme ist die Scham. Wenn es um einen natürlichen Vorgang der Lust geht und das Ausweichen vor einem natürlichen Reflex eine Körperreaktion ist, wo bleibt die Natürlichkeit? Also, wie ist es für den Mann? Soll er sich seiner Bedürfnisse oder Reaktionen schämen? Der verschämte Umgang damit hat sehr viel dazu beigetragen, dass die Sexualität zu etwas Unheiligem verkommen ist.

In meiner Jugend fand ich einen Penis unschön bis unästhetisch. Das begann sich zu ändern, je mehr ich bereit war, den Mann in seiner Ganzheit zu sehen. Damit geht einher, dass ich auch mich immer mehr mit meinem Mensch- und Frausein akzeptiert habe und sinnliche Gefühle zuliess. In der Hingabe an den Moment kann man Entspannung und Glück finden.

Durch meine Ausbildung zur Therapeutin weiss ich, dass Gefühle mit den Elementen (Erde, Wasser, Feuer, Luft) in Verbindung stehen.

Die Natur zu geniessen, vom Wind gestreichelt, von der Sonne am nackten Busen oder Bauch geküsst oder von den Wellen bewegt zu werden, begann ich mit der Zeit intensiver wahrzunehmen. Das bewusste Erleben der Elemente führte nicht dahin, erotisiert zu sein oder nach Selbstbefriedigung oder Erfüllung zu gieren, sondern es ist schon für sich allein erfüllend. Es kann geschehen, dass es sich erotisch anfühlt, weil es dann dazugehört. Meistens ist es jedoch eine erfüllende Sinnlichkeit, die Genuss bereitet. Iss etwas, was dir wunderbar schmeckt und beobachte, was in deinem Körper dann abgeht. Es ist sehr sinnlich.

Schon diese einfache Wahrnehmung weckt in mir Glücksgefühle, aktiviert die dazugehörigen Glückshormone. Manchmal verteilt sich dieses Glücksgefühl vom Herzen aus und ist für sich alleine vollkommen erfüllend. Verstärkt wird es, wenn ich gleichzeitig Dankbarkeit empfinde, für meine Sinne, die Geschenke, die ich als Mensch erhalte.

In den Phasen, in welchen ich ohne Mann in meinem Leben war, begann ich umso bewusster andere sinnliche Genüsse und Berührungen wahrzunehmen. Ich begann bewusster wahrzunehmen, wie sich zum Beispiel meine Haut anfühlt, wenn ich sie sanft überall berühre. Wie es sich anfühlt, meinen ganzen Körper liebevoll zu berühren, mein Gesicht bewusst einzucremen, meine Arme zu streicheln, als wären sie etwas Besonderes. Ich kam immer tiefer in Kontakt mit mir selbst. So fand ich den Weg zum inneren Geliebten, der unabhängig ist von einem äusseren Liebhaber.

Mir wurde durch einige Gespräche bewusst, dass ich wie viele Frauen den Orgasmus über die Aktivierung der Klitoris erlebe. Es ist eine äussere Aktivierung anstelle einer inneren Bewegung. Was ist der Unterschied zum Scheidenorgasmus und was ist jetzt diese göttliche Sexualität?

Ich bin immer noch auf dem Weg. Etwas in mir weiss, dass es noch andere Formen von orgastischen Zuständen gibt und ich werde diese auch erleben, irgendwann. Eine ganzheitlicher Orgasmus mit einem Mann und auch einen kosmischen Orgasmus mit all seinen Facetten ist eines der Ziele auf dem Weg.

HOCHSCHWINGEND

Die Arbeit in und mit unserer Gruppe bereichert mich. Der Kontakt mit den Leuten im Chat läuft auf Sparflamme, beginnt mich im Grunde zu langweilen. Es ist ja doch meistens oberflächliches Geplänkel und manchmal ganz lustig. Doch ich wende mich vermehrt der Mail-Group »Spirituelles Leben« bei Yahoo zu, welche eine ganz andere Qualität hat und hier beginnt ein sehr intensiver Austausch. Es sind deutlich mehr Deutsche als Schweizer beteiligt.

Ich bin jetzt schon über ein Jahr ohne eine feste Beziehung. Mich von der Tiefe, die ich bei Alexander zugelassen hatte und mich ganz von ihm zu lösen, dauert an. Immer wieder sehne ich mich nach ihm. Als mich eine Mail eines Chat-Kollegen erreicht, dass er zu Silvester etwas für Singles organisieren möchte, leite ich diese Einladung an Alexander weiter. Die allgemeine Resonanz auf diese Einladung war gering. Als der Organisator bemerkte, dass wir nur zu dritt sein würden, entschied er, nicht zu kommen. Er hatte mir das schriftlich mitgeteilt, doch ich verriet es Alexander nicht. Es war die Chance ihn wiederzusehen. Ich fahre zum Treffpunkt und sehe ihn als Einzigen dort stehen und mein Herz macht einen Sprung.

Als Alexander versteht, dass niemand mehr kommen wird, sagte er relativ locker: »Ach sind wir die Einzigen? Dann soll es eben so sein.«

Ich empfinde unsere Begegnung als Geschenk und muss meine Gefühle, die sofort wieder aufflammen, bremsen. Gemeinsam gehen wir nun im Dunkeln, das letzte Stück auf dem mit Schnee bedeckten, spärlich beleuchteten Weg den Hausberg hoch. Von unten leuchten die Lichter der Stadt und ganz still blicken wir hinunter. Die Stimmung ist sehr feierlich. Unsere Seelen harmonieren, mein Herz schlägt noch schneller und noch höher. Um Mitternacht nimmt er mich freundschaftlich in die Arme und wünscht mir wieder wie im Jahr 2000 alles Gute für das neue Jahr. Wie ursprünglich für das Treffen geplant war, lade ich ihn bei mir zu einem Fondue-Essen ein. Ja, wir kennen uns gut und wir verstehen uns nach wie vor ausgezeichnet. Als wir auf dem Sofa sitzen, umarmen wir uns und es beginnt zu bitzeln. Der Pegel der Erregung steigt.

Er sagt: »Es war immer schön, mit Dir zu schlafen. Ich werde nicht über Nacht bleiben, falls Du das möchtest und es wird danach keine Erneuerung unserer Beziehung geben.«

Ich habe die Wahl: Entweder ich geniesse, was möglich ist oder ich lasse es sein. Ich entscheide mich für Ersteres und es geschieht so selbstverständlich und mit so viel Zärtlichkeit im Wohnzimmer auf dem Sofa, dass ich wie Wachs in seinen Händen bin. Es ist ein wunderschöner Einklang, wie die Energien zwischen uns fliessen.

Als er sich verabschiedet, sagt er wie zur Erinnerung nochmals: »Ich habe es sehr genossen mit Dir, doch mehr wird daraus nicht mehr werden.«

»Ja, ich weiss.«

Wie gut er mich doch kennt und wie klar er selbst ist. Wieder wird bei ihm diese mentale Trennung von Handlung und Gefühl sichtbar. Ich bin trotzdem sehr glücklich. Als ich im Bett liege ist mir, als läge er noch nahe bei mir. Leider gibt es doch diese winzige Spur von Hoffnung in mir, die sich erst nach ein paar Tagen auflöst, als er sehr neutral auf meine SMS reagiert. Es gibt kein Zurück.

Ich konzentriere mich nur noch auf die Yahoo-Gruppe und melde mich ganz im Schweizer Chat ab. Die Menschen in der Gruppe *Spirituelles Leben* beschäftigen sich schon länger mit Themen wie Energieaustausch, Liebe, Beziehungen, Lichtkörper, neues Zeitalter. Wie immer gehöre ich zu den ziemlich aktiven Schreiberinnen.

Eines Tages erscheint ein jüngerer Mann in der Gruppe. Emanuel stellt sich als Psychologe und spiritueller Wegbereiter vor. Wie und was er schreibt, ist so auf meiner Wellenlänge, dass ich sofort einen Lichtbruder in ihm erkenne. Sein Schreibstil ist sehr lebendig und klug zugleich. Er antwortet auf jede meiner Mails mit unglaublicher Einstimmung. Ich fühle eine starke Seelenverwandtschaft. Wir beginnen uns privat, ausserhalb der Gruppe zu schreiben und so erfahren wir noch mehr voneinander. Als ich unsere Horoskope vergleiche, wird schnell klar warum. Wir erleben vieles zur gleichen Zeit, jedoch jeder in seinem eigenen Umfeld. Höhen und Tiefen, Gefühle von Freude oder Besorgnis, Sehnsüchte. Ich erfahre von seinen intimsten Erlebnissen, von Missbrauch, aber auch von der Verurteilung seines eigenen Verhaltens gegenüber Frauen. Er schreibt viel von seiner Tätigkeit in der Jugendarbeit. Ich bekomme einen guten Einblick in sein Leben. Mit Emanuel wird die seelische und emotionale Verbindung immer tiefer und ich schwebe in einer Art Hoch. Ich fühle mich total von ihm verstanden und ihm geht es genauso.

Da ist noch ein anderer Mann in der Gruppe, Joey, von dem ich sehr berührt bin, schon von Anbeginn. Wie er sich in der Gruppe mitteilt, sind Hemmungen fühlbar und doch ist er sehr offen. Er erzählt, dass er jahrelang seine krebskranke Frau gepflegt hat und dadurch seine Arbeit vernachlässigte und dadurch in finanzielle Nöte kam. Als sie starb, begann er nebenbei spirituelle Seminare zu besuchen und ist auf seiner Suche nach Gleichgesinnten zu uns gestossen. Es beginnen auch hier Energien zwischen uns zu fliessen, die sehr vertraut scheinen. Beide Männer haben dasselbe Sternzeichen wie ich und wie mein Exmann. Als Kyra uns zu ihrem Geburtstag nach Deutschland einlädt, erfolgt von Joey, der in der Nähe wohnt, ganz selbstverständlich die Einladung an mich, bei ihm zu wohnen.

Also reise ich schon am Morgen an, sehr gespannt darauf, was mich erwartet. Ein sehr sympathischer Mann, in meinem Alter, öffnet mir die Türe. In seiner gemütlichen Wohnung fühle ich mich sofort sehr wohl.

Beim Fest ist ein Kommen und Gehen, wie in einem Bienenhaus. Es sind ungefähr dreissig Menschen, die teilnehmen. Hier lerne ich eine Namensschwester und ihren Mann kennen. Emanuel ist leider nicht dabei. Dann ist da ein anderer Therapeut zu Gast, in dessen Nähe es mir den Atem verschlägt. Christian fasziniert mich. Sein Auftreten ist selbstsicher und freundlich zugleich. Als ich das Logo auf seiner Visitenkarte sehe, spricht es mich sofort an. Ich spüre eine universelle Sprache, die wir beide kennen. Wir gehen stark in Resonanz miteinander und er erinnert mich entfernt an meinen Exmann, hat auch einen Tag nach ihm Geburtstag. Er strahlt eine unglaubliche Dynamik aus, die unser Gespräch bereichert, doch erkenne ich eine Härte im Gesicht. Diese spiegelt seine private Situation wider, wie ich später erfahren werde.

Christian lädt mich zu einem Praxisbesuch bei sich ein, falls ich mal Lust dazu hätte. Als meine Tochter zu Hause ein Foto von ihm sieht, sagt sie: »Dieser Mann hat eine dunkle Energie.«

Ich habe seine feinfühlige Seite kennengelernt und gleichzeitig war auch etwas Manipulatives in seinem Wesen. Sie hatte recht. Diesmal würde ich solchen Energien nicht ausgeliefert sein. Die Ebene, auf welcher wir uns begegnen wollen, ist klar. Freundschaftlich interessiert und später schwingt eine Qualität von Seelenfamilie hinein.

Ich verbringe den Rest des Abends mit Joey. Auf dem Foto, das uns nebeneinander zeigt, strahlen wir beide um die Wette. Schon sehr offensichtlich wirken wir wie zwei Verliebte. Er hat realisiert, dass zwischen Christian und mir etwas Besonderes schwingt und weiss sofort, dass es mit uns beiden nichts zu tun hat.

Die zu Beginn empfundene Natürlichkeit im Umgang miteinander ist sehr freudvoll und setzt sich fort in der Nacht, als wir das Bett teilen. Er ist zärtlich und einfühlsam, hat einen sportlichen schönen Körper, der eine angenehme Männlichkeit ausstrahlt. Die Sexualität erlebe ich als ein schönes Miteinander und so auch den Rest des Sonntags.

Nach einem sehr gemütlichen Frühstück zeigt er mir seinen Ort und dessen Umgebung. Arm in Arm spazieren wir durch die Felder und mich erfüllt eine wohltuende Wärme. Die 200 Kilometer der Heimfahrt erlebe ich in einem Höhenflug. Ich sehe UFO-Energien am Himmel, unglaublich schön geformte Wolkenbilder und fahre einem herrlichen Sonnenuntergang entgegen. Das empfinde ich als gutes Vorzeichen.

Ich verbringe nun häufiger die Wochenenden mit ihm. Er erlebt dadurch Höhepunkte spiritueller Erfahrung und ich geniesse es. Sein Leben ist zurzeit alles andere als leicht. Es hat wenig Arbeit und es steht finanziell nicht zum Besten. Vielleicht katapultiert ihn das Zusammensein mit mir gerade deswegen auf unbekannte Ebenen. Er sieht Energien um uns herum, wenn wir uns umarmen und lieben. Es spricht von einer goldene Energie, die er sieht, wenn wir zusammenkommen und sie ist sehr lichtvoll, erklärt er mir. Was mir an ihm gefällt ist, dass er viele weibliche Qualitäten hat. So wie er für seine kranke Frau gesorgt hat, seine Hingabefähigkeit, das sind sehr schöne Züge. Leider ist diese Qualität für seine momentane Lebenssituation nicht besonders förderlich, weil er sich daran aufreibt und nicht den Mut oder zu wenig Energie hat, um etwas ganz Neues anzupacken.

Eines Nachts wird es vor seinen Augen hell im Zimmer und er sieht die Erscheinung eines riesengroßen, weiblichen Wesens. Er bezeichnet es als Engel. Ich empfand Genuss pur und Geborgenheit, habe jedoch nichts gesehen. Diese Energie ist teilweise so stark, dass es ihm Angst macht. Als wir uns näher mit dieser grossen Erscheinung auseinandersetzen, stellt sich heraus, dass es sich um seinen weiblichen Göttinnenanteil (also einer höheren Energieformation von ihm) handelt, die sich zeigt.

Es könnte auch eine Vorbereitung auf etwas sein, das in der Zukunft liegt. Er träumt davon, gemeinsam mit mir zu arbeiten, doch praktische Ideen fehlen. Ich habe schon jetzt grosse Zweifel, wie das funktionieren soll. Bei einem Austausch über Gesprächstechnik und Behandlungsmethodik erkenne ich, dass sein System sehr mechanisch funktioniert. Es basiert auf einer Schulung, die er während seiner Zeit bei Scientology erlernt hatte. Darüber erfahre ich jetzt Genaueres. Ich habe von dieser Sekte nie viel gehalten und lasse mir nun erklären, was er dort erlebt hat.

Als junger Bursche bekam er Schwierigkeiten, machte Schulden und versuchte sich mit Diebstahl zu behelfen. Sein Leben drohte in ein kriminelles Fahrwasser zu driften und er wusste nicht mehr weiter. So fand er zu den Scientologen, bei welchen er klare Strukturen und Vorgaben erhielt, an welche er sich zu halten und an denen er sich zu orientieren hatte. Sie dienten ihm lange Zeit und er sagt mir noch heute, er sei dankbar dafür. Er lernte Disziplin, arbeitete seine Schulden ab und wurde ein gelehriger Schüler. Das Programm beinhaltete psychologische Kurse ich sag mal kurz, Gehirnwäsche, sowie therapeutisches Arbeiten. Er wurde befähigt, mit Menschen zu arbeiten und machte grosse Entwicklungen durch. Das Ganze enthielt auch spirituelles Wissen, das ihn weiterbrachte. Nicht alles, was von den Scientologen kommt ist schlecht, das begann ich zu verstehen. Als man ihm die Möglichkeit bot, eine Kaderposition bei Scientology einzunehmen, hielt ihn etwas davon ab. An diesem Punkt merkte er, dass es Zeit war auszusteigen. Dies gelang ihm, obwohl sonst anderslautende Szenarien bekannt sind.

Natürlich bin ich froh, dass er sich davon gelöst hatte. Er war danach auf der Suche nach einem spirituellen Lehrer und fand einen, dessen Ansätze meinem Denken schon viel näher sind. Joeys Unsicherheit und der fehlende Antrieb beunruhigen mich. Ich bekomme plötzlich Angst, dass er von mir abhängig werden könnte. Ich bin aktiver, erfolgreicher, vor allem selbstsicherer und finanziell geht es mir gut. Ich wünsche mir einen gleichberechtigten Partner, doch ein Solcher ist er nicht.

Die Sexualität mit Joey bleibt abwechslungsreich, fantasievoll und schön. Es gibt zärtliche Spielereien während des Frühstücks, danach Innigkeit, schöne Orgasmen, dann wieder intensiven Sex, Nacktheit und Natürlichkeit im Umgang miteinander. Von sich sagt er des Öfteren, er sei nicht spirituell genug. Dabei ist er es, der Energien sehen und beschreiben kann. Wenn ich bei ihm bin, hat er weiterhin Visionen und unglaubliche Träume. Vielleicht sucht er eine Form von Sicherheit, die das spirituelle Bewusstsein ihm bieten soll, doch solche klare Strukturen gibt es nicht.

Er besucht mich in der Schweiz und ich nehme ihn zu einem Workshop-Wochenende mit, das bei Ka im Hause stattfindet. Er fühlt sich sofort angenommen von allen. Trotzdem zieht er es vor, nicht am Workshop teilzunehmen. Während ich im Workshop bin, bummelt er durch den Ort und wir verabreden uns zum Essen wieder und verbringen den Abend und die Nacht zusammen. Elfriede sagt mir, wir wären ein sich perfekt ergänzendes Paar. Auch sie sieht die Energie, die uns umgibt. Es könnte also alles zum Besten stehen. Wann der Bruch beginnt, ist schwierig abzuschätzen. Wir treffen uns alle zwei Wochen und dazwischen haben wir telefonisch Kontakt, doch etwas stimmt nicht. Es entstehen langsam Risse, die uns voneinander entfernen.

An einem Wochenende, als ich bei Joey weile, hat mich Christian in seine Praxis eingeladen. Joey würde mich später dort abholen. Christian zeigt mir in seiner wunderschönen geräumigen Praxis, wie er arbeitet. Er ist sehr erfolgreich und erzählt mir viel von sich, zeigt mir seine Kursunterlagen. Was ich gepaart an Wissen, Entwicklung und Fähigkeiten wahrnehme, fasziniert mich. Wir planen einmal gemeinsam ein Seminar zu geben und wollen uns zu einem späteren Zeitpunkt dafür ein ganzes Wochenende Zeit nehmen. Die Faszination, die dieser Mann auf mich ausübt, ist gross. Es hat nichts mit Verliebtheit oder dem Wunsch nach Partnerschaft zu tun, doch wenn wir zusammen sind, fühle ich verschiedenste Seiten, die harmonieren. Als Joey mich an diesem Abend abholt, merkt er, dass Christian und mich eine spezielle Aura umgibt. Es ist eine seelisch geistige Verbindung, die auch mein Herz geöffnet hat. Leider erscheint mir das Zusammensein mit Joey nun plötzlich schal. Unsere Gespräche sind nicht ebenbürtig. Sie drücken Bewunderung von seiner Seite aus, was Ablehnung von meiner Seite bewirkt. Ich bin absolut unfähig, ihm weiterhin mit derselben Achtung zu begegnen, weil er selbst keine vor sich hat und das hat zu diesem Zeitpunkt schon klare Gründe, die sich später aufdecken werden. Dann wünschte ich mir einen Mann an meiner Seite, keinen Bewunderer. Ich möchte einen Mann an meiner Seite, der weiss was er will und keinen, der sich kleinmacht und sich unfähig fühlt und das auch ständig betont. Zusätzlich beginnt er, mich ganz selbstverständlich in das Leben seiner Familie einzuplanen. Ich solle mit zu Geburtstagsfeiern und die Festtage mit ihnen verbringen. Ich empfinde das als verfrüht anstatt mich geehrt zu fühlen. Nach der Begegnung mit Christian verstärkt sich das Unwohlsein. Ich möchte mir beweisen, wie gut wir doch zusammenpassen und in einem intensiven Liebesakt hoffe ich ihm näherzukommen. Es gelingt nicht. Vieles fühlt sich fremd an und das ist nicht von ungefähr, wie ich bald erfahren werde.

Auf der Heimfahrt weiss ich plötzlich ganz klar, dass ich diese Beziehung beenden muss. Ich teile ihm das am selben Abend noch mit. Nun bekomme ich umgehend eine sehr starke Blasenentzündung. Warum reagiert mein Körper so heftig?

Wenig später erfahre ich von ihm, dass seine Exfreundin ihn schon während unserer Beziehung bearbeitet hat, damit er zu ihr zurückkomme. Er glaubte, ihr mit psychologischen Gesprächen helfen zu können um ihr zu zeigen, dass seinerseits das Interesse erloschen sei, doch als empfänglicher, schwacher Mann hat er sich zuletzt doch wieder verführen lassen. Sie hatten also zwischenzeitlich wieder miteinander geschlafen und ich hatte etwas gemerkt, ohne zu wissen was genau los war oder misstrauisch zu werden.

Erneute Lügengespinste hatte er aufgebaut, aus Angst jemanden von uns zu enttäuschen. Er hatte mir gegenüber behauptet, die frühere Beziehung sei für ihn beendet und er wollte nichts mehr von ihr, doch loslassen konnten sie beide nicht. Sie hatte sogar versucht, unsere Liebe, oder mich zu testen, indem sie sich in die Yahoo-Gruppe unter einem Männernamen eingeschlichen und mit mir Kontakt aufgenommen hatte. Er wusste davon, war jedoch zu feige gewesen, es mir zu sagen. Erst nachdem Schluss war, gestand er mir alles. Ich fühlte Enttäuschung, Wut und Verrat. Diese Liebschaft hat nur wenige Monate gedauert und es bewahrheitete sich nun, dass dieser Mann nicht zu mir passt. Mein Impuls und der Zeitpunkt für den Schlusspunkt richtig ist.

Ab und an kommt mir der Gedanke, dass dieser Mann derjenige hätte sein können, mit dem ich mit mehr Geduld und Zuversicht eine schöne Beziehung hätte aufbauen können. Hätte, könnte, wäre – das alles muss losgelassen werden. Als wir uns nach vielen Jahren wiedersehen, sind wir beide Single. Ich besuche ihn bei sich zu Hause und wir verbringen ein sehr harmonisches Wochenende. Ich bin nicht bereit, mit ihm zu schlafen und er entschuldigt sich, dass er es versucht hat.

Wieder beginnt ein Mailkontakt und immer mehr kristallisiert sich heraus, dass er gerne von meinem Wissen und meiner Erfahrung profitieren würde, aber möglichst ohne Aufwand seinerseits. Als ich ihm vor Augen führe, wie armselig sich das anfühlt, ist er wieder einmal voller Schuldgefühle. Schuldgefühle können sehr bequem sein, wenn man keine Verantwortung übernehmen will. Ich bitte ihn, eine Entscheidung zu treffen. Entweder er betrachtet mich als spirituelle Lehrerin und ist bereit eine Gegenleistung dafür zu erbringen oder wir beenden den Kontakt.

Ich will mich nicht weiter ausgenützt fühlen oder ausnützen lassen. Das ist ein echter Fortschritt meinerseits – stelle ich fest.

Ich verbringe in der Folge noch ein Wochenende bei Christian, um ihn bei seiner Arbeit zu erleben. Ein so grosses Potenzial gepaart mit meinem hätte eine gute Kombination ergeben. Als er mir erzählt, einmal sei im Raum ein Gefäss zerbrochen, ohne dass er es berührt habe, wundert mich das nicht. Seine Energie hat etwas Machtvolles, also warum nicht zugleich Zerstörerisches? Bei seinen Patienten scheint er erfolgreich zu sein und er wird sehr geschätzt.

Am Abend nehme ich an einem seiner Kurse teil. Obwohl er mich als Kollegin vorstellt, behandelt er mich nicht so. Es gibt keinen Austausch, bei welchem ich in seinem Denkraster einen Platz gefunden hätte. Auch wenn es hier eine gewisse Seelenverwandtschaft gibt, für eine Zusammenarbeit passt es nicht. Als er mich zu seinem Geburtstagsfest einlädt, verbringe ich ein sehr schönes Fest in seinem Hause und mit seiner Familie und Freunden, doch am darauffolgenden Tag zeichnet sich das Machtthema so stark ab, indem er glaubt mir den Mund verbieten zu können oder sich masslos darüber ärgert, dass ich meine Wahrheit sage. Somit endet auch diese Freundschaft.

Etwas Erstaunliches geschieht zwei Jahre später. Ich höre mein Handy in der Tasche klingeln, und als ich den Anruf annehme, ist keiner dran. Ich vernehme ein Gerumpel, als wäre das Handy irrtümlich aktiviert worden. Später rufe ich zurück und bin sehr erstaunt, Christian am Draht zu haben und noch erstaunlicher ist , dass er auf dem Weg in die Schweiz ist, um nur 10 Kilometer von meinem Wohnort entfernt, ein Seminar zu besuchen. Wir verabreden uns und ich lade ihn ein, bei mir zu übernachten.

Es wird ein sehr gemütlicher und unverfänglicher Abend. Wir haben auch ein sehr tiefes Gespräch, in welchem er mir von seinen Eheproblemen erzählt. Aus meiner Perspektive betrachtet, gewinnt er Einsichten und ein anderes Verständnis für die Situation. Es freut mich sehr, dass er das annehmen kann.

Ich bringe ihn in meinem Gästezimmer unter. Als ich schlafen gehe, spüre ich plötzlich eine starke, energetische Präsenz und es ist, als würden wir uns umarmen. Sehr glücklich schlafe ich ein. Am nächsten Morgen sagte er:

»So gut habe ich schon lange nicht mehr geschlafen. Ich habe wirklich tief und fest geschlafen wie ein Baby und fühle mich wunderbar erholt.«

Auf Seelenebene ist einiges geschehen, das für uns beide Balsam war. Kurz darauf fahre ich ihn zum Seminar und damit ist unsere Bekanntschaft harmonisch abgerundet. Wir haben uns danach nie mehr wiedergesehen.

VERSCHMELZUNG

Emanuel, der Psychologe aus der Yahoo-Gruppe hat privat mit mir Mailkontakt gehalten. Er weiss sehr viel von mir und ich von ihm. Ausserdem kennt er Joey aus der Gruppe und nimmt Anteil an meinem Leben. Ich habe ihn auch generell auf dem Laufenden gehalten, was mit Männern passiert ist, auch was Christian anbelangt, den er, ohne ihn zu kennen, sehr gut eingeschätzt hat. Nun wird es Zeit, dass auch wir uns kennenlernen. Dies ergibt sich, als er an einer Tagung in der Schweiz teilnimmt. Unsere erste Begegnung dauert einen Nachmittag lang und ist sehr harmonisch und innig. Wir unternehmen einen sehr schönen Spaziergang. Nach einer Tasse Tee in einem Gasthof begeben wir uns in sein Zimmer. Wir kommen uns nahe, kuscheln uns eine Weile aneinander und umarmen uns zärtlich. Es fühlt sich warm und vertraut an.

Die zweite Begegnung findet einige Monate später statt, als ich auf dem Weg nach Deutschland, ins Yogazentrum bin, in welchem ich meine Ausbildung gemacht habe. Eine Stippvisite zu ihm nach Hause lässt sich gut mit dem Treffen im Mahindra Zentrum verbinden. Was ich mit ihm erleben werde, ist von einer Eindrücklichkeit, die nur bei absoluter Seelenübereinstimmung so ablaufen kann.

Problemlos finde ich den kleinen Ort, das Haus wo er wohnt und klingle. Emanuel, der gerade in der Küche beschäftigt ist, bittet mich, es mir gemütlich zu machen. Seine kleine, hübsche Wohnung gefällt mir sofort. Als sehr androgyner Mann lebt er auch viele weibliche Anteile aus, ist häuslich und vielseitig. Mein Lichtbruder, den ich sehr liebe – auf eine ganz besondere Art, ist er mir wirklich nah. Alsdann setze ich mich in seinem kleinen Garten auf einen Stuhl und schon gesellt sich seine Katze zu mir. Er kommt heraus und stellt überaus erstaunt fest, dass ich auf seinem Lieblingsplatz sitze. Bisher hätte selten einer seiner Besucher diesen Platz gewählt, als würden sie spüren, dass er irgendwie schon besetzt ist. Ja, und dann seine Katze, die mir zu Füssen sitzt. Sie bei Fremden nie sofort zutraulich. In diesem Moment wird uns das Besondere unserer Beziehung bewusst. Nicht zwei Fremde begegnen sich hier, es ist wie ein Heimkommen zu einem geliebten, sehr vertrauten Menschen.

Er zeigt mir seine kristallinen und Halbedelstein-Schätze und führt mich noch näher in sein Leben ein, zeigt mir verschiedene Familienfotos und Bilder, die ihm etwas bedeuten. Ich bekomme ein wunderschönes Ölbild seines Onkels geschenkt, von dem er meint, dass es zu mir passe. Auf einer kleinen Konsole steht ein Plexiglasgehäuse, das für ihn eine besondere Bedeutung hat. Er erklärt, es sei eine kristalline Bundeslade. Seine spirituelle Lehrerin schult Menschen damit und führt sie in ihre Geheimnisse ein. Wir setzen uns davor und meditieren gemeinsam.

Ein tiefer Frieden senkt sich über den Raum und ich sehe mich plötzlich in Lemuria, zusammen mit ihm. Ich habe Bilder von einem gemeinsamen Leben und plötzlich erscheint ein kleines blondes Mädchen und lacht mich an. Sehr vertraut kommt mir die Kleine vor und dann erkenne ich ihre Energie. Es ist die Energie des Wesens, das ich in der elften Schwangerschaftswoche verloren habe, und das mir in Meditationen oft Sichtweisen zur jenseitigen Welt eröffnet hat. Auch durch dieses Wesen habe ich die Angst vor dem Jenseits verloren, und mir ist bewusst geworden, dass diese Ebene gar nicht so weit von uns entfernt existiert. Die Kleine hat einige seelische Impulse in mein Leben gebracht. In Lemuria, ja da bin ich zu Hause, dort wo so viel Leichtigkeit gelebt wird, wo die Farbenspiele wie in einem Kaleidoskop ineinanderfliessen.

Am Nachmittag zeigt mir Emanuel in der Natur Plätze, die er sehr mag. Gemeinsam besteigen wir einen kleinen Hügel inmitten von Feldern. Dort spricht er davon, Geist- und Naturwesen wahrzunehmen. Er zeigt mir auch seine Lieblingsbäume. An einem bestimmten Platz bleiben wir beide stehen und halten uns bei den Händen, schauen uns in die Augen. Wir stehen inmitten einer kleinen Lichtung und etwas zieht uns unweigerlich zueinander. So halten wir uns leicht umarmt. Einfach so, nahe beieinander, ohne Drücken, ohne Bewegung, ohne Worte – die Energie fliesst durch mich hindurch und verbindet sich mit ihm und der Natur. Ich konzentriere mich auf das Erdchakra und langsam geht meine Aufmerksamkeit höher. Ich spüre immer deutlicher, wie unsere Auren ineinanderfliessen, bis wir fast zu schweben scheinen. In seiner Nähe kann ich das Feinstoffliche besser wahrnehmen, als bei jedem anderen und vor allem weiss ich, dass er es auch wahrnimmt. Es ist eine Verschmelzung ganz besonderer Art. Ich liebe ihn und diese Liebe fühlt sich total anders an, als das bisher Erlebte. Als wir uns voneinander lösen, sind wir fast ein wenig verlegen, doch dann obsiegt die Vertrautheit und wir lachen uns an. Beschwingt hüpfen wir danach den Hügel hinunter zum Auto.

Ursprünglich ist geplant, dass ich zwei Tage und zwei Nächte bleibe. Am zweiten Abend sitzen wir in einem kleinen Gasthof im Ort, halten uns bei den Händen. Andere Gäste beobachten uns und ich bin sicher, wir wirken auf sie, als wären wir ein Paar, zumindest eines, das sich sehr vertraut ist. Aus diesem Gefühl heraus fragt er mich, ob ich noch länger bei ihm bleiben möchte, er fühle sich so gut mit mir. Also verlängere ich gerne meinen Besuch um einen Tag. Länger geht nicht, da ja das Yogasymposium termingerecht beginnt.

Es wird ein gemütlicher Tag. Wir schlafen lange, kaufen gemeinsam ein, helfen einander in der Küche, kochen das letzte Abendessen gemeinsam. Obwohl er kein Weintrinker ist, kaufe ich eine Flasche Rotwein. Er ist sehr passend zu den Spaghetti und er meint, dieser Wein schmecke ihm. Danach setzen wir uns gemütlich nebeneinander aufs Sofa. Entspannt küssen wir uns. Liebevoll berühren wir uns sanft, um ja nichts von dieser schönen Stimmung zu zerstören.

Emanuel hat einen Orgasmus, ohne dass wir Sex haben und obwohl ich ihn kaum berühre. Für einen jungen Mann ist es normal, dass solche körperlichen Reaktionen geschehen, und es gibt keinen Grund das wegzudiskutieren oder zu erklären. Die Energie, die zwischen uns fliesst, ist sehr stark. Zur Schlafenszeit trennen wir uns mit einer Umarmung. Ziemlich schlaflos liege ich in seinem Zimmer, in seinem Bett, da er mir sein Zimmer überlassen hat.

Bevor ich wegfahre, will ich noch etwas klären. »Warum haben wir gestern nicht gekifft? Du wolltest mir doch zeigen, wie das geht, und hast gesagt, dass Du das mit guten Freunden gerne tust. So chillen und geniessen.«

»Mit Dir ist das gar nicht notwendig. Da geht so viel, dass man keine zusätzlichen Drogen benötigt und auch der Gesprächsstoff ist uns ja nie ausgegangen.«

Kann es eine grössere Liebeserklärung als diese geben? Für mich in diesem Moment nicht.

Ich fahre innerlich erfüllt zum Symposium und bleibe achtsam, dass keine Sehnsucht entsteht. So etwas ist einmalig und soll diese Qualität auch behalten. Immer wieder spüre ich die Wirkung dieses Zusammenseins auf Herzebene, immer wieder atme ich diese Energie ein. Es ist mir, als würden im Universum zwei Seelenmonaden zusammenfliessen.

Seelenmonaden bestehen aus ganzen Seelenströmen. Sie sind wie Bäche, die zu Flüssen werden, was viel grösser ist als eine Seelenfamilie. Sie sind auch unabhängig von der physischen Präsenz, und wo Zwillingsstrahlen sich treffen vervollkommnen sie den Tanz hier auf Erden. Einige Tage später telefonieren wir miteinander und er lässt mich wissen, wie ausserordentlich das Zusammensein für ihn gewesen sei.

»Was ich mit Dir erlebt habe, hat alles bisher Bekannte überboten. Die Energie, die wir aufgebaut haben, hat noch volle drei Tage nachgewirkt. Es war eine Form höchster

Schwingung und ein Gefühl von Einheit. So stelle ich mir das SEIN im Göttlichen vor.«

Ich hatte das alles auch als sehr harmonisch empfunden und es war so einfach gewesen.

Wir haben uns seither nicht mehr getroffen. Wir hielten Mailkontakt, bis auch dieser verebbte, und einige Jahre später fanden wir uns bei Facebook wieder und staunten, dass wir gleichzeitig begonnen hatten ein Buch zu schreiben.

Schon ein drittes Mal habe ich eine unglaubliche Seelenpräsenz miterlebt, eine sehr grosse Liebe, die wenig mit Romantik zu tun hat. Es ist mehr das Zusammenfliessen verwandter Seelen, die einander ergänzen. Ich bin nach wie vor überzeugt, dass Emanuel und ich aus demselben Seelenstrahl sind. Wir sind Zwillingsseelen. Innerhalb eines Seelenstrahls hat man in verschiedenen Leben auch mehrere Dualseelen. Obwohl ich nur meinen Eindruck wiedergeben kann, erkenne ich einen Unterschied zwischen einer Dual- und einer Zwillingsseele. Bei einer Zwillingsseele ist die Harmonie so gross, dass eine Partnerschaft nicht notwendig ist. Die Schwingung ist so ähnlich, dass es keine Trennung gibt. Ich kann in mich hineinfühlen und weiss, wie es ihm geht. Das haben wir mehrfach erlebt. Es gibt auch keine Hinweise darauf, dass wir dazu bestimmt wären, zusammenzukommen. Sein und mein Erfahrungsweg in diesem Leben unterscheiden sich und sind doch in vielem unglaublich ähnlich.

Dualseelen erleben im Zusammensein eine Intensität, die nicht nur wohltuend ist. Dualseelen sind unser Übungsfeld, um das Selbst im göttlichen Sein zu erfahren. Titus, meinen Gemahl, *erkannte* ich, ohne zu wissen warum. Ich liebte ihn vom ersten Augenblick an, und als unsere Beziehung immer schwieriger wurde, blieb die Liebe. Meistens bieten Dualseelen einander viele Herausforderungen und ergänzen sich so optimal, dass sie zusammen eine Einheit bilden könnten. Mein Mann stiess mich weg und wollte mich gleichzeitig vereinnahmen. Wir brauchten einander, bereicherten uns gegenseitig. Wenn beide kraftvolle Wesen sind, braucht es eher Akzeptanz, als Konkurrenzkampf. Unsere Beziehung hat funktioniert, weil wir nicht ständig zusammen waren und punktuell ähnliche Interessen hatten. Jeder war auf seinem Gebiet stark und wir ergänzten einander in sehr vielen Punkten optimal. Die vielen Spannungen im Zusammenleben waren Meilensteine, um neu zueinander oder zu sich selbst zu finden. Die Liebe ist so überwältigend, dass diese Tiefe auch Angst machen kann. Mir wurde dies klar, als ich meine zweite Dualseele traf. Die Liebe war so stark, auch weil wir karmisch für eine gewisse Zeit füreinander bestimmt waren. Es ist auch egal, ob gleich- oder gegengeschlechtlich, es ist ein sich Wiedererkennen, als ob es eine gemeinsame Abmachung gäbe, gemeinsam diese Erfahrungen zu machen und miteinander zu wachsen. Man möchte diesen Menschen für immer bei sich haben, aber es gilt dafür Grenzen zu überschreiten, und zwar von beiden.

Das bedeutet: Verschmelzung zu erleben und auch immer wieder Loslassen können.

Frage dich: Kann ich diesen Menschen lieben, egal wie er sich verhält, egal wo er ist, egal was er tut? Komme ich mit der Eifersucht oder Sehnsucht zurecht?

Ein nächster Schritt wäre, keine Eifersucht und keine Sehnsucht mehr zu empfinden, weil man sich bewusst wird, dass es eine Ebene gibt, wo es keine Trennung gibt. Die Intensität der Erfahrung ist die Schulung zur absoluten Liebesfähigkeit, ja zum ABSOLUTEN und Allem, was ist. Das ist der göttliche Teil in uns.

Ich möchte nicht an den Bezeichnungen festhalten. Was für den einen die Dualseele, ist für den anderen die Zwillingsseele oder Zwillingsflamme. Erklärungen sind ja oft für den Verstand bestimmt. Der Seele ist es egal wie wir es nennen.

DIE HEIMAT IN UNS

Die letztendliche Heimat, die Einheit von ICH BIN, beinhaltet das ganze Universum. Sternengeborene und Sternengeschwister erkennen sich. Es ist, als würde man sich ewig kennen, innerhalb einer zeitlosen Ewigkeit. Und wir erleben es als Verständnis jenseits von Worten.

Ganz stark spüre ich, wie lichtvoll Energiekörper sein können, insbesondere, wenn sie in Interaktion treten. Ich kann überallhin Verbindung aufnehmen, überallhin reisen und alles sein, was mein Verstand oder Geist mir zeigt. Es wird zu meiner Wirklichkeit. So nehme ich Lemuria und die kristalline Verbindung wahr, komme in Gefilde, wo sich Erzengel-Energien aufbauen. Ganz starke Energien, die mich umarmen und begleiten, von deren Präsenz ich ein Teil werde. Es ist eine flüssige Essenz aus kristallinem Licht, die meine Aura flutet, wenn ich meditiere und alles verstärkt sich, wenn ich mit Menschen zusammenkomme, die sich ebenfalls auf die allerfeinsten Energieschwingungen einlassen. Mit Emanuel erlebte ich diese Verbindung zu kristallinen Energien sehr stark.

Aufgebaut hat sich das alles innerhalb der Lichtkörperarbeit. Für mich hat die Arbeit mit dem Gitternetz, das die Entität Kryon erschaffen hat, zusammen mit den Ursprungsenergien grosse Wirkung auf die weitere Entwicklung der Menschheit. Ursprünglich stammt diese Strahlenenergie von einem Sonnenseelensystem, der Ursonne. Hier stossen wir auf gebündeltes Licht, das sich kristallisiert hat. Auf der Erde sind so die grobphysischen Kristalle erschaffen worden, die diese Energien in sich tragen. Kristalline Energie wird immer flüssiger, so wie alles Feinstoffliche immer wahrnehmbarer wird.

Ein grobstofflicher Kristall speichert Energie, leitet Energie. Quarzsand und Quarzkristalle finden sich in vielen technischen Geräten und Computern. Die menschlichen Mineralstoffe im Körper stehen in Verbindung mit den

Kristallwelten. Mit den Jahren bemerkte ich, dass die Geräte auf mich reagieren, je nachdem wie meine Energien gerade fliessen. Hat sich etwas in mir verstärkt oder grundlegend verändert, funktionieren Telefone, Computer oder Haushaltmaschinen nicht mehr wie gewohnt oder gar nicht und irgendwann kriegen sie sich wieder ein, wenn es sich energetisch adjustiert hat. Computerfachleute wissen davon ein Lied zu singen, wenn etwas plötzlich wieder funktioniert und sie nicht wissen warum. Batterien sind plötzlich alle, Lichter flackern, Lampen gehen nicht mehr. Nicht alles kommt von einer Abnutzung, auch wenn man es so erklären kann und möchte. Also geht es auch hier um die Energie dieser Kristalle, dort wo Geist wirkt ohne unser Zutun.

Wenn ich von einem Gitternetz spreche, wovon ist dann die Rede? Es ist ein Strahlengitter, das codiertes Wissen speichert und dorthin leitet, wo es angezapft wird. Geist und ein höheres Wissen ist etwas, was meines Erachtens unsere Erde zusammenhält und sich in der Materie ausdrückt, was sukzessive von der Wissenschaft entdeckt wird. Ich sehe unseren Planeten als lebendiges Wesen mit einer Aura, das eingebunden ist im Kosmos. Wir stehen in Verbindung mit vielen anderen Planeten unseres Sonnensystems, mit unserer Milchstrasse. Dieses Sonnensystem ist eines von vielen im Universum, und es stellt ebenfalls Verbindungen zu anderen Universen her. Wir haben, wenn wir mit dem Lichtkörper arbeiten, wahrgenommen, dass es mehrere Universen gibt und auch das wurde inzwischen wissenschaftlich bestätigt.

Schöpfung zeigt sich immer in der DREI: Vater, Sohn, Heiliger Geist. Mutter Maria, Joseph und Jesus. Yin, Yang und das spiralförmige Zentrum das verbindet. Shiva, Shakti und Vishnu. Mutter, Vater und Kind. Wenn aus der Einheit eine Zweiheit wird, diese sich verbindet, formt das Dritte eine neue Einheit.

Wie bereits erwähnt, entwickelte sich die Strahlenarbeit im Lichtkörper Prozess in das *Sirianische Gitternetz* weiter.

Wir erfuhren von einer sternengeborenen Schöpfung mit drei wichtigen Planeten, die zusammenwirken. Das sind Sirius, die Plejaden und Orion. Also lernten wir, welche Qualitäten von Sirius sich in uns Menschen ausdrücken, welche von den Plejaden und wiederum welche von Orion. So lernten wir die interplanetare Schöpfungsgeschichte verstehen. In diesem Bewusstsein halten die Sirianer die Qualität von Architekten, Ingenieuren und Planern. Den Plejadern ordnen wir venusische Qualitäten, also den Sinn für Schönheit zu. Sie schmücken gerne aus, was ist und handeln gerne spielerisch. Die Orioner sind schliesslich jene, die mit der Materie ganz konkret arbeiten. Sie erschaffen das, was die Sirianer planen und die Plejader danach ausschmücken. Nun dienen diese planetaren Qualitäten nicht nur der Erde, sondern diese Kräfte wirken bis in unser Leben und in andere Universen hinein. Wenn die Erkenntnis uns durchdringt, dass wir nicht nur auf der Erde zu Hause sind und waren, sondern auch auf anderen Planeten, durchschreiten wir jedes Mal eine Art Tor. In Teleportationen bin ich oft zum Saturn katapultiert worden, ebenfalls zur Venus und den Plejaden, die wiederum meine Verbindung zu Lemuria sind. Lemuria und Atlantis waren Gegenspieler. Man sagt, Atlantis sei im Meer versunken, Lemuria sei verschwunden. Zutreffend ist, dass alles von Lemuria feinstofflicher und für das normale Auge unsichtbar wurde. Viele Geschichten ranken sich um diese Erkenntnisse.

Wo war ich, bevor ich auf die Erde kam? Vielleicht in Lemuria? Ich erkenne dort ebenfalls meine Heimat? Vielleicht in Atlantis? Gemäss dieser Sichtweise habe ich in diesem Leben einen Atlanter geheiratet. Wir wussten, dass wir zusammengehörten, ohne dass wir wussten, warum. Mein Mann hat erst viel später darüber gesprochen, dass er an andere Realitäten glaubt und vermutete, mehr als ein Leben gelebt zu haben. Im nachfolgenden Buch wird auch verständlich, welches massive Ereignisse bewirkte, dass er oder andere Menschen sich für neues Wissen öffnen. Wäh-

rend unserer Ehe schien ihm das absurd und nicht nachvollziehbar.

Wenn Du als Leser/Leserin wissen möchtest, woher Du
kommst, wird sich das eröffnen. Die richtigen Antworten
werden auf Dich zukommen. Du wirst das richtige Buch
finden, plötzlich auf jemanden stossen, der es Dir ansieht
oder der Dich wiedererkennen kann. Niemals daraus eine
Flucht aus dieser Realität werden lassen, sondern immer
eine zusätzliche Verbindung zum Planeten Erde ermögli-
chen. Damit erweitern wir unsere Energiekörper, das Bewusstsein und wir können vieles bejahen, das uns vorher
fremd erschien. Wenn dir der Gedanke, auch du seist ein
Sterngeborener suspekt ist, vergiss es. Die Frage stellt sich
nur für diejenigen, die wissen wollen: Wo war ich denn,
bevor ich hier auf die Welt kam? Wie fügt sich all das, was
mich ausmacht zusammen, damit aus mir ein perfekter
Mensch mit einmaligem Ausdruck wird? Wer bin ich? Was
bin ich wirklich?

Lange waren diese Tore des *geheimen* Wissens geschlossen
und das menschliche Bewusstsein war stark eingeschränkt.
Die Energien waren unter Verschluss. Die Öffnung für das
neue, globale Bewusstsein begann in unseren Breitengraden
kurz vor dem Ende des vergangenen Jahrhunderts. Es wurde Zeit, dass wir im Westen uns vom rein Materiellen lösten
und uns für unsichtbare Welten interessierten. Kinder ver-
fügen sehr selbstverständlich über diesen Zugang. Yoga,
Meditation, innere Bilder, Kreativität, Stille-Retreats, Zugang zu Medialität sprechen zu uns und wirken. Das Bewusstsein, dass im Kleinsten auch das Grösste enthalten ist,
wird immer verständlicher. Wir müssen nicht suchen, doch
wir dürfen es erforschen. Viele von uns haben das, was geschieht nicht mehr an einen Gott oder etwas im Aussen
delegiert, sondern mehr Eigenverantwortung für die eigene
Schöpferkraft übernommen. Viele sind achtsam geworden,
wie und was sie denken und erkennen und haben erlebt,

dass ihre Gedanken ihre Realität erschaffen, wie ich selbst auch.

Parallelwelten und andere Dimensionen eröffnen sich uns wieder. Es gibt also immer mehr Menschen, welche die Arbeit mit Kryon erleben und mitgestalten, wissentlich oder unwissentlich. An uns liegt es, unsere Begrenzungen zu durchschreiten, noch mehr von diesem Bewusstsein zu leben und damit auch die Erde zu »erhöhen«. Es gilt, viele feinstoffliche Dinge als real anzusehen oder anzuerkennen. Jeder, der sein Bewusstsein für neue Sichtweisen in Liebe und Licht öffnet, ist daran beteiligt. Sogar diejenigen, die unbewusst bleiben, haben einen wichtigen Part darin, denn sie halten noch eine gewisse Stabilität, bis diese nicht mehr benötigt wird. Für immer mehr Menschen ist Atlantis inzwischen ein Begriff, ebenso wie Lemuria. Viele Geschichten kursieren darüber und so kam auch ich während einer Rückführung an Informationen über Anteile meiner Seele, die 15.000 Jahre zurückliegen. Diese 15.000 Jahre sind eine Illusion, weil die zeitliche Spur immer spiralförmig verläuft, und das, was damals war, wirkt auf das, was heute ist und umgekehrt. Nachdem ich in diesem Leben nun viele Seelenanteile erkannt, erlöst und zurückgeholt habe, eröffnete sich mir das lemurische Wissen mit seiner Feinstofflichkeit und ich war bereit dazu.

Die natürliche Folge dessen war, dass ich begann, Reisen mit einem ganz anderen Fokus zu unternehmen, viel tiefer in Energien eintauchte um meine Verbindung zu ALLEM, WAS IST zu erkennen. Mich riefen Gegenden, die lemurischen Ursprungs sind, Gegenden, die in höheren Frequenzen schwingen, Länder, die meine Seele zu kennen schien. Millionen von Menschen reisen, fühlen sich bewusst oder unbewusst irgendwohin gezogen. Meine Ziele waren Hawaii, Ägypten, Island, die Wüstengebiete, Afrika, die Osterinseln und anderes mehr. Ich freue mich, wenn Du liebe Leserin/lieber Leser bereit bist, bald mit mir auf weitere Reisen zu gehen. Komm mit in die geistige Heimat meiner

Seele und auf einer sechswöchigen Reise durch Indien, die ich alleine wagte.

Ich habe mich von vielem befreit, mich mit vielen Seelenanteilen wiedervereint und nun sollte es in den nachfolgenden Jahren noch mehr um das grössere Ganze gehen, das mich noch tiefer in die Liebe und in das göttliche Sein eintauchen liess. Wir sind alle eins und Einheit ergibt sich aus

ALLEM was wir SIND und NICHT SIND.

Ist das Leben nun ein Workshop? Ja und nein würde ich antworten. Es ist das spannendste Experiment, das ich gemeinsam mit und durch mein Seelenpotenzial hier erleben darf und Du auch.

DANKSAGUNG

Meinem Vater, der mich geprägt und mir viel Wertvolles mit auf den Weg gegeben hat, sage ich von Herzen Dankeschön für alles.

Meine Mutter war eine aussergewöhnliche Frau, die im Stillen lebte. Sie hat mich mit ihrer Intuition oft gut beraten. Danke Mama.

Meinem Atemschullehrer, G. Hörler, der inzwischen über 90 Jahre alt und noch geistig fit ist. Ihm verdanke ich unendlich viel, was meine Gedankenhygiene und Gesundheit anbelangt.

Die Schulung von Harry und Sue befreite mich von Schuldzuweisungen, dafür danke ich beiden sehr. Sie geben keine Workshops mehr.

Dann danke ich all jenen Männern und Frauen, die mit Pseudonymen im Buch vorkommen und nicht zuletzt meiner grossartigen Tochter, die mir zwei wunderbare Enkel geschenkt hat.

Ich bin dankbar für die Unterstützung auf meinem Weg, damit dieses Buch, so wie es sich jetzt präsentiert, verwirklicht werden konnte.

Speziell erwähnen möchte ich: Bertrand Chollet, Sonja Göppert-Bethge, Sabine Bends, Gabriele Nehls, Bettina Dworatzek, Irina Bolgert, Margot O. Strebel, Rosemarie Zingg. Meine treuen Facebook-Freunden, die mich bis heute begleiten und der Gruppe der Selfpublisher, von der ich viel lernen konnte. Marco Ammann für die technische Hilfe.

Dann bedanke ich mich bei meiner deutschen Korrektorin der Neuauflage, die gewisse Eigenheiten der Schweizer Sprache und manche Schreibweise, inklusive dem doppelten S, akzeptiert hat.

Korrektorin: http://lektoratdworatzek.com/

Ein grosses Dankeschön auch an alle, die hier nicht namentlich genannt wurden.

Auf ein frohes Wiedersehen oder -lesen im nachfolgenden Buch »Reisen und L(i)eben mit Spirit«.

b/Zürich, im März 2016

GLOSSAR

Aku Yoga
Hatha-Yoga-Übungen werden mit Akupressur kombiniert, nach Michael Gach. Die Übungsserie habe ich geschult und weiterentwickelt. Diese Unterlagen sind erhältlich.

Atemschulung
Begründerin: Ilse Middendorf

Blume des Lebens
Uraltes Symbol aus 19 ineinanderfliessenden Kreisen.

Body-Life
Früherer Kurs für Körperbewusstsein und Gesundheit.

CHI-Zentrum
Ganzheitlich arbeitendes Zentrum in Dietikon.

Christusbewusstseins-Gitternetz
Feinstoffliches Lichtnetz um die Erde, mit Referenzpunkten zum Christusbewusstsein.

Energie halten
Sich konzentriert und möglichst neutral gegenüber etwelchen Geschehnissen verhalten.

Finca
Farm auf Spanisch.

Invokationen
Gesprochene Sätze, die wie Gebete wirken.

Kryon
Lee Carroll empfängt Botschaften von Kryon. Meister vom magnetischen Dienst.

Lichtkörper
Feinste Lichtstrukturen die in und um unseren Körper pulsieren. Gechannelt von Cécilia Sifontes. Schulungen durch authorisierten Lehrer.

Lykotronik
Bioresonanz Gerät, das den Namen verändert hat. Dieses wurde zuerst bei Kosmetikerinnen eingesetzt, danach therapeutisch angewandt.

Mahindra Institut
Yoga- und Ayurveda-Ausbildungen in der Schweiz und in Deutschland

Mahindra de Souza
Mitbegründer des Yoga Instituts in Birstein.

Makrobiotik
Spezielle Ernährung nach dem Japaner Michio Kushi. Schweiz: Institut im Kiental

Matura
Abitur

Melody Beatty
Autorin des Buches «Kraft zum Loslassen" u. a.

Numerologie
Wissenschaft der Zahlen

Polarity
Ganzheitliche Therapie-Methode nach Dr. Dr. Randolphe Stone. Buch: Polarity Therapie. Das Original in Englisch und Übersetzung in Deutsch ist von 1986. Das ABC der ganzheitlichen Heilkunst, Hugendubel Verlag 2006.
Polarity Verband Schweiz www.polarityverband.ch. Diverse Lehrinstitute in der Schweiz.

Rebounding
Rundes Trampolin mit starken Stahlfedern, inzwischen mit Gummizügen, das für Fitness und Gesundheit eingesetzt wird. Vertrieb und Schulungen im CHI-Zentrum, Dietikon.

Reinkarnation
Lehre über die Wiedergeburt.

Rebirthing
Übung bei welcher man die eigene Geburt wieder erlebt.

Relationships Workshop
Beziehungs-Workshop, früher in den USA, England und der Schweiz.

Sai Baba
Ein bekannter Yogi in Indien.

Shiatsu
Körperarbeit mit den Akupunktur Meridianen.

Sirianisches Gitternetz
Kubus, Sphäre, Merkaba, Tetraeder u. a. geometrische Formen bilden ein feinstoffliches Netz für multidimensionales Arbeiten in Meditationen.

Christus-Bewusstseins-Gitternetz
Meditationen mit Lichtkörper- und Bewusstseinsarbeit
für Heilung und Veränderung.

Sri Yuketswar
Ein indischer Meister, Lehrer von Yogananda.

Spiraldynamik
Wissen über die Funktionalität der Muskelbewegung. Begründer ist Dr. Christian Larsen.

Tashira Tachi-ren
Buch zum Lichtkörperprozess von Reindjen Anselmi. Die 12 Stufen vom dichten zum lichten Körper.

Yogananda
«Autobiographie eines Yogi" Buch über sein Leben.

Venusisch
Grosses ästhetisches Empfinden für Schönheit und Harmonie.

Band 2

REISEN UND L(I)EBEN MIT SPIRIT
Ein vielschichtiges Lernfeld sind die Gruppenreisen nach Hawaii, Usbe-
kistan, Island, Afrika und eine Weltumrun-dung. Uns mit Kraftplätzen
zu verbinden, mit den dortigen Energien zu arbeiten, wecken Erinnerungen an verborgene Seelenanteile. Ein echtes Abenteuer! So auch
mein Alleingang während sechs Wochen durch Indien.
Und natürlich spielen auch in diesem Buch Beziehungen und (göttliche)
Sexualität eine wichtige Rolle.

Taschenbuch und E-Book mit ISBN

Hard Cover ISBN 9 783739 244 50 1

GEDICHTE

Lichtvoll sei Dein Denken!

1. Lyrikband - Oktober 2016
ISBN 9783741273575

Einige Gedichte sind auf meiner Homepage
www.facettenderliebe.ch zu finden.